組織・管理研究の百年

経営学史学会編〔第八輯〕

文眞堂

巻頭の言　文明社会の展開と経営学史研究の意義

経営学史学会理事長　村　田　晴　夫

「組織と管理」、これがアメリカ経営学の中心の課題であった。テイラー以来百年のその歩みは、まさに20世紀の文明の歩みを象徴している。

いま、われわれは新しい文明への転換期に立っている。その文明の転換を促す要因は、第一に情報化の革命であり、第二に市場原理によって導かれるグローバリゼーションである。これらは互いに連動しあっている。そしてそれは、グローバリズムという地球規模の一様化の中で、個々の組織と個人とが個性化して輝くというような、多様性の増殖という現象を招来する。企業経営の在り方はそれぞれの個性をますます磨き上げることになるであろうし、一人一人の働きが個性化されて行くであろう。そしてそれが止まるところを知らず、絶えず新しく創造されて行くであろう。それはまさに「来たりつつある文明」の形である。そしてわれわれはここに、遺伝子の研究によってリードされるバイオテクノロジーの革命的展開を第三の要因として、さらに宇宙科学の進展を第四の要因として加えてもよいであろう。

だが、その文明の影にはおびただしい抑圧があり、圧迫された鬱屈がある。それが表面に現れた顕著な例が環境問題である。

われわれは生活の形式を共有している。それは合理性によって導かれるところのものであり、これをわれわれは文明と呼ぶ。一方、われわれは個別に一人一人が自己の精神を持ち、固有の心を持っている。それはいかなる合理性にも先立ってそこにあるところのその人の実存を否応無くひきずっている。

さて、われわれはまた、共有された生活の心を持っている。それは家庭において現れ、組織において現れ、そしてコミュニティにおいて現れる。それをわれわれは文化と呼ぶ。文化は多元的に存在している。それは宗教の多元性にも象徴されている。文化の多様性それ自体は、それらが調和的に存在する限り、望ましいことである。グローバリゼーションは文明を一様化する方向で力を発揮するし、情報化はそれを促進する。しかし文化の多元化はこれとは方向を異にする。そこに摩擦が生ずることになる。この調和をいかに図るのか、これが問題である。

「来たりつつある文明」はわれわれのあの馴染み深い文化を揺るがすばかりか、一人一人の存在の根底をも揺るがすかもしれない。「我」とはいったい何者なのか、と。

文明の芯にあたる文化の、さらにその根っこに在る根元のものが揺らぎ、空洞化して行く危機が来るであろう。生命の神秘と宇宙の神秘が科学によって剝奪され、文化の根元となるべき生命観と宇宙観を揺さぶるであろうからである。

それに対応するために、哲学と社会科学のより根源的な再生が待たれるようになろう。

経営学史はそれに最も対応できる学である。そしてこの経営学百年こそ、そのような文明と文化と実存の相克の歴史をともに歩んできた歴史でもあったのである。

目次

Ⅰ

経営学百年——組織・管理研究の方法と課題——

一　経営学研究における方法論的反省の必要性

佐々木　恒　男

一　はじめに

経営学に限らず一般的に、何らかの学問研究の方法に関して、理論的に反省することを方法論という。学問研究の新しい方法を探求したり、既存の科学の方法を理論的に反省することは学問研究に欠くことのできない基礎的な活動であり、そのような研究は科学哲学の主要な問題の一つとなっている。そこで、経営学研究の方法論とは何かということになれば、それは具体的には、企業という組織の経営の諸問題を研究するに当たって、「何のために、いかなる研究対象を、どのような方法で研究するのか、それはなぜなのか」という問題を理論的に問いかけ、反省することである、といえよう。すなわち研究の目的、研究の対象、そして研究の方法を理論的に考察し、反省すること、これが経営学研究の方法問題であるということになる。

このような経営学研究の方法論的研究は、わが国においてもかつては非常に盛んに行われていた。(1) しかし、最近では、このような学問の基礎研究はあまり関心をもたれなくなってきているのではなかろうか。それは、経営学研究が成熟した結果として、そのような基礎研究をもはや必要としなくなった結果であるのか、それとも眼前の流行の問題に関心を奪われて、基礎研究を蔑ろにしている結果であるのか。いずれにせよ、学問の完成度あるいは成熟度は、その独自の方法論をどれだけ鍛えあげているかによってはかられるのではなかろうか。

二　経営学は独立した一つの科学であるといえるか

さて、経営学という学問が生まれて約一〇〇年、経営学は激動する二〇世紀における企業という組織の経営と管理に関する諸問題をさまざまな角度から取り上げ、議論し続けてきた。この一〇〇年の間の経営学の発展のなかで、経営学は一個の独立した学問として、その独自の方法的基盤の確立に苦心惨憺し、努力し続けてきたかと改めて問い直せば、残念ながらそうではなかったといわざるを得ない。そのような地道な学問としての方法論の確立に懸命に努力し続けてきたというよりは、経営学は応用科学であるとして経営理論の実践的な有効性を追求したり、経営学は学際的な学問であることを標榜して、関連する諸科学の方法を無定見に吸収し続けて今日に至っているといった方がよかろう。

その結果として、経営学の現在の状況を一言で表現すれば、百花斉放といえば体裁はよいが、残念ながら内実はまさしく取り留めもなく細分化され無秩序化してしまったカオスの状況にあり、経営学という学問自体の全体像を正確に把握することすら次第に困難であるような状況に立ち至っている。経営学は、果たして、一個の独立した学問として存在しうるのかどうか、経営学は、学としての独自性を主張するのに必要な経営学固有の、独自の学問の方法論的基盤をしっかりともっているのかどうかさえ実は疑わしいという危機的な状況に、今日、あるのではなかろうか。しかも、一番の問題は、現代経営学のこのような学問的危殆性が意識されることが少ないということ、とりわけ英語圏を中心に発展してきた組織と経営あるいは管理の研究に携わる研究者の多くがこのような問題意識をあまりもっていないか、あるいは危機感をもっていても非常に希薄であるということである。それが証拠には、例えば「経営学は管理学である」ということがかなり以前から何の躊躇いもなく主張されているが、それに対して何らの異論も挟まれないまま放置されているのである。経営学は本当に「経営学」であるのか、それとも「管理学」であるのかという、経営学の性格をめぐる基本問題でさえもはや関心をもたれないのである。(2)

三　方法論重視の経営経済学

では、経営学はその成立の当初から、このように確固たる独自の方法論を欠いた、情けない擬似学問であったのか。このように挑発すれば、少なくとも二つの方向から「それは怪しからぬ」という異議申し立てがあるはずである。その一つは、ドイツ語圏で発展してきた、いわゆる経営経済学の研究者からの異議申し立てであろう。

周知のように、ドイツでは、一九一二年の私経済学論争ないしは第一次方法論争と呼ばれる論争以来、確固たる方法的自覚をもって経営学は発展してきたといえる。なぜなら、この年、私経済学と呼ばれる今日の経営経済学が生まれ落ちようとするまさにその時、国民経済学、すなわち経済学の側から、私経済学は金儲けのための技術を研究する「利潤学」であり、そのようなものは学問の名に値しないとの強烈な拒絶反応に遭遇したからである。この拒絶反応を素直に受け入れるならば、ドイツにおいて経営学が存在できる余地はなかった。したがって、従来の経済学とは区別される独自の科学としての経営学を構想する者にとっては、このような拒絶反応にいかに対応するかは死活問題であり、そのような懸命な努力は、シェーンプルーク（Schönpflug, F., 1900-1936）が分類するように(3)、規範論的学派、技術論的学派、理論的学派の三つの学派に別れ、それ以降、数次の方法論争を交えながら、それぞれの立場の方法論的基礎を確立してゆくことになった。

それでは、経営経済学にあっては、学問としての方法論に憂慮すべき問題は何もないのであろうか。残念ながら、そうでもなさそうである。そこには二つの問題があるような思われる。その一つは、経営経済学における方法問題をめぐる本格的な議論が、ある種のクローズドなインナーサークルでの議論に終始してしまって、数の上では多数の英語圏のマネジメント系の研究者を含めた幅広い議論とはなっていないことである。経営経済学における本格的な方法論議が残念ながら広がりをもち得ない理由は、一つはマネジメント系の研究者の多くに見られる方法問題への関心の極度の希薄さであり、もう一つの原因は仲間内だけに通用する専門用語を駆使して、結果的には部外者を論争から遮断する経営経済学研究者の側の一種の党派性である。

ドイツ経営経済学における方法問題のもう一つの問題点は、経営経済学自体が企業管理学に変質してきていることである。第二次大戦前後から顕著になってきた政治、経済、科学、技術、文化、その他の分野におけるアメリカの覇権の確立によって、経営経済学もまたアメリカのマネジメント論の影響を強く受け、企業管理行動の実践的有効性を志向する方向に変わりはじめた。その結果、かつての経営経済学の学問的な重厚さは薄れはじめ、目先の環境変化とそれに対する戦略的適応に右往左往する、行動中心主義のホットな学問に堕することになってしまったのである。

四　批判的経営学における確固たる方法論

経営学という学問がもつ方法論的脆弱性という批判に対しては、いま一つ別の方法から異議申し立てがありそうである。それは、いわゆる批判的経営学の立場に立つ研究者たちからの反応である。

日本の経営学が自前の理論構築に努力するよりは、文化、学術の後進国として、先進国ドイツとアメリカからの理論移入とその紹介に明け暮れていた昭和初期に、マルクスの資本論に依拠して、企業を個別資本の単位と捉え、企業行動とその経営の諸問題を個別資本の循環運動として研究する個別資本論的経営学ないしはマルクス経営学、あるいは批判的経営学が、日本独自の経営学として生まれた。それは、一九三一年の中西寅雄博士の『経営経済学』(4)をもって嚆矢とし、その後、多くの優れた研究者を排出しつつ、日本の経営学界において今日もなお確固たる一定の地歩を占めている。この日本独自の批判的経営学にあっては、マルクス経済学が依拠すべき理論的基礎であるだけに、方法論的には唯物弁証法という確固たる方法を備えており、そのことによって多くの若い研究者を魅了してきたのである。

しかし、第二次大戦後の米ソの冷戦構造は、一九八〇年代のソヴィエトならびに東欧諸国の政治経済体制の崩壊、自由化と市場経済化への回帰ということで一応の決着がついた。中国もまた、文化大革命の失敗後に、独自の市場経済化を志向するようになった。このような二〇世紀最後の四半世紀における一連の劇的な歴史的事実のなかで、かつてのマルクス経済学自体の魅力が色褪せはじめた。批判的経営学にあっては、現在もなお、方法論的には研究対象と研究方法は明確であるが、「何のために」という研究目的に関して、上記のような一連の歴史的事実の前に、かつての魅力と説得力を全く失ってしまった観がある。

五　マネジメント研究における方法論上の問題

アメリカを中心とする英語圏で生まれてきた経営学は、企業の組織と管理の諸問題の研究を中心に発展してきた。その創始者はアメリカのテイラー（Taylor, F. W., 1856-1915）とフランスのファヨール（Fayol, J. H., 1841-1925）である。工場現場の管理の科学化と合理化を目指すテイラー(5)と企業経営に必要な科学的な管理能力の育成のための管理の理論構築を目指すファヨール[6]は、いずれも従来の単なる個人的な経験知を科学的な形式知に転換することをめざしていた。

テイラーが切り拓いた工場現場の管理の科学化の努力は、技術的にはフォード（Ford, H., 1863-1947）によって、徹底した標準化と自動化された移動組み立てラインという、現代の物造りの基本形態の完成へと導いた[7]。テイラーにしろフォードにしろ、その管理手法の斬新さに目を奪われて、ともすればそのような技術の基礎にある彼らの管理の理念が忘れ去られ勝ちである。「労使双方の精神革命」というテイラーの経営の理念（テイラーリズム）、「労使の他に、さらに消費者に対するサービスの提供」というフォードの経営の理念(フォーディズム)は、今日でも十分に意義がある。

このような工場現場の管理問題を越えて、企業という組織全体の経営の問題が、統合による経営の理論として、フォレット（Follett, M. P., 1868-1933）によって主張されるようになった[8]。あるいはメイヨーとレスリスバーガー（Mayo, G. E., 1880-1949, Roethlisberger, F. J., 1898-1974）を中心にしたホーソン実験から導き出された人間関係論の理論[9]、さらにはファヨール理論のアメリカへの導入とその修正から生成してくる管理過程学派の組織と管理の諸理論が出現し、発展してゆく[10]。

このようないわゆる古典派ならびに新古典派のマネジメント理論の生成と発展に平行して、それらを方法論的に否定し、それに代わり得る新しい理論がバーナード（Barnard, C. I., 1886-1961）とサイモン（Simon, H. A.,1916-）によって、そしてさらにはマーチ／サイモン（March, J. G., 1928-, Simon, H. A.）によって打ち出されてくる[11]。組織をシステムあるいは連合体として捉え、行動を選択の結果とする意思決定の理論、このようなシステム概念と意思決定論に立脚した近代理論がそれである。企業環境が流動化しはじめる一九六〇年代を境に、古典派ならびに新古典派の理論と近代理論の立場が逆転する。そして、モダンの組織と管理の理論が主導するなかで、コンティンジェンシー理論[12]が現れ、さらにまた近代理論の合理性の論理と管理主義に疑念をもつポスト・モダンの理論[13]が登場し、静かに浸透しはじめている。

以上のようなマネジメント理論の展開の大筋を見てみると、そこに登場する個々の理論には、それぞれ独自の方法的立場が鮮明に示されているものが多い。それでは、方法論の問題として、そこでは何が重要な問題であるのか。経営学研究の方法問題として憂慮すべき問題であるのは、収拾がつかないほどの方法論の過剰な多様性ということである。マネジメント研究の「道具箱」には、子供のおもちゃ箱と同じように、便利で面白そうな道具があちらこちらから借り集められてきていて、雑多に溢れ返っている。経営学は学際的な科学だと嘯くのは、独自の方法論をもたないで、このような借りものの道具ばかりを寄せ集めたことの言い訳にすぎないのではなかろうか。

六　結びにかえて――経営の統一理論を、再度、目指して――

経営学に方法論がないわけではない。経営経済学とか批判的経営学と呼ばれる経営学には、その独自の確固たる方法論がある。経営学研究の方法問題として最も問題なのは、現代経営学研究の中心ともいうべき、主として組織と管理の問題を研究するマネジメント研究にしっかりとした独自の方法論がなく、関連諸科学から借り出されてきた余りにも多様で収拾がつかないほどの過剰な方法が何ら統合もされぬまま、群雄割拠し、自己主張しているという事実である。その点では、かつてクーンツ（Koontz, H. D., 1908-1984）が主張した「経営の統一理論を目指そう」という問題提起[14]自体は、今日でも、なおその意義を失ってはいない。それどころか、経営学とはそもそも何なのか、それは組織科学であるのか、それとも社会学であるのか心理学であるのか、認知科学であるのかさえ分からなくなってきつつある今日、経営学の方法論的統合を目指そうというクーンツの呼びかけは、これまで以上に重要な意味をもっているように思われる。

経営学は、株式会社に代表される巨大な会社企業組織によって社会が隅々まで支配される時代に発展してきた。二〇世紀という、組織の時代の申し子ともいうべき経営学は、当然のことながら企業組織の構造と機能の解明に努め、組織の時代に生きる人間の幸せに貢献すべき役割を担っている。それだけに、経営学は他の諸科学にもまして、現代人に必須の学問という名誉ある地位を占めている。しかし、このような経営学に対する大きな役割期待だけで、経営学の学問としての高い評価が自動的に保証されるわけではない。経営学の研究に携わるわれわれは、いまこそ経営学に向けられた役割期待に応えうるように、学問としての高い評価を得るために、経営学の諸理論と方法をいかに統合するかを真剣に考えなければならないのではなかろうか。かつては、ドイツ経営経済学とアメリカ経営学の統合による真の経営学の確立ということが主張されていた。だが、残念ながら、それは今日に至っても実現されていない。しかし、いま必要なことは、ドイツ経営学とアメリカ経営学の統合ということではない。それは事実上無理であるし、意味もない。まず何よりも先に考えなければならないことは、マネジメント研究内部での諸方法の統合は可能かということであり、どうすれば過剰多様性にある経営学の各流派の全体的な統合が実現するのかを考えるべきではなかろうか。経営学が通常科学としてさらに発展し、そこから科学革命が引き起こされるように努力するのが経営学研究に携わるわれわれの使命であろう。

注

（1）　その代表的な著作として、例えば次のようなものがある。
馬場敬治『経営学方法論』日本評論社、一九三一年。
池内信行『経営経済学史』理想社、一九四九年。
馬場敬治編『独逸経営学（上）』（経営学全集第6巻）、東洋経済新報社、一九五七年。同、『独逸経営学（下）』（経営学全集第7巻）、東洋経済新報社、一九六一年。
藻利重隆『経営学の基礎（改訂版）』森山書店、一九六二年。
酒井正三郎『経営学方法論』森山書店、一九六六年。
山本安次郎『経営学研究方法論』丸善書店、一九七五年。
三戸　公『自由と必然――わが経営学の探求』文眞堂、一九七八年。

(2) 佐々木恒男「経営か管理か、経営学の本質を問う」龍谷大学経営学会『龍谷大学経営論集』第三九巻第一号（片岡信之教授退職記念号）、一九九九年六月、七二―七九頁。

(3) Schönpflug, F., *Das Methodenproblem in der Einzelwirtschaftselehre,* Stuttgart, 1933.

(4) 中西寅雄『経営経済学』日本評論社、一九三三年。

(5) Taylor, F. W., *Principles of Scientific Management,* N. Y., Harper & Row, 1911.

(6) Fayol, J. H., *Administration industrielle et générale,* Paris, Dunod, 1917.

(7) Ford, H., *My Life and Work,* London, Heineman, 1923.

(8) Follett, M. P., *Freedom & Co-Ordination,* ed., by L. Urwick, London, Management Publications Trust, Ltd., 1949.

(9) Mayo, G. E., *The Human Problems of an Industrial Civilization,* N. Y., Macmillan Co., 1933.
Roethlisberger, F. J. and Dickson, W. J., *Management and theWorker,* Cambridge, Mass., Harvard University Press, 1939.

(10) 二村敏子「マネジメント・プロセス・スクールの変遷と意義」経営学史学会編『経営理論の変遷――経営学史研究の意義と課題』（経営学史学会年報第6輯）、文眞堂、一九九九年、四一―五六頁。

(11) Barnard, C. I., *The Functions of the Executive,* Cambridge, Mass., Harvard University Press, 1938.
Simon, H. A., *Administrative Behavior : A Study of Decision-Making Processes in Admiinistrative Organization,* N. Y., Macmillan Co., 1947.
March, J. G. and Simon, H. A., *Organizations,* N. Y., John Wiley & Sons, 1958.

(12) 岸田民樹「状況適合理論（Contingency Theory）」、経営学史学会編『経営理論の変遷――経営学史研究の意義と課題』（経営学史学会年報第6輯）、文眞堂、一九九九年、九一―一〇六頁。

(13) Weick, K. E., *The Social Psychology of Organizing,* 2nd ed., Addison-Wesley, 1979.

(14) Koontz, H. D., ed., *Toward a Unified Theory of Manegement,* N. Y., McGraw-Hill Book Co., 1964.

二　比較経営研究の方法と課題
――東アジア的企業経営システムの構想を中心として――

愼　侑　根

一　問題の提起

世界の企業、特に東アジア国家の企業が二〇〇〇年代にも成長と発展を持続させていくためには、それぞれの企業の当面している総体的な経営危機を克服し、経営環境の変化に能動的に対応することができる新しい企業経営システムを構築していく必要がある。現段階において多くの東アジア企業は、国内外における巨大な変化の中で、自生的な成長潜在力を喪失してそのまま崩れていってしまうのか、あるいは刻苦の自己変身努力を通じて繁栄の道へ返り咲くことができるのか、の岐路に立っているということができよう。東アジアにおける多くの企業は資金難、優秀な人力の不在、技術開発力の不足など、多くの面で国際競争力を喪失しつつあるのが昨今の現実である。しかしながら、より根本的な問題はこれらの制約要因を効果的に解きほぐすことのできる東アジア的企業経営システムが構築されていないことである。したがって、今日のように単純に先進企業の経営方式を模倣ないしキャッチ・アップすることにとどまらず、むしろ西欧先進企業の経営方式を凌駕することのできる、東アジア的価値の加味された発展的な企業経営システムを作り上げていかなければならない。

ここで、われわれはどういう方向へと企業経営システムを変化・発展させていくべきであるのか、という東アジア的経営方式の開発原理またはパラダイムの問題を考えてみる必要がある。このため比較経営（Comparative Management）研究の観点から、東アジア的経営方式の特性は何であり、また、どんな方式へと発展させるのが望ましいのかを究明する必要があろう。一般的に比較経営学の研究というのは国家横断的企業比較を通じてある国における特殊な経営の現状を探索することであるが、特にこれまでの比較経営研究はその文化的要因を企業行動の間の相互関係を研究して各国の特殊な経営現状を明らかにすることに焦点を合わせてきたものであった。こうした比較経営研究は一時的には各国の特異な文化の拘束性（culture boundness）を反映した企業経営の相対性ないし特殊性を探索するものであるが、より究極的には各国の企業経営において現われる同質性ないし普遍性を把握することによって一般的な経営理論を構築しようとするところにそのねらいがあるといえるであろう。

比較経営研究の出発点は元来アメリカの学者の間でアメリカ的経営方式がインドやブラジルなどの相違する文化的風土をもつ国家または地域へ移転可能であるのかどうかというところに焦点を合わせていたのであるが、われわれとしては比較経営の研究により欧米企業のそれとは違い東アジア企業の中で有効に作動している経営方式のモデルと特性とは何であり、また、東アジア企業が欧米企業の成功的な経営方式から受容すべきもの、あるいは東アジア的なものを接合させることのできるものは何であるのかを探索してみなければなるまい。

こうした比較経営研究のために、われわれは、まず第一に、東アジア企業の経営システムの効果性を高めるためにどのような開発方向あるいはパラダイムが存在しうるのか、第二に、比較経営の研究を行なう際にどんな主題を設定するのが有益であるのか、第三に、比較経営の研究方法論としてどのような研究手続と分析方法が必要であるのか、第四に、われわれが望ましいと考えている東アジア的企業経営方式の姿（モデル）はどんなものであるのかについて深層的な議論を進めなければならないであろう。

二　経営方式の開発方向に対する論議

まず、東アジア企業の経営方式をどのように変化・発展させていくべきかという、その開発方向については大きく三つの視点から検討してみることができよう。第一の観点は主として組織それ自体の効率性を追求する経済論理であり、第二の観点は主として組織構成員の満足と安定性を追求する文化論理である。そして、この両者を同時に考慮して調和・結合させようとする第三の観点を考えることができる[1]。

第一に、経済論理または経済・技術的論理に立脚した開発方向は人間の行動や組織の運営方式が効率性を重視し、これを追求する方向で行なわれるべきであるという視角から出発する。このような経済論理は欧米的合理主義あるいは合理性に基づいているといえよう。合理主義は理性的・論理的・必然的であることを尊重するものであるが、合理主義的思考は機械文明を活性化させ、個々人の利益の最大化を通じて西欧資本主義社会を物質的に豊かな社会に作り上げることに大きく貢献したのである。経済論理が合理主義に基づいており、合理主義は欧米社会において栄えてきたために、東洋の立場からみると経済論理による経営方式は欧米的な経営方式であると理解されてきたのである。そして最近多く議論されているグローバリゼーション（globalization）とは欧米経営方式であり、これが正しく世界共通の普遍的な「信頼できる水準の標準または要件」を意味するものとして受け入れられている。すなわち、これまで東アジア企業がいだいてきた企業経営のパラダイムは古い価値であるので徹底して批判・切断されねばならず、したがって欧米的合理主義へと代替されるか、またはそれを取り入れなければならないという主張であるといえる（これは〝孔子が死ぬと国が生きる〟という主張に似たものである）。経済論理に立脚したパラダイムとしては収斂仮説（Convergency hypothesis）あるいは普遍主義（Universalism）をあげることができる。収斂仮説は一つの国家社会の発展過程において企業経営方式は互いに類似性を高めていくという経済社会発展過程に対する仮説として提示されたものであり、普遍主義は全ての社会と国家に共通して適用され、同じく活用することのできるもっともすぐれた一つの経営方式と慣行があるという比較経営理論的観点から提示されたのである。

第二に、文化論理あるいは社会・文化的論理に立脚した開発方向は人間の行為であるとか組織の運営方式が組織構成員の社会・心理的満足と伝統を重視する方向から行なわれねばならないという視角から出発する。文化論理は制度、組織、人間行動などの社会現象や経営現象が独特な社会文化的風土から由来する価値、伝統と慣習、感情、気質などのような合理主義者の立場からみると非合理的な要因によって支配的な影響を受けているという視点に基づいている。たとえば東洋社会における近代化過程と発展・成長に対して個人の誠実性と正直、勤倹な道徳的生活態度を強調した儒教的伝統価値が影響を与えたという肯定的な意味における〝儒教的資本主義〞がそれである。こうした文化論理は人間の社会的動機に注目してある経営方式の場合は特定国家の文化的特殊性を継承することのほうがむしろ企業の成長と発展をはかる上で役に立つこともありうるという視角をもつものである。たとえば、共同体主義や人本主義のような東アジア的社会文化的強みに基づいた経営慣行を継承することによって企業の経営方式を活性化させていけるということである（これは〝孔子が生きると国も生きる〞という主張に近いものである）。文化論理に立脚したパラダイムとしては前述した収斂仮説に対比される非収斂ないし拡散仮説（Divergency hypothesis）と普遍主義に対比される特殊主義（Particularism）あるいは状況理論をあげられる。

第三に、経済論理と文化論理の接合的視点は経営現状をみる両者の視点を一応相互独立的であると仮定するけれども、人間行動を説明するにあたって経済的視点と社会的視点の相互補完が必要であるように、現実世界の説明にあたって両者は相互補完的と見なすのである。企業の経営方式の開発方向に関する前述した二つの観点は一見説得力をもっているけれども、異なる視角からみると企業組織の一側面だけをみているという大きな問題点にぶつかる。すなわち、経済論理と文化論理の接合的観点というのは、国家や企業の発展パターンが相違するにもかかわらず、全く同じ経済論理だけに依存するとかあるいは伝統文化だけに固執するなどの問題点があるため、両者間における二分法的な対立論争からはなれ第三の視角または理論を探索・開発・提示しようとする視点である。こうした経済論理と文化論理の接合的視点はより発展した効果的な経営方式を模索するためのパラダイムである。したがってたとえ相反した代案あるいは問題解決の方策が何らかのトレード・オフの関係や互いに葛藤を引き起こすことがあったとしても、それぞれの観点は長所と短所とを持ちあわせているので、どちらかを排他的に選択するよりは両者を創造的に結合（coupling）する方法を意図的かつ計画的に、そして戦略的に模索することを志向するほうが望ましいといえるのであろう。これは臨機応変的な単純な折衷案ではなく、トレード・オフの関係や相互葛藤をひきおこす二つの相反する代案を有機的に結合する融合のメカニズム（Assimilation mechanism）を活用することによって、最適の企業経営の状態を作り上げようとするものである。経済と文化の接合論理を支持する観点としては収斂仮説と拡散仮説を接合しようとする統合仮説（たとえば、社会文化論および制度化理論、有機的調和論、W. OuchiのZ理論など）と、普遍主義と特殊主義的観点を接合しようとする折衷主義（たとえば、弁証法的論理、中庸、パラドックス経営理論、A. Giddensの第三の道など）をあげることができる。

三　比較経営研究のための主題の設定

全体システムとしての各国企業の経営現状を比較研究するためには企業経営システムを一つのレンズ（lens）

のように明確に目に見えるようにすることのできる分析の下位システム、すなわち研究主題を設定することが大変重要である。なぜなら経営の現状は多くの要因が結合された複合的な性質をもつために、それ自体をある特定の主題あるいは研究者が把握しようとするいくつかの任意的な主題、または〝群盲象をなでる〟式の主題だけを対象として説明することには多くの問題がつきまとうためである。したがって、経営現状を正確に、しかも包括的に説明することのできる妥当性の高い研究主題を設定しなければならない。(2) 比較経営研究の主題はいとも多様であるが、なかでももっとも包括的かつ体系的に研究主題を設定することのできる接近法は企業経営システムを投入―転換過程―産出に基づいて分析を行なう一般システム論的接近法（General Systems Approach）を採用することである。こうしたシステム的接近法に立脚してみる時、比較経営研究のため次のような一〇の主題を提示することができる。

①経営資源：例えば比較対象の企業が経営の産出物として物的資源、人的資源、技術資源、情報資源、知識資源、生態資源など外部の投入資源をどのような方式で獲得し、活用しているのかについて研究・調査することである。

②経営成果：研究・調査しようとする企業の売上高、市場占有率、収益率のような経済的成果と企業の社会的イメージ、顧客の満足度、従業員満足度などのような社会的成果をどのような方式で、どの程度追求しているのかについて調べることである。

③経営主体：最高経営者を中心とした経営の実質的主体がどんな位相をもっており、またどんな役割をはたしているのか、どのような形態の経営体制（企業支配構造）を基盤にして企業が運営されているのかを吟味することである。

④巨視経営：比較研究企業の対政府関係を始め、一般株主、地域社会、消費者団体、環境保護団体など企業の

利害関係者達とどのような関係を維持しているのかについて調査・確認することである。

⑤経営戦略：企業経営を遂行していくにあたって計画された経営成果を達成するために企業がどのように事業拡張戦略、あるいは経営内実化戦略を推進しているのか、そのための意思決定方式はどのようなものなのかについて検討することである。

⑥経営組織：分化・権限・公式化などの構成要素で形成された組織構造の基本形態および設計方式はもとより、企画調整室の運営あるいは、本社と現場間の関係などの具体的な組織運営方式がどのようなものであるのかを調べることである。

⑦経営管理：組織の目標を効率的に達成するために生産管理、マーケティング管理、財務管理、情報管理などの部門別管理職能がどのように遂行されており、特にそれらを連繋・統合化する方式は何であるのかを研究・調査することである。

⑧人の管理：組織内の人々と関連した管理活動として、従業員に対する人間尊重の経営方式とともに確保→評価→開発→報償→維持管理のような人的資源管理、労使関係管理がどのように遂行されているのかを吟味することである。

⑨企業文化：企業において遂行されている経営方式（経営システム）は水面の上の氷山のように比喩されることがあるのに対して、企業文化は経営システムを支えている水面の下の部分に比喩される。われわれはこうした企業文化の核心的な構成要素である価値・理念的要素、行動・慣行的要素、言語・象徴的要素がどのように表出されているのかを研究するのである。

⑩経営ビジョン：企業が未来において到達しようとする理想的な姿（ideal picture）、あるいは企業が進もうとする全体的な方向を示す青写真としての経営ビジョンが研究・調査企業においてどんな内容をも

ち、またどのように提示されているのかを究明することである。

四　比較経営研究方法論の共有

比較経営研究を円滑かつ効果的に遂行するためには研究者達が研究方法論または調査研究方法論を共有する必要がある。「比較経営論」の理論開発と実際の適用を促進し、その上、学問的体系化を図るために私は次のような三段階の研究方法論を提示するものである。

まず第一の研究段階においては研究者の関心がある特定の東アジア企業または自国の企業（たとえば韓国の企業）の経営現状に関する運営実態および与件を把握し、その問題点を経営環境変化の動因に照らし合わせて深層的に、そして歴史的に究明することが必要である。その時経営現状の特性を有効に区分する分類基準を提示し、問題点以外の強みを体系的に評価し、総合整理のための類型化を行なうことが望ましい。類型化のための例としては、人を管理する基準として構成員の勤続年数、年齢、資質など人的特性をより重視する属人主義に対して、構成員の遂行する職務内容あるいは責任、業績などをより重視する職務主義のような伝統的方式と欧米的方式の区分が可能であろう。

第二の研究段階においては比較対象国家の企業（たとえば米国の企業）の経営方式の中で順機能的な面と逆機能的な面を可能ならば貸借対照表のように提示することが望ましい。また比較研究対象企業間の比較分析のため多様な方法を動員し、これをもとに探索的仮説または研究課題を提示しなければならない。すなわち、研究主題の特性にしたがい、そして比較優位を判断するために定性的、定量的、または両者の複合方法を選択して、各研究方法が必要とする手続、過程を経て研究結果を導出しなければならない。こうした手続にしたがい当該東アジア企業のための企業経営の発展方案を主要課題別に探索、その後、学界あるいは実務界においては理論的・実務的にも有用な命題（proposition）を導出・提示できるように進める。

最後の第三段階においては、全体企業経営システムまたは下位企業経営システムごとに、はたして経済論理に基づいた経営方式がより効果的であるのか、あるいは文化論理によるそれがより効果的であるのか、または両者の接合的観点がより効果的であるのかどうかを説得的に提示しなければならない。このとき多くの下位企業経営システム（研究主題）間の相互連繋性[3]または組織内・外の経営現実および制約要因などを究明することによって、より拡張された理論開発と実務上の適用のための実践可能な制度的代案を提示しなければなるまい。

五　暫定的結論

比較経営の研究を通じて東アジア企業の経営方式を変化または開発することのできる方向としては欧米方式の導入、東洋的伝統的方式の継承、そして両経営方式の結合というものを考えることができよう。私はこの中で主として欧米的経営方式の根幹と考えられる経済論理と東洋的方式の根幹である文化論理の接合的観点に基づいた経営方式がもっとも望ましいものであると主張するのである。

結局、経済論理と文化論理を対立的または二元的に取り扱わずにそれぞれの目標を尊重しながら発展的な方向へ包括せしめる経営方式としての融合型経営方式（Hybrid 型経営方式ともいえるであろう）は東アジア企業の競争力をもたらすばかりではなく、より真正な意味において経営方式の国際化・世界化を達成するために東洋的なものと欧米的なものを接合するものなのである。[4]これまで東アジア企業の成功要因の中で継承すべき強みを加味して（もちろん弱点は除去して）世界化し、西欧のそれを一方的にベンチマーキング（Benchmarking）するのではなく幅広く受容しつつ東洋的なものに融合・接合することができるよう、意図的・計画的・戦略的に新しい経営構想を練っていくことが必要である。このようにわれわれはあれやこれやのがらくた式（hotchpotch of everything）ではなく、多くの人々が共有することのできるパラダイムに基づいた融合型経営方式を開発することによって、より実践的かつ専門的知識とアイディアを活用して複雑に絡まっている経営問題の解決方案を提示することができるであろうし、また企業の経済的目的と社会的目的を均衡した形で達成していく過程において現われてくるさまざまな葛藤状況を成功的に調整することも可能であり、さらに経済論理だけにかたより生半可に企業経営システムを制度化することによって惹き起こされる逆機能と非効果性を防止することもできるであろう。

以下においては経済論理と文化論理の接合的観点から構想された融合型経営方式の例をいくつかあげておく[5]。

①東アジア国家の企業においては経営者が概して伝統的な家父長的リーダーシップを選好してきたものと考えられるが、これからは家父長的リーダーシップだけを固守することは問題があり、したがってその長所でもある人本主義に立脚した人間尊重の経営方式と欧米型であると考えられている成果指向的リーダーシップ・スタイルを接合することを考えられよう。

②東アジア国家の企業はたとえば新しい事業領域へ進出する際の意思決定において、ＳＷＯＴ（Strength, Weakness, Opportunity, Threats）分析のような合理的分析よりは経営者の個人的判断、または経綸、成就欲求に依存することが多かったといえる。しかし、今後は両者が接合された戦略選択能力を涵養する必要がある。

③多くの東アジア企業は経営組織を運営するにあたって位階的構造を見せてきたが、これからは位階秩序の長所も生かしながらも欧米型のスリム化組織の長所を受容して、たとえばチーム制の改善・発展を通じて位階構造を大いに単純化することもできよう。

④東アジアの企業は大体において管理機能の調整方式を人的方式に依存してきたものといえよう。しかし、望

ましい管理機能の調整方式は空間と時間を考慮して伝統的な人的調整方式のコンピュータなどを活用した制度的な調整方式の長所をも結合したものであるといえよう。

⑤東洋において選好されてきた全人主義的人材育成方式と西欧において選好される専門主義的人材育成方式の二つの人材育成方式の中からどちらか一つを排他的に選択するのは問題がある。したがって全人主義と専門主義の長所を同時に追求する人材育成の方向を模索することが望ましいものといえるであろう。

⑥人材の処遇においても年功主義を脱皮し、業績主義的人材処遇方式へと切り替えなければならないという主張がなされている。しかし、業績要素だけにかたよってしまうと人の評価においてややもすると木だけを見て森を見なくなる誤謬を犯すことになる。組織の内に長い年月をかけて築かれてきた良い資質、多くの経験と知識を死蔵させてしまう愚を犯すことになるからである。

⑦東アジアの企業は家父長的企業文化が支配的であったといえる。しかし、家父長的企業文化だけでは国際競争力を向上させることができないため、それの独特な強みの上に世界的趨勢を接合させること、いいかえると世界的趨勢に東洋的強みを接合させること、例えていえば〝We-I型〟(自律共同体的)企業文化へとその方向を転換させることが望ましいであろう。

⑧東アジア企業が経営ビジョンを設定し、ビジョン経営を実践していくためには「世界一流の付加価値を創出する企業」のような経済的次元(戦略指向の経営)におけるビジョンも重要であろうが、それとともに「従業員とともに育てあげる企業」のような人間的次元(人間尊重の経営)と「近隣から愛される企業」のように社会的次元(社会重視の経営)におけるビジョンも同じく重要であろう。

おわりに一言つけ加えておきたいことは比較経営研究を通じて東アジア的な企業経営システムを構想・開発するためには学界における持続的努力が必要であるということである。「比較経営論」においては積極的かつ根気のある研究者達によってより発展させられた研究方法論と理論体系が構築されていくであろう。また現実的に企業組織において経済論理と文化論理を接合した融合型の企業経営方式を適用することのできる主体はまさに経営者達である。企業の経営者達も企業内部の複雑な経営問題を解決するにあたって、前述した〝新しい進歩主義的観点〟を活用する必要があると思われる。

注

（1）この他にも〝Beyond Management〟などのような超越主義的発想であるとか、Chaos theory, Complex theory など、既存の機能主義的接近（法）とは異なる新しい観点をとりあげることができようが、こうした主張は実践的な企業経営方式に具体化することがむずかしいという限界をもちあわせていると思われる。

（2）例をあげると、デイビス（S. M. Davis）は経営システムを価値（value）、関係（relations）、構造（structure）によって構成されたものとみなしたし〔Davis, 1971, 1-45〕、岩田（C. R. Iwata）は日本の経営システムを社会的に構築された管理体系（management systems）、個別会社のシステム構造（system structure）、そして、会社の活動（corporate activity）に〔Iwata, 1982, 1-19〕、さらに加護野（T. Kagono）などは構造（structure）、過程（process）、そして構成員の個人的傾向（personal predisposition）に分けて研究しているのである〔Kagono, et al., 1985, 21-54〕。

（3）たとえば、10の主題を研究した結果、それらが結局、企業経営において資源（resource）問題、知識（knowledge）問題、権力（power）問題に帰着するとすれば、R. K. P. モデルのような統合理論を提示することができよう。

（4）〝東洋的なもの〟が何であるかについては多くの議論が可能であると思うけれども、たとえば儒教精神、大家族制度、共同体生活から始まった東洋社会の伝統的側面とそれらが現代の社会変動過程においても長所として持続されてきた側面をいっているものと思われる。

（5）東アジア企業の経営方式を開発する方法として東洋的な経営方式の長所と欧米的なそれを相互接合、融合するという意味は、次のような三つのケースに分けて理解することができよう。第一に、両者が互いに対等な程度の価値あるいは重要性をもちつつ相互接合する場合、第二に、新しい代案を基本的フレームとして受容はするものの既存の経営方式の長所を利用して不足した部分を補う場合、第三に、既存の経営方式を基本的モデルとして維持しつつ、新しい代案のもつ長所の要素を加味する場合などである。要するに、一方の相対的な優越性のみを強調するのではないという点に留意する必要があろう。

（高　時天訳）

三　経営学の類別と展望
――経験と科学をキーワードとして――

原澤　芳太郎

一　はじめに

与えられた課題は経営学について経験と科学という概念を拠りどころとして考えてみることである。しかし、経験とは何か、科学とは何かということはそれだけで十分大きな哲学上の問題である。そこで議論を進める都合上、それらの概念をめぐる考察は経営学の性質を概観するに必要な程度に簡略化することにしたい。その上で、通常科学的思考といわれるものの基本的手続きを拠りどころとしつつ経営学の類別を行い、そこから得られる一つの展望について述べたいと思う。それは換言すれば、いわば認識の方法の特徴による類別である。

経営学の性格区分はこれまでも行われてきている。例えば三戸公教授のようにバーナードが「全人仮説」を経営学に取り入れたことをもって画期的なこととし、それ以前のものと区別する考え方がある。また例えばマーチ&サイモンのように、受動的機械人間仮定と態度・価値・目的を組織に持ちこむ、いわば誘因づけられなければならぬ人間という仮定と、さらには意思決定者かつ問題解決者という仮定の三つに区分する考えもある（ただしこの三つは相互に矛盾するものではないが）。こうした区分の考え方は意義のあるものであり、区分に関してはこれ以上言うこともないかの如くであるが、科学的認識方法の特質という点からは、また、別の区分も有り得てそれなりに意味もあろうと思うのである。

さて、経験とは五感で感知されるもの、あるいはもう一歩進めて、自然言語さらには観察言語があるとして（これらにも大きな問題があるが）、それにより「知る」ことのできるものとしておこう。

科学とはテスト可能で確証可能性（完全なら検証可能性）あるいは反証可能性を持つ命題の体系ということでひとまず済まそう。反証可能性あるいは検証可能性さらには確証可能性の問題についての議論は割愛する。テスト可能性が前提となっている。[A] ともかく、こうした基準により科学を深めてゆく基本手順を以下のように考えておく。

1．観察によるいわゆる客観的事実の収集、さらにいえば定量的データ化（この源には経験がある）。

2．主としていわゆる帰納的思考に基づく仮説の提起（推測・発明に基づく因果関係の発見。進んでは定量的関係）。

3．仮説からのテスト可能命題の導出、主として演繹的思考による。

4．実験によるテスト可能命題の確証・検証あるいは反証。

5．より洗練された仮説の獲得。

6．仮説の積み上げ体系化。

これらの手順がくり返され十分に実行されるのはいうまでもなく自然科学である。厳密な意味での科学は自然科学しかないであろう。このことについてはあとでもふれる。また以上の手順に関しても厳密には認識の出立点から始まって多くの問題点を抱えているし、さらには「統一科学」化の問題もあるが深入りは止めたい。

いずれにしても経験は諸学の母である。経験から段階を追って科学へ、あるいは少なくとも秩序と論理をもった学への道筋が通常であろう。しかし近代的経営学の道筋はむしろ逆転しているようである。それは後発の学問が発展の経路を圧縮あるいは飛躍するためであろうか。このことはすぐ推察されるようにテーラーの科学的管理法のことを考えている。以下にこれらを述べてゆきたいが、その前に経営学の対象についても少しふれておく必要がある。

二　経営学の対象をめぐって

経営学の対象を企業に限定するか、広げて個別の経済主体とするか、若干の議論はあるが、いずれにしても内部に多くの人々の活動を含む複合的なまとまりを持つものの仕組み、性質、行動様式を考える点に学の独自性をみることには大きな異論はあるまい。

一方の極に社会、国家という大きな対象があり、他方の極に個人としての人間がある。その中間に経営学の独自の対象としての個別経済主体がおかれる。このことは認識上強味と弱味を生ずる。社会などは、自然科学における素朴実在的対象ではないし、またそれらが実在か名目かについても議論はあるものの、多数が包含構成されていることで客観的把握の行い易いところが大きくなる。他方、個人は行動心理学と内省心理学との分離にみられるように客観的解明の困難な部分を多く持つ。経営学は両者の中間に対象をおくことで制度規則といった客観的観察の行い易いものから、動機、欲求、エートスといった直感的了解にまつところの大きいものまでを併せ語りうる強味をもつ[B]。社会にとって人間は説明変数であろうし、人間にとって社会は説明変数たり得る。経営学は両者の関係を相互的なものとしてとらえ得る。認識の仕組みや注目の焦点は分かれるという点が弱味といえよう。

三　第一種の経営学——測定主義——

経営管理を「科学」たらしめようとしたテーラーの業績についてはすでに多くの研究業績がある。それ故、直ちに筆者の所見に入りたい。テーラーの仕事の根底は対象の合理的でかつなるべく最終的な要素分割と、そのそれぞれについての定量的把握であったと思われる。その点で科学的ではあった。「はじめに」で述べた基本手順でいえば、1、2、4に中心がある。ただし、テスト可能性からみて4での基準は反証、検証というよりもいわゆる確証であるというべきであろう。ここでは人の動作が自然科学の対象として平俗的にいわれる素朴実在物のモノと同じように取り扱われる。法則は定量的なものであることが望まれるから関係は定量な公式的関係になることで「科学化」はさらに達成される。一九世紀的自然科学の成功を前提とし測定のための技術用具が経営学の新しい巨大な分野を切り拓いた。

このテーラーの仕事が偉大なものであったにもかかわらず、人間存在にとってはどのように大きな負の影響を持ったかについては、三戸教授の所論をあげておきたい。[1] レーニンやウェーバーの見解をふまえてのもので説得力は大きい。科学的管理によりモノであるかの如き機能の権化と人間が化していく可能性と、その終わりの姿の予想は暗い。

これとは別にここではテーラーの仕事の認識上の問題点を述べておきたい。実験の対象を人または人の作る社会事象にした時、テストにおいては自然科学のもつ諸前提は崩れている。だからこそ例えばテーラーは時間動作研究の実験にあたって工員に「怠けず一所懸命に働く」[2] よう頼むのである。また人の精神的な生産時間をどのように測るかという問いには答えに困っている。[3] テーラーの研究が管理階層の上部の仕事へは及び得なかった所以であろう。テーラーの科学的管理法は科学を志向したものではあったが結局は科学の「模造品」であった（摸造品にも極めて精巧なものから粗雑なものまでいろいろあることは別として）。基本手順の1と4において壁にぶつかっている。①自然科学のような素朴実在、②斉一性、③ceteris paribus、④反応確定性（予測の無効果）などの前提はすべて保たれ得ない。また直感、アナロジー、日常的閾値による類判断などの利用の程度も大きい。

しかし、実用にたえるという基準の下になるべく客観的に分析的に合理的にという志向そのものは当然存在し得るし意味もある。ことに人間を生物的要因としてとらえる度合いが大きくなるにつれて科学の可能性は増す。人間工学労働科学などの後継者が現れる。もっと管理に即すればカンバン方式なども科学的管理法延長線上にあるとみることができる。科学的管理法は決して死んではいない。これからも生き続けるだろう。

テーラーについて実験による客観的測定という方法で注目すれば、ホーソン実験に始まる人間関係論もこれにつらなる。人間観では対照的であるが測定化による帰納法的認識の方法の根底は同じである。実験による証拠なしに新しい人間観のみ提示されたらあれほどに注目されただろうか。しかしここでも人間関係論も自然科学とは異なっていたために理論を実践的技術的手法へ転移させてみると問題を生じてしまうことになる。手法の有効度合、そして人為的に工作されあてがわれた「心情」をもつオーガニゼーション・マンに戯画される点などである。

さて、かりに測定主義という熟さない名を用いさせてもらうとすれば、実験はしないまでも定量化して測定する方法の研究は経営学の一つの大きな流れを作っている。コンティンジェンシー理論しかり、アストン・グループの研究もそうである。『組織現象の理論と測定』（野中教授他）が一九七〇年代後半時点までのものを集大成している。*Administrative Science Quarterly* にのる論文の多くも、かなり前の頃を別とすれば、そうしたものである。知の制度化、学問の官僚制化という問題もつきまとっているのかもしれない。ともかくこうしたやり方の利点ははっきりしている。研究の積み重ねにより確証性は高められてゆく。全体として帰納的推論によるわけだから調査研究される数は多いほどよい。自然科学を模してゆくのが強味である。

しかし、こうしたやり方の限界問題点は考えられておかねばならない。分離された部分についての部分論になること、測定に適する事項に着目し易くなること、社会事象では統計的処理の落とし穴が軽視できないことなどあるが、なんといっても問題になるのは、社会事象、あるいは経営学といってもいいが、それらには元来測定や計量に適さぬものがあり、それらが研究対象から脱落してしまうことである。理念や倫理は代表例であるが、リーダーシップなどという概念も、かなりの測定的研究蓄積があり有意義な面はあるが、例えばワシントンや西郷隆盛のもっていたリーダーシップなどは、周辺部分は別として、その本質的部分は測定の意味はなくなる。測定し難いものを測定可能にするためには代表変数を立てることが考えられるが、そこにも別の問題が出ることは明らかである。結論的に、社会科学という用語を慎重に敬遠しつつ、そしてホマンズの所論に反駁しているハロッドの言明を引用しよう[4]。「社会学は科学でしょうか。（中略）社会学は科学とみるべきではありません。さらに重要なことは、（中略）科学と見られたいと思うべきではありません。同時に、現代において、社会学は、大人の研究にとって最も重要なテーマであると考えます」この社会学を経営学と置き換えてもよいと思われる。ただし、断っておかねばならぬのは科学という語自体もともと多義的で社会科学人文科学さらには歴史科学という言い方すらあるくらいであるから定義をゆるめていることを承知の上での使用は自由である。ただ、測定主義的方法によらないものは科学としての経営学とはいえぬから早く排除してゆくべきだとまでいわれると肯くわけにはいかないのである。

四　第二種の経営学――論理的概念体系主義――

反証可能性ということを規準としてもちつつ、テストによらず論理必然か否かを明証の上に得るように拡張できると考えれば、そこに形式科学といわれるような一つの客観性をもつ学問が出る。もちろん数学がその典型である。公理からの演繹的推論（基本手順　3）の体系である。数学は厳密には科学ではなかろうが科学に劣らぬ明証性を持っている。

経営学におけるこうした方法の一つの完成はバーナード理論をもって始まる。数学の公理主義ほどには厳密にはいっていないので、公理主義的方法とまでいうのを控えて仮に論理的概念体系主義とでもいっておきたい。理念型による推論を含み得る。

バーナードの論述は周知のように基本的前提として人間をとらえるところから始める。経営を解明する時にこれは、例えば目的や職務や規則から始めるよりはるかに困難な道である。バーナード自身もできればこの難問を回避したかったが結局はのがれられないことだと述べている（主著・訳書　八頁）。そこで彼は人間を各種要因の結合物で経済的動機のみならず非経済的動機を持ち、選択力には限界（合理性の限界）をもち自由意思をもって協働を行い得る存在と仮定する。一種の理念型である。（訳書序四〇、四一　本文一三、一四、一五頁）。そしてこの人間の特性こそ論述の「基本的公準」であるという。以下一々断ってはいないけれど、協働の必要性、三要素の説明、能率、誘因ひいては組織均衡、オーソリティ、管理責任等、議論はこの公準から引き出されていたり、また説明の拠り所ともなっている。これほどの論理的体系性はバーナード以前にはなかったから経営学における認識方法上の画期性は高く評価されてよい。

このやり方は客観的測定よりも演繹的体系的論理をもって対象を把握しようとする（たとえ一部に測定を利用するとしても）。基本手順の4をどれだけ考慮するかで科学への距離あるいは志向は異なる。バーナード自身は「われわれの直面する状況の全体は（中略）、物理学や化学のごときよく定義された科学が提示する状況よりは、はるかに複雑（中略）、叙述が簡明なことはいかに望ましいとしても、観察や実験の困難、あるいは有能な仮説を構想する困難を過小評価することは望ましくない」といい（訳書序　四二頁）、概念あるいは概念枠組を用いての説明でテストを試みてもらいたいともいっている（訳書　三〇六頁）。サイモンの仕事のある部分もひとまずここに属する（バーナードとの差異を述べることは割愛）。古くはバーナードほどの論理体系性はないが、ファヨールもここに入れてよいであろう。この種の経営理論はあまり多いとはいえなそうである。『市場と企業組織』（O・E・ウイリアムソン）などや身近の例でいえば『家の論理』（三戸教授）、『経営発展論』（山本・加藤教授）などがある。ほかにもあるであろう。既存の論理体系の補足、精緻化、部分的修正を行う研究もここに入れ得る。先述のように明確な概念あるいは概念体系をもって状況の説明を試みるのもここでのやり方の一部である。

このやり方の基盤は論理の明晰性、体系性、発展可能性にかかっている。明晰性は数学的手法による解析が最良であるが、経営学での論理体系においては、全体としては、それは行われてこなかったし、おそらく今後も完成は難しいのではないか。複雑な対象をとらえるため変数が多くなり、かつ、相互関係をもつものとみなされるからである。簡単な一例をバーナードにとれば、組織成立の三要素である共同目標、貢献意欲、伝達はその間に影響関係をもって生起し、変化し、その基盤の上に公式組織が生ずるとされている。力学の「三体問題」の解析不能さからの連想でいえば、これらの生起・変化の状態を解析的に操作可能な記述にもってゆくことはできそうもない。誘因を経済的非経済的の両面から考えることも同様の事情をもたらす。その他にも問題はある。K・アローは「組織の理論は明らかに本来組み合わせの数学の側面をもっている。この種の数学は難しいということで悪名高い」[5]と述べているが事態はこのいい方よりももっと本質的な事情にかかわっていると思われる。ゲーム理論の適用にも限界がある。数学により得ぬだけに一層日常言語による推論への慎重な配慮が必要とされる。以上の本質ともかかわることであるが体系的な発展性拡大性も大きくない。前提がそのためには複雑すぎる。近代経済学と対比すれば事情は明らかである。体系を短縮する試みもある由であるが[6]、しかし、失われるものが大きいであろう。定性的記述しか適さぬ面がある。部分的モデルは別である。ただし、最近の複雑系の理論のように、これをシミュレーション等の技法で解決し発展させようとする試みには注目すべきであろう。しかし、そこにはまた別の問題点もあるだろうが。

論理的概念的体系と価値あるいは理念との関係にもふれておかねばならない。そこには二つの問題がある。第一の問題は一般化され抽象度を高め、論理的連関を求めて概念体系を作ろうとすると価値観理念理想などもそれに対応する抽象度を持ってその働きや関係が記述的に述べられることになる。あるいは具体像・具体例は付加的連鎖の認められる限り、それを記述することになる。バーナード主著第一七章「管理責任の性質」および第一一章「誘因の経済」ではそれぞれ上のいずれかの形で記述されている。主著とは別立ての論文としては彼も理念を直接的に述べている。またウェーバーも社会科学と社会政策（理想の提示）という区分をしているし、ボールディングも『紛争の一般理論』で全体を formal theoretic に構成したため根源に価値観の差のもつ重要性を認めているが、具体的には付録としてキリスト教正統派、マルクス主義正統派等々がどういう対象にどういう考え方を取るかを列挙することになる。

第二の問題は「かくかくすべし」という当為の問題が、究極で、論理的記述説明とは別のものとなることである。一つのつきつめた結論としてはウィトゲンシュタインの言明が掲げるに値するだろう[7]。「およそ倫理とか宗教について書きあるいは語ろうとしたすべての人の傾向は言語の限界にさからって進むということでありました。（中略）まったく、そして絶対的に望みのないことであります。倫理学が人生の究極の意味、絶対善、絶対的に価値あるものについて何かを語ろうとする欲求から生ずるものである限り、それは科学ではありません。（中略）しかしそれは人間の精神に潜む傾向をしるした文書であり、私は個人的にはこの傾向に深く敬意を払わざるを得ませんし、また、生涯にわたって、私はそれをあざけるというようなことはしないでしょう」。この科学は自然科学であるらしいし、言語の限界という時は論理的説明、分析的記述であろう。では一つあるいは二つの定言命法を掲げたカントとの関係はどうなるのか。(8) 非常に難しい。さしあたり、カントの命法から経営理念の内実をどのように導き得るかということについては考究すべき難問があるのではないかというにとどめたい。これとは別に、そこで経営学に関連して多少とも何か考えられるところはないか。それについては七でふれたい。

五　第三種の経営学――実益主義――

経営学の認識のしかたなどどうでもよい、要は経営の実践に直接的に役立つかどうかであるという根強い主張がある。暗黙のうちにもせよ、明確な表現となるにもせよ、この主張に同意する人は多いのではなかろうか。帰納・演繹的思考であれ、あるいはアナロジーであれ直感であれ、実践に役立つための思考の道具に過ぎないから適当に使い分ければよいという点で諸方法を包含する。科学的であってもさしつかえないが科学的でなくてもよい。

それは「結果として生み出される行為こそがその思想の唯一の意義」(9)（W・ジェイムズ）というプラグマティズムの考え方に裏づけられているだろう。行為を経営体の場合、経営実践とし、それへの効果と考えれば実益の主張となる。こうした立場を早くから（一九六五年）明確に提示している例が北野利信教授である。その後一九八〇年代になっても基本線は変わらないといわれる。少し拾いぬいてみよう[10]。「実践の術に関連をもたない理論的科学はみのりをもたないから経営学とは無縁だとする立場」であり、「科学ではなくて『いい伝え』であると軽べつされようとも現実の第一戦の有能で識別力のある経営者がもつ準拠わくとして役だっているかぎり『伝統的経営学』はその実践的学問としてのあり方になんの不安もひけ目も感じない」「組織の観察よりも、むしろいかにして役に立つ組織を設計するか」だといい、のちにはさらに進んで「操作性を失った理念は、思弁的遊戯と堕する危険が大きい」「組織研究の領域は片や応用のきかない抽象概念と、片や意味の説明できない調査資料が散乱する有様」とまでいわれる。そこで教授は当時の中間理論として条件理論に望みを託された。この主張のような研究は前述のように方法的特質ではなく目的でまとめられる。第一種第二種の方法のものも勿論実益を考えている。テーラーなどはことにそうであろう。しかし動作時間研究は精密すぎるだろうし、ことにコンマ以下四桁の関数を伴った数学的公式化などは実用性に乏しい[11]。けれどもテーラーは自分の方法に忠実であろうとし、それをつきつめればそこまでゆかざるを得なかったのであろう。バーナードやその他の人びとも別の意味でそれぞれそうであったろう。

この第三種の考え方に対しては、それは断片的知識になり易いとか、推論の弱さ、体系的不統一、表面的、展開可能性の乏しさ等々の短所を列挙しても全く動じないであろう。問題の要点は「実益」にかかっている。すなわち、だれのために何時どのような実益をもたらすべきなのか。「だれ」に関しては北野教授はひとまず「第一線の有能で識別力のある経営者」といわれる。これをどのようにして判定するかは難しい。第二線、少々有能性識別力の劣るもの、それらを「相手」とするものは排除されることになるのだろうか。作り手の側の想定によりさまざまのレベルのものが出てくる。どういうことに役立つのを実益というか、どのように作用するのを実益があったというのかも議論の余地がある。いま「相手」といったけれども、プラグマティズムの発想の場合は「相手」

ではなく「行為する本人自身」にとっての効果を考えてのものであったのに対し、経営学の成果の良否の判定は「行動する」経営者という相手の評価に任せなければならない。かりに膨大で綿密な事実的研究があったとして、研究者はその学術的価値を高く評価するだろうが、経営者の実践という目からは読まれそうもない。極言すれば紙くず同様となる。実益の範囲を広くしたり、実益の現れる時期を長くとったり、社会全体にとってとしたりすると議論は変わるが議論の余地はなお残る（ひとまず割愛したい）。単なる知的好奇心知的理解欲求だとしても絶対に悪いと言い切れるだろうか。相手のレベルを下げていけば学問的には安易なhow to物となる。店頭に夥しい。一方で学術的な価値を保ちつつ、一方で何らか経営実践に役立つよう成果をあげるにはそれなりに苦心がいる。第三種の道を選んでもそれは見かけほど平坦ではない（前出の北野教授のものはその点では立派な著作であるが）。経営学研究の多くがここに属する。第三種と第一、第二種との区別は重なり合い得る。[c] 実益を尊重するということは、ことを語るに同様な内容結論が得られるのなら、なるべく平明素朴単純がいいということにつながる。あれこれ考え合わせてこの主張は経営学研究は何のためになされるかの点で、一つの警鐘、反省材料を与えているだろう。経営学はここにおいては「未科学的なものから科学的なものへ」でなく「科学的なものから未科学的なもの」へと「先祖返り」している。

価値観、理念、理想との関連でいえば、直感やアナロジーの力をも認めるという方法の包含性において、第三種の立場は有利なのであるが、実際には、それは実益が狭く短期に考えられることが多く「企業にとって直ぐためになる」「それを守らなければ社会的に許されなくなる」という視点から理念が扱われることが多い。理念もまた経営の手段用具であるかの如き感を抱かせる。ただし、それでも良いのだという割り切り方も別の観点からは成り立つだろう。マキャベリの考えていたのもそうした観点のもたらす社会的有用性ではなかったろうか。

六　歴史ならびに学説史

歴史は過去の事実を示す史(資)料で成り立つ。過去については厳密に解しておいた方がよさそうである。厳格な歴史家は資料とその解説、配列のみを歴史とするがここではとりあえず史論も入れておきたい。方法は一様でないにしても経営史経営史論は一見したところよりもはるかに多いと思われる。過去を厳密にとれば多くの「実証的研究」「事例的研究」がここに入るだろう。学説史については本学会の性質上、その意義、態様、展開方向などめぐる議論は一切省略してよいであろう。

七　価値観、理念をめぐって——再び批判の学への展望——

上記各種の方法ともそれぞれの理由から価値観についての具体的考察が抜け落ちる事情をみてきた。経営理念経営倫理はそれらとは別立てで語られていることが多い。多くの成果があり、もう十分のようであるが、なお考察の余地を残す。もっとも基本的と思われることがある。それはこれまでも「当為」は積極的に述べられてはきたが、しかし、実践上守られにくいところがあることである。実例は多くみられる。したがって理念や倫理がなぜ守られにくいかという視点からの議論がもっと必要である。この視点からの現状批判が行われてよいであろう。立ちはだかる最強の壁は「社会進化論」である。進化論が科学であるとすれば科学が価値観の支えになっている(ただし社会進化論までくるとその科学たりや否やは問題あるが)。それは「優勝劣敗これ天理」との表明になり、「天賦人権説は虚妄」との明治期の加藤弘之の有名な思想転換事件に骨格がみられる。社会人生すべてを簡明に、しかし、一種の離れ業のように割り切っているのは丘浅次郎であるが、[12]彼のような所説に敵するのは容易でない。「会社がつぶれては仕方がない」「勝ち残って発展しつづけるのが至上課題」「競争に勝てるよう強くなければならない」といった主張にどう対処できるか。基本は「狭い利己性」の是認である。この価値観を全面的に容認すれば頭を悩ませずに済む。フリードマン流の企業観でよい。そこでは経営理念経営倫理を考え語ること自体意味を失う。経済的能率効率を最大限に発揮して生産にあたることが社会的意義ということに止まる。これに対し経済学者である人々の以下のような感想がある。「われわれは完全に利己的な動機に基づくシステムには、不安を感じるのが常である」（アロー）[13]。驚くべきことにあれほど徹底的に社会主義経済体制を批判したハイエクも言う。「私たちの生得的感情は常に社会主義者であって、資本主義者ではない」[14]。こうした感情の生ずる所以についての生物学的な説明もあるが、大きな集団、人為的社会機構にまで及ぼすとまだ十分に説明されえたとも思えない。

さらに経営の内部を見れば、他人を使って事を成させるという階層機構のもつ論理がある。人が用具手段的にならざるを得ない傾向がある。この点にはすでに若干の考察がある。これも大きな壁である。これらの壁に立ち向かうための援軍としてはサイモンの「啓蒙された利己心」[15]の枠組み、生物の多様性の考え方などがある。有力ではあるが経営学にとって十分ではなさそうである。具体的にどこに糸口を求めるべきか。思いつくところを列挙してみよう。

（1）人と人との関係における明文、不文、ことに不文に注目した主要な理念信条を具体的にキーワードとして見出し、それらの間に目的―手段の関係の成立性がどこまであるか、どこまで究極的にたどれ、そして究極的目標はどのように一様でないかの考察。階層的序列化の視点。

（2）何がもっとも基本的な命令命題となるかの判断あるいは確認。

（3）（1）および（2）の経営活動との関係。ことに対抗あるいは制約となる関係。

（4）経営組織の具体的状況、各種のところで多くの理念信条がいかなる敗退をみるかの状況。

（5）階層分化に伴ぅ理念の分化、共同目標（事業）が操作可能性を増しつつ分化してゆく時、理念はどういう影響を受けるか、あるいは消失してゆくかの推察。

これらを考えるとき、暗黙のうちにも考察者の価値観は作用するだろうし、さらには明らかな批判を述べざるを得なくもなるだろう。それはフリードマン的な考え方への対極を示すことで全体としてのバランスに向かうことになるのかもしれない。このように批判を述べざるを得なくなるという点では二つのことが要請されるだろう。

（1）自己の価値観の明示。ウェーバーは「社会科学」全般をめぐってこれを述べているが、[16]上のような場合は一層狭く鋭く必要となるのではないか。

（2）言行の一致。これは古くより自分一個の問題としても説かれてきているが、ここでは相手のいることが肝心である。相手に対して説得力をもつという点が重要である。理念信条に関しては人は言葉よりも行動・あり方により心を動かされるという事実がある。妾を二階においた伯父さんの甥への道楽の戒めが直ぐにはねかえされる有様は落語の示す通りである。ただし人みな聖人ならず。志向を定めて省みる態度が必要なのであろう。

以上のことは全体として科学とはなりにくく「学」にもならぬおそれすらある。しかしここではボールディングの言明に励まされる。組織問題にまで足をふみいれて述べた時に彼はいう。「(組織を論ずる）これまでの話はすべて非常に結構だが経済学ではないのではないかという人があるかもしれない。もしそれが経済学でないというのなら私はこう答えよう。『それだけ経済学にとって一層こまったことなのだ』と。(中略）社会学、またはもっとふつごうな名前の制度派経済学とまで呼ばれても（一部変更）、ことがらがあまり重要であるので、悪い名前で呼ばれることをあえてわたくしは我慢してもよい[17]」この事情は、今の場合、似たようなものである。経営学はこれまでみてきたように確然とした方法、型をもってきていないのがかえって幸いであろう。「君子ハ器ナラズ」（論語爲政第二）という。経営学も器ならずといえないだろうか。

注

（1）三戸公「科学的管理の現在—三つの科学的管理とその射程—」『中京経営研究』第七巻第一号、同「科学的管理の世界—レーニンとウェーバーの言説をめぐって—」『立教経済学研究』第五二巻第一号、一九九八年七月、その他。

（2）Taylor, F. W., *The Principles of Scientific Management*, Harper, 1911.（上野陽一訳『科学的管理法』産能大出版部、一九七五年、三六八—三七〇頁、四四八—四四九頁。）

（3）Taylor, F. W., *ibid.*（同訳書五五二—五五三頁。）

（4）Harrod, R., *Sociology, Moral and Mystery*, Macmillan, 1971.（清水幾太郎訳『社会科学とは何か』岩波新書、一九七五年、一九七頁。）

（5）Arrow, K. J., *The Limits of Organizations*, W. W. Norton, 1974.（村上泰亮訳『組織の限界』岩波書店、一九七六年、ⅷ頁。）

（6）Williamson, O.E., *Organization Theory from Chester Barnard to the Present and Beyond*, Oxford University Press, 1990.（飯野春樹監訳『現代組織論とバーナード』文眞堂、一九九七年、二四八—二四九頁。）

（7）Wittgenstein, Ludwig, *A Lecture on Ethics (from Philosophical Review*, vol.74, 1965), edited by Ludwig Wittgenstein und der Wiener Kreis, Basil Blackwell, 1967.（杖下隆英訳「倫理学講話」全集五所収、大修館書店、一九七六年、三九四頁。）

（8）Kant, Immanuel, Grundlegung zur Metaphysik der Sitten, 1785. *Kritik der praktischen Vernunft*, 1788.（篠田英雄訳『道徳形而上学原論』岩波文庫、一九六〇年、八五頁・一〇三頁、同波多野精一・宮本和吉・篠田英雄訳『実践理性批判』岩波文庫、一九七九年、七二頁。）

（9）James, Willian, Pragmatism, edited by Ralph Palph Parton Perry, 1948.（桝田啓三郎訳『プラグマティズム』岩波文庫、一九五二年、三九頁。）

（10）北野利信『経営組織の設計』森山書店、一九八一年、二頁、三四〇—三四一頁。

（11）Taylor, F. W., *op. cit.*（訳書三〇九頁。）

（12）丘浅次郎『進化と人生』一九七六年、上、下、『生物学的人生観』一九八一年、上、下、（ともに講談社学術文庫）。

（13）Arrow, K. J., *op. cit.*（訳書一三頁。）

（14）ハイエク・F・A、（今西錦司『自然・人類・文明』日本放送出版協会、一九七九年、二二頁。）

（15）Simon, H. A., *Reason in Human Affairs*, Stanford Univ. Press, 1983.（佐々木恒男・吉原正彦訳『意思決定と合理性』文眞堂、一九八七年、六一—七六頁、一一二—一一四頁。）

（16）Weber, Max, Die „Objektivität" sozialwissenschaftlicher und sozialpolitischer Erkenntnis, Tubingen, Mohr, 1904.（富永祐治・立野保男訳『社会科学と社会政策にかかわる認識の客観性』岩波文庫、一九九八年、四六—四七頁。）

（17）　Boulding, K. E., *The Skills of the Economist*, Howard Allen, 1958.（桜井欣一郎・桜井美智子訳『経済学—その領域と方法—』東洋経済新聞社、一九六五年、九一頁。）

参考文献は紙幅の都合上省略（後のⅢ部「文献」を参照のこと）。

付記

（A）　大会当日、太平浩二教授より有益な質疑があり、これを受けて、今回、この辺り一〇行足らずのところの記述になるべく余り大きくならぬ範囲で修正を加えた。また、当日時間がほとんどなくお答えできなかったのでここで簡単に述べておきたい。質疑の要点は、ポパーの提示した反証可能性による推測と反駁の考え方と論理実証主義の考え方の関係をどう考えるかという点と、経験もまた認識主体の理論負荷の下に得られるものだから、経験（現象）と理論の対応ではなく理論と理論の対応ではないかという点であった。前者についていうと、ポパーの論理実証主義批判ののち、反証可能性の考え方も、単称存在命題まで考えると検証はできても反証には無限の努力を要するという、いわゆる帰納法の難点は同様に生ずるので、全称、単称の全言明にたいしては「検証と反証の非対称性」はないという議論もあり、その議論を考慮に入れると、命題の言明のしかたに依存して両者の考え方は必ずしも「水と油」の関係ではなくなり得るという筆者の理解が報告要旨の表現に入っている。理論負荷の問題も、確かにその通りであるが、厳密に一般的にこれが解されれば、個々の観察言明の「共通する」（いわば常識的な）客観性に依存する実証主義では検証、確証、反証いずれも成り立たなくなり、科学と非科学の境界もあやしくなると思われることもあるので、後の議論に必要な程度に簡略化し深入りを避けておいたものである。なお「経験と科学」をキーワードとした点は大会委員会により示された統一課題の柱がそうなっていたことを考慮している面がある。いずれにしても太平教授の指摘された辺りにはそれだけで十分に大きく深い問題があり、クーンのパラダイム論あるいはそれをめぐっての論争にもつながって行く。この小論では上述のように記述の簡略化をはかったが、読み返してみると、舌足らずや混乱もあるので最小限度の修正およびこの付記を行うこととした。大平教授の質疑に深く謝意を表します。

（B）　同じく川端久夫教授より経営学の独自の研究対象をめぐって質疑があった。報告要旨中では一応記したつもりであったが、読み返してみると不充分であるかと思われたので強調する表現になおした。

（C）　同じく川端教授より第三種の経営学は批判の学と表裏一体ではないかという点と実益をめぐっての点との質疑があった。報告では批判には理念が必要であるが、第一、二、三種ともそれぞれの理由から、理念は隠約されるか軽視されてしまうだろうということを言いたかったのである。また実益はそれを得る人々という範囲と将来のどの時点で生ずるかという時間との二つをどのように考えるかでさまざま変化する。第三種のものの実状はこれを狭く短くとることを主張していると思われる。以上、表現の追加と付記を行い得た点、川端教授に深く謝意を表します。

四　管理論・組織論における合理性と人間性

池内秀己

一　はじめに

合理性と人間性は、管理論・組織論の展開を論じる際に見逃すことの出来ないキーワードである。管理論は、協働行為・組織行為の場において成立する。それは、まずは現場作業の管理を出発点とし、次には工場を含む企業全体の管理の学として、更には営利・非営利の組織一般の学として展開してきた。その過程において、管理論と組織論は、一方において合理性・機能性を軸とするとともに、他方において、組織の中で意思決定し、行為する人間を問題とし、その上に立って、行為・組織・環境・情報を不可欠の研究対象とし、その全体像を把握するものとして展開してきたのである。

合理性と人間性という観点から管理論・組織論を論じようとする時、最初に問題とせざるを得ないのが、ウェーバーの官僚制論である。ウェーバーは、テイラーの科学的管理に対して、いち早く「産業における官僚制化の最終的帰結」と述べている。そしてまた、彼の官僚制論そのものも、組織の合理的モデルのひとつとして位置づけられている。だが、ウェーバーの官僚制論には組織の合理的モデルとしての側面があるとともに、支配論としての性格もあり、そこには特殊近代的な合理性と非合理性の問題が提起され、組織・管理の合理化の進展の中での現代人の運命如何が論じられている。

本稿は、ウェーバーの官僚制論において、合理性と人間性の問題がいかに論じられているかを再検討するとともに、この問題がテイラー以降に展開された管理の諸理論の中で、どのように扱われているかについて、形式合理性と実質合理性の概念をキーワードとして、述べていきたい。更に合理性と人間性の問題を、三戸公教授の提起する経営学の主流と本流という視点から考えてみたい。

二　ウェーバーにおける合理性の問題

ウェーバーの全業績は、合理性を中心に展開されていると言って過言ではない。彼の、合理的に再構成された理念型による人間の社会的行為の分析は、言うまでもなく合理性を軸としたものである。歴史の展開過程ないし近代化の過程それ自体も、ウェーバーにおいては合理化過程、あるいは普遍的合理化の過程として把握される。

ウェーバーにおける合理性の問題を論じる際に、まず看過し得ないのは、合理化のアンビバレントな性格である。合理化は近代社会の生活原理一般の性格である。そして、それは一方において、人間行為の自由と責任の基礎をなすとともに、他方では、支配団体の合理的計量化・分業化の内部での人間の器具化をもたらすものと捉えられる。そもそも、ウェーバーにおいては、合理性そのものが多義的なものとして考えられており、宗教・経済・政治・学問・芸術など、人間の様々な文化領域のすべてにおいて、様々な究極的観点ないし目標のもとに合理化が進行しうると論じられている。歴史上、あらゆる文化圏にわたって、生の領域が様々に異なるに応じて、極めて多種多様の合理化が存在したのである。そしてまた、様々な領域において多様に展開しうる合理化は、それぞれが互いに緊張関係に立つ可能性と現実性を持つ。ひとつの観点から見れば合理的であることが、他の観点から見れば非合理でありうるからである。それ故、ウェーバーにとっては、いかなる領域において、いずれの方向を目指した合理化が展開していったのかを明らかにすることが研究上の課題とされた。それにより近代に見られる合理主義の特殊な性格、従って近代社会の特徴とその運命の如何も明らかにされる。ウェーバー理論において、様々な合理性の概念が展開されているのは、そのためである。

ウェーバーの合理性概念のうち、もっともよく取り上げられるのが、合理的社会的行為の二つの理念型として設定された目的合理的行為と価値合理的行為である。両者は、それぞれ実現を目指す目的ないし価値と自己の思考・行動との間に、論理的に一義的かつ明晰な因果連関もしくは意味連関が意識されているかどうかに基づくものであり、こうした連関が論理的に一義的に捉えられるようになればなるほど、行為が非合理な感情や偶然によって左右されることは少なくなる。それ故、合理性は個人行為の自由の基礎とみなされるのである。とりわけ目的合理的行為の概念は、所与の目的のみならず、随伴的結果や代替的な目的を選択した場合についての合理的な考量をも含むものであり、三戸教授の随伴的結果論の概念を借りれば、目的的結果のみに指向した単眼的管理の合理性ではなく、随伴的結果をも視野に入れた複眼的管理に繋がるものと理解しうることは注目に値しよう。

行為の合理性を考えるにあたって、目的合理性と価値合理性の両者の概念が設けられているのは、行為がいずれの指向性を持つかによってそれぞれ異なった内容となり、互いに反発し合うものとなるからである。目的合理的行為と価値合理的行為は、本来、行為の方向性に著しい差違を示すものであり、前者は行為の結果に、後者は行為そのものに指向する。勿論、それぞれ異なった目的や価値に指向すれば、目的合理的行為そのもの、価値合理的行為そのものが、内容のことなったものとなる。

だが、ウェーバーの更に重要な問題提起は、様々な合理的行為の間に緊張関係が存在するという一般的な可能性ではなくて、近代社会においては、特定の内容を持った合理化が著しく押し進められ、制度化することによって、深刻な非合理性ないし抑圧性が惹起されるという問題であった。ウェーバーにおける形式合理性―実質合理性の概念は、何よりもこうした特殊近代的な合理性特有の性質を論じるものであるといえよう。

実質合理性とは、合理性が特定の具体的な内容についてあらわれ、その都度、一定の評価基準から判断される度合をいう。その評価の基準自身は多義的である。これに対して、形式合理性は、具体的な内容による限定を受けずに、一般的・普遍的な意味で合理性が考えられる度合をいう。形式合理性は、法においては抽象的・一般的規則の体系、経済においては、経済行為に適用できる計算の度合をさすが、要するに「計算可能性」こそが形式合理性の内容といってよい。行為が様々な価値や目的に指向するとしても、行為とその結果に対する予測可能性が高いほど、そこに成立する合理性は高いものとなる。形式合理性はそのような予測の可能性を高めるために、特定の目的・価値・社会集団の差違を超えて、何らかの度合で等しく適用可能な一般的手段の提供という性格を持つものである。その意味で、実質合理性が目的（と、その背後にある価値）指向の合理性であるのに対して、形式合理性は目的達成のための手段の精緻化に指向するものであるといえよう。

しかし、重要なことは、形式合理性の実現は、現実には何らかの実質的な諸条件に依存しており、その意味で、何ら価値中立的なものではないということである。(1) 従って、パラドクシカルであるが、形式合理性は、その根底においては、事実上、特定の価値や目的の実現を意味しているのである。それ故、形式合理性の展開は、それらの価値・目的に指向した実質的な諸問題との間に葛藤（例えば、純粋な経済性の達成と、倫理的・宗教的・政治的その他の諸要求との間の葛藤）を生じることとなる。そして、形式合理性が高度に実現されればされるほど、この葛藤も深刻なものとなる。その最たるものが、次節で述べるような官僚制の合理性と非合理性の問題であるというのが、特殊近代的な合理性の問題としてウェーバーが提起したものなのである。

三　ウェーバー官僚制論における合理性と人間性

周知のように、近代の合理的組織一般の特徴を理念型的に定式化したのが、ウェーバーの官僚制論である。ウェーバーは、近代官僚制の特徴として、規則に基づく権限の行使と職務遂行、非人格的な支配関係、文書による命令・伝達・職務遂行、専門化された職務遂行・専門的訓練・資格・試験制度、公私の峻別・没主観性、審級制に基づく権限のヒエラルヒー、経営手段からの個人の分離等を挙げた。三戸教授は、ウェーバーの官僚制論から出発して、規則・専門化・階層制を官僚制組織の三要素と捉え、ビューローによる支配を官僚制支配の内容と再把握した。いずれにしても、目的実現にあたって最も合理的な手段が官僚制であると捉えられているのである。

そのウェーバーは、テイラーの科学的管理を「経営の機械化と規律化との最終的帰結」と把握し、そこに産業における官僚制の成立を見た。近代的経営の経営規律は完全に合理的な基礎にもとづいており、最高の収益性の実現という見地から、物的生産手段と個々の労働者の行為を、適当な計測手段により計算する。規律は多数の人間の服従を合理的に画一化せしめるが、それは内容的には、計画的に訓練された、精確な、一切の批判を無条件に排除するような命令の遂行と、それに対する内面的な志向への集中を意味する。このような規律は、合法的支配の純粋型である官僚制支配において、最高度のものとなる。規則にもとづいて明確化された権限の行使が、目的合理的に組織された職務の体系のもとで、専門的訓練を受けた職務担当者によって、没主観的に行われるからである。テイラー・システムは、古き職長たちの勘と経験によって遂行されていた管理を、企画部の支配下において、現場作業を調査分析して課業を決定し、厳密な工程計画を立てて実施せしめるものであったが、その意味において、まさに工場における官僚制＝ビューロクラシーの成立であると言っていい。ここにおいては、各職務の担い手の行為は、最高度に計算可能な形で、すなわち形式合理的に行われることとなる。

だがウェーバーは、官僚制は職務を合理的に遂行するものであると同時に、隷従の器・抑圧の器であると把握している。かの「精神なき専門人、愛情なき享楽人」「目的合理的な職務遂行を至上のものとする限り、人類は官僚制の支配に隷従せざるを得ない」という彼の予言は、まさにそのことを述べたものである。精神なき専門人とは、官僚制の合理的・機能的な秩序に奉仕する人間であり、そこには管理の合理化が人間性の抑圧をもたらすという視点が明確に表明されている。テイラー・システムにおいては、それは管理の合理化・効率化にともなう労働強化・労働者の疎外・抑圧という形で社会問題となった。科学的管理の規律のもとにおいては、人間の精神的・肉体的装置は、それ自身の有機的なリズムではなくて、機械や道具が要求するリズムや筋肉的機能の計画的分割に適応せしめられる。「資本計算の最高度の形式合理性が労働者を企業家の支配のもとに隷属させることによってのみ可能となるというこの事実は、経済秩序のより特殊的な実質合理性を示すものである」とウェーバーは論じている。[2] これは管理における合理性と人間性をめぐる最も重要な問題提起のひとつといえよう。

ウェーバーの官僚制論に対しては、これを古典的なマシーン・モデルと捉え、マートン、ブラウ、グールドナーらの官僚制逆機能論によって、更にはサイモン、マーチ＝サイモンの、より精緻な組織論によって超克されたとの見方がある。しかし、そのような評価の妥当性については、管理論・組織論における合理性・人間性という観点から今一度、再検討されねばならない。これについては、後に改めて取り上げたい。

四　管理論・組織論の展開と合理性

さて、科学的管理の本質は〈対立から協調へ〉と〈経験から科学へ〉の二本柱であり、その一本を欠いては科学的管理ではない」というテイラーの発言に着目し、前者の視点より、テイラーからフォレット、バーナード、ドラッカーへと至る管理論の展開を経営学の本流と名づけ、後者の視点に立って、同じくテイラーから、ヒューマン・リレーションズ、バーナード、サイモン、コンティンジェンシー理論、ポスト・コンティンジェンシー理論へと至る潮流を経営学の主流と捉えたのは、三戸公教授である。(3) こうした二つの流れに立って、管理論・組織論における合理性と人間性を論じるならば、それはどのように捉えることができるであろうか。

三戸教授はいう。経営学は、科学的管理をもって、その成立の道標とされる。だが、科学的管理をいかなるものと把握するかについては一様でなく、その把握の如何が経営学をいかなる学問と把握するかの重要な鍵となる。科学的管理は、三つの次元において把握される。テイラー・システムとしての科学的管理は、人間関係論の成立あるいはフォード・システムの成立によって超えられるものとして把握される。テイラー・システムの指導原理としてのテイラリズムをもって科学的管理とするならば、例えばドラッカーは、これを超克する理論と技法を展開したと自負している。だが、科学的管理をテイラーの力説したように、〈対立から協働へ〉と〈経験から科学へ〉の精神革命と把握した時、科学的管理はテイラー・システム、あるいはテイラリズムとはまったく異なった新しい意味を持つ。この時、テイラー以降の管理論の一切は、科学的管理の延長線上にあると把握される。

テイラーによれば、科学とは、収集・分類・分析の上で、法則・規則を見出し、方式（formula）を作り、それに基づいて行為することである。そのためには対象と方法の限定が不可欠であり、それによって成立し、有効性を獲得するのが科学である。科学は対象を限りなく分化し、専門化し、新たな方法を創出することにより、無限に発展する。〈経験から科学へ〉の人類史的な流れは、ルネサンス、マニュファクチュア、産業革命から、現代に至る大きな流れである。それは職人の熟練を抽象的・客観的な知＝科学として定式化し、その応用として、合目的的な手段として具体化された技術に転化した。その科学と技術は、長く労働手段である道具と機械に限られていたが、テイラーによって、労働そのものを対象とする科学と技術が創始されたのである。それまで道具・機械・装置を対象として労働手段の体系と定義されていた技術は、科学的管理法の成立以降、これらをハードとして捉え、その仕様や作業そのものをソフトと捉え、法則性・規則性の意識的適用と定義されるようになってきた。収集・分類・分析により得られた法則・規則は、モデル、マニュアルといった方式に形象化して、作業者を助ける。科学は明晰性を重視し、客観的表示を必要とし、それは数値的・数学的表現を指向することにより科学性を高めようとする。まさに形式合理性の論理である。客観化・科学化は必然的に序列化を結果し、それにもとづいて処置・処遇を行うことになる。テイラーは、こうした人間行為そのものの科学化の意義を自覚していたと言ってよい。

だが、テイラーの作り出したテイラー・システムは、作業の科学にもとづく課業管理の体系であり、科学的管理といっても、その科学は現場作業の管理に限られたものであった。その点で、テイラー段階の科学的管理は企業全体の管理を論じるものではないし、現代の経営において決定的に重要な地位と機能をしめる知識労働者を対象とするものでもない。科学的管理が新たな段階へと進む契機となったのは、ホーソン実験である。当初、作業の科学の延長線上にあるものとして始められたホーソン実験は、初期の目的とは別の意味をもった実験として展開され、作業の達成には作業者の勤労意欲が大きな役割を果たしており、それには人間関係が大きく関係していることが発見された。科学的管理は、ホーソン実験の成果からヒューマン・リレーションズを科学の対象とし、モラールや非公式組織を問題とするようになったのである。ここから経営社会学・経営心理学が成立し、行動科学が成立し、人間行為の計算可能性を高める技術が、それらに立脚したものとして開発されて現在に至っている。

人間関係論により、新たな科学的研究の対象を加えた科学的管理は、バーナードによって、新たな次元を迎えることになる。それまで管理論における組織の認識は、組織機構として把握せられていたのに過ぎなかったのが、人間関係論によりインフォーマル・オーガニゼーションの研究も飛躍的に高められ、組織が科学的研究の対象として登場することになったのである。テイラー・システムも、ヒューマン・リレーションズも、それ自体は管理そのものを対象としたのではなく、管理の対象となる作業や、人間関係、モラールを取り上げたに過ぎない。これに対して、バーナードは管理とは何かをめぐって組織論を飛躍的に発展させた。バーナードによれば、管理とは組織維持の機能である。組織は伝達・貢献意欲・共通目的の三要素からなるものであり、組織維持機能は目的の設定・変更・達成の有効性と、参加者を吸引し満足せしめる貢献意欲を確保する能率と、そのための伝達体系のオーソリティの維持によって可能となると把握される。そして、組織維持機能としての管理の中枢は意思決定であり、環境にいかに適合するかという機会主義と、道徳性の側面によってなるものと把握・分析された。前者の機会主義が、組織維持における計算可能性＝形式合理性に指向したものであることは言うまでもない。

意思決定を管理の本質とするバーナードの結論を出発点とし、これを発展させたといわれるのがサイモン理論である。サイモンは、意思決定を人間の行為の中核ととらえ、その合理性と限界を徹底的に追求することによって管理論のさらなる展開をめざした。とりわけそこでは、意思決定前提のうち、事実前提をめぐって意思決定の科学の成立が目指されている。サイモン理論の重要な側面のひとつは、意思決定の合理性を追求するとともに、明確な限界があることを指摘し、これを克服する手段として組織を論じている点である。まさに、管理における形式合理性を高めようとする論理が意図されているのである。

こうしたサイモンの視点は、マーチ＝サイモンにおいてさらに豊かに展開されている。ここでは組織における意思決定の限界をもたらす二大要因として動機的制約と認知的制約が語られ、これらを軸に従来の組織論・管理論の再検討を行うことによって、組織ないし管理の諸側面を積極的に把握する理論の展開が試みられている。彼らによれば、テイラーの科学的管理やウエーバー官僚制論は、人間の動機的要因を考慮していない機械論的な組織モデルである。また、マートン、グールドナーらの官僚制逆機能論も、動機的制約への着目により官僚制の逆機能を把握している点で前者を凌ぐ有機的モデルだが、認知的制約という視点を欠いている。それに対して、動機的制約・認知的制約の両面から組織における意思決定のコンフリクトを論じたマーチ＝サイモン理論は、より高次なものであり、官僚制の逆機能性のメカニズムを把握し、その克服を論じるものとしては、これ以上ない精緻で包括的な理論ということができる。管理における形式合理性の実現という点では、ウエーバーの規則の制定や権限の明確化を中心とするフォーマルな官僚制組織よりも、マーチ＝サイモンの目立たないコントロールの方が、遥かに合理的であり、機能的である。

サイモンによって樹立された意思決定を対象とする科学は、組織が環境のなかで自らの存続をはかるための意思決定の機会主義の側面を理論化していった。こうした問題関心は、一九七〇年代以降、コンティンジェンシー理論として展開されることになる。コンティンジェンシー理論は、環境を組織維持との関連において把握せねばならない対象として捉え、環境の分析、環境と組織の分析を著しく発展させた。更にそこから、組織文化論・組織風土論やゴミ箱モデルが生まれ、自己組織性論が登場し、環境をいかに認識し、有効な意思決定につなげるかという問題関心から、組織認識論・知識創造論が提起された。これが現代経営学のフロンティアであり、その過程で、組織の環境適応や自己創造がいっそう精緻に分析された。以上のような〈経験から科学へ〉という流れを三戸教授は、経営学の主流と捉えるのである。こうした理論的な展開は、組織行動の計算可能性をますます高めるものであり、その意味で、コンティンジェンシー、ポスト・コンティンジェンシーの諸理論も、管理における形式合理性と実質合理性という観点からいえば、前者を追求した論理であるといえる。

五　管理論・組織論における人間性の問題

以上述べたような〈経験から科学へ〉をキーワードに、合理性を機軸とした経営学の主流は、それだけではテイラーの言う科学的管理の本質を十全にもったものではない、と三戸教授は把握する。その根拠とされるのが「科学的管理の本質は〈対立から協調へ〉と〈経験から科学へ〉の二本柱であり、その一本を欠いては科学的管理ではない」というテイラーの言葉である。〈対立から協調へ〉は、〈争いに代えるに心からなる兄弟のような協働〉とも言いかえられる。またテイラーは、科学は常に善をもたらすものではなく、悪にも用いられることをも、自覚していた。それ故、科学的管理は、単に機能を追求する方式・技術であるだけではなく、雇用者と従業員の両者に利益と繁栄をもたらすものでなければならず、その二者を兼ね備えたものであってはじめて科学的管理たりうると、テイラーは断言した。それ故、機能の追求だけではなく、同時に経営のあるべき方向・規範をも、テイラーは追求しようとしたのである。ここから人間とは何かを問い、人間を環境とともに把握する方向、すなわち、人間の機能する場所としての企業・経営・組織とは何かを理論的に研究する存在論・規範論を展開した管理論が試みられることになる。こうした管理論の流れを、三戸教授は経営学の本流と名づけるのである。それは、人間あるいは環境といった認識対象を分化してゆく方向ではなく、あくまで部分を全体との統合において把握する方向である。フォレット理論は、こうした側面でまさにテイラーを継承するものである。フォレットは、人間の行為ないし協働行為をコンフリクトの連続であり、それにいかに対応するかが人生であり、そこに管理の本質が存在すると把握し、抑圧や妥協ではなく、統合こそが最も機能的であると論じた。統合は換言すれば全体状況の法則であり、全体状況の法則に従うことが管理の要諦と、フォレットは論じたのである。

バーナードは、このフォレットに続き、人間とは何かの全人仮設をたて、これにもとづいて協働体系を論じ、精緻な組織概念を構築し、組織と環境を論じた。バーナードが組織論・管理論の出発点に、経済人仮設にかわる全人仮設をおいたことは注目に値する。また管理を組織維持機能と把握し、その中核を意思決定であるとし、意思決定を機会主義的と道徳性の側面の二要因からなると論じたことや、有効性と能率についての問題提起も、バーナード理論が、協働と個人の調和という形式合理性と実質合理性の問題を見据えるものとして評価されるに値することを物語っている。管理論の主流はいずれも、こうしたバーナードの組織論に依拠しており、サイモンはバーナードを受けて彼の意思決定論を科学化した。だが、サイモン理論はバーナード理論の発展と言われながら、その実、バーナードが道徳性の創造をリーダーシップの本質と捉え、意思決定の機会主義と道徳性のうち、後者を重視したのとは反対に、前者、すなわち組織目的達成の合理性の追求に問題を限定し、そうした側面での展開を目指したものとしての性格を持つ。道徳性の問題は、むしろ意思決定の科学の樹立のために、意識的に避けられるか、あるいは、その限りにおいてのみ論じられるにとどまっている。

さらにテイラー、フォレット、バーナードの延長線上に自分を置いたのが、ドラッカーである。ドラッカーは、キリスト教的な人間観に立ち、現代社会を、企業及び非営利経営によってなる組織体を構成的制度とする社会と捉えることにより、管理論を現代社会維持のガヴァナンス論として展開した。その指導理念は人間の本性たる自由の確保と組織の機能の統合であり、それを実現する技法を目指した点に、ドラッカー理論の意義がある。ウェーバーは、形式合理性の一義的な尺度に対して、実質合理性においては多様な評価基準が考えられると論じたが、テイラーから、フォレット、バーナード、ドラッカーという流れの中では、統合、そして人間性が、実質合理性をはかる際のキーワードとされているということができよう。

六　再びウェーバー官僚制論における合理性と人間性

以上、三戸教授の論じる経営学の主流と本流を、合理性と人間性という観点から述べてきた。科学的管理は、テイラー・システム、テイラリズム、そして〈対立から協調へ〉と〈経験から科学へ〉を内容とする精神革命の、三つの次元で捉えることができる。そして、テイラー・システムとしての科学的管理、あるいはテイラリズムとしての科学的管理は、ヒューマン・リレーションズやフォード・システムの成立によって、さらにはまたドラッカーの管理論により過去のものとなったかに見える。だが、科学的管理を精神革命と見るならば、テイラー以降の一切の管理は科学的管理と把握される。

同様に、ウェーバーの官僚制論も、組織論レヴェルで、これを規則・専門化・階層制を中心とする官僚制モデルとして見るか、近代における普遍的合理化の進展という論脈の中で見ていくかにより、そこから示唆されるものも大きく異なってくる。前者のように、組織の合理的モデルとしての側面に注目するならば、ウェーバー官僚制論は古典的なマシーン・モデルとして、その後の理論によって超克されている。すでに述べたように、管理論がテイラーの科学的管理の段階から、ヒューマン・リレーションズの段階へと進み、モラールや非公式組織を問題とするようになった時、ウェーバーの流れを汲む社会学者たちは、官僚制論に逆機能論という新たな側面をつけ加えた。マートン、ブラウ、グールドナーらのウェーバーリアンがそれである。彼らの議論により、合理性・機能性のみを論じたウェーバー官僚制論は過去のものとなったとの印象を持たれた。

だが、逆機能性論の欠如によって、ウェーバーの官僚制論の限界とすることは出来ない。ウェーバーは官僚制の逆機能性を知らなかったのではなく、これを論じる意義を認めなかったのである(4)。それは、ウェーバーの議論の力点が、官僚制が機能的（形式合理的）である時にこそ、特殊近代的な合理化をめぐる問題が生起するという問題提起にあったからである。ある観点からの合理性を追求する際に、別の観点からの非合理性（実質非合理性）が生じることを、ウェーバーは何よりも重視したのである。それが精神なき専門人・愛情なき享楽人の問題であり、テイラー・システムにおける疎外の問題である。これに対して、官僚制の逆機能性は、むしろ制約された形式合理性と把握すべきレヴェルのものとどまるであろう。

マーチ＝サイモン理論において、ウェーバー官僚制論が超えられていることもすでに述べた。組織における意思決定のコンフリクトを動機的制約・認知的制約という観点から分析するマーチ＝サイモンの観点からすれば、ウェーバー官僚制論から、ウェーバーリアンの官僚制逆機能論、マーチ＝サイモンの組織論へという展開は、官僚制の逆機能性分析の有効性を高めていくものとして評価される。官僚制支配の内容をビューローによる支配・管理と把握し、そこで組織行動の計算可能性、管理の形式合理性が最高度に実現されると捉えるならば、権限の明確化や規則・専門化・階層制を中核とした官僚制組織モデルよりも、意思決定の前提となる情報の流れと内容を統制するマーチ＝サイモンの「目立たないコントロール」の方が、遥かに合理的であり、機能的である。

だが、マーチ＝サイモン理論は、組織論レヴェルにおいて、ウェーバー官僚制論を超えたかのようにみえながら、合理性・機能性の追求が抑圧性・隷属性を拡大するという支配論レベルでの実質非合理性に関わる問題提起については『オーガニゼーションズ』では積極的に論じられていない。

ウェーバー官僚制論を、組織現象を分析する道具としてではなく、支配論の観点から、普遍的合理化・官僚制化のもとでの現代人の運命如何を問うものという視点に立つ時、ウェーバーの問題提起は、形式合理性と実質合理性の葛藤という現代管理論・組織論において看過し得ぬ問題提起を含み続けている。それは組織の機能性と、組織構成メンバーの人間性をいかに統合するかという問題であり、組織と個人は対立的な関係にあるのか、調和的な関係を持つものとして捉えられるのかという問題である。三戸教授が経営学の本流として論じた流れは、こうしたウェーバーの問題提起の上に立った協働と個人の統合、合理性と人間性の調和の可能性の追求に指向しうるものと言えるのではないだろうか。

七　む す び

〈経験から科学へ〉という経営学の主流のキーワードは合理性であり、そこで追求されているものは、組織における機能性の問題であり、形式合理性追求の論理である。科学的管理において提唱された収集・分類・分析による法則性・規則性の把握と、定式化されたモデル、マニュアルの作業＝人間行為への適応、ヒューマン・リレーションズにおける人間関係の科学、ウェーバーリアンによる逆機能論を中核とした官僚制論、管理原則論・管理過程論における管理原則の定式化と管理過程別の諸原則の整理・分類、バーナードにおける組織の一般理論の展開、その延長線上に展開されたサイモンの意思決定の科学、コンティンジェンシー理論における組織の環境適応の論理の展開、ポスト・コンティンジェンシー理論における環境認識と知識創造の論理。これらはいずれも、合理性・機能性を軸として、人間の行為・組織・環境・情報を研究対象とし、その全体像を把握しようとするものである。そこでは、科学的な知は客観的な明晰性を求めるために数値的・数学的な表現・定式化が指向されており、その意味において、まさに人間・組織・環境の関連を計算可能なものとして把握する形式合理性の論理が追求されている。組織目的達成に指向した合理的な行為も、こうした論理の中で可能となる。

他方、〈対立から調和へ〉という経営学の本流におけるキーワードは統合であり、人間性である。ここでは、実質合理性が問題とされ、その際の評価基準としての人間性が問題とされる。テイラーにおける〈心からなる兄弟のような協働〉、フォレットにおける統合の論理と状況の法則、バーナードにおける意思決定の機会主義と道徳性の問題、ドラッカーにおける個人の自由と組織の機能性の統一の管理論。これらは、いずれも組織と管理における計算可能性、形式合理性の進展の中で、なんらかの実質的な価値の実現をはかろうとするものである。科学的な手法によって組織・管理を対象把握していく機能論としての主流と、経営ないし協働体系を全体と部分との統合において理論化し、存在論・規範論に立脚する本流は、いずれが優れているかを決すべき性質のものではない。むしろ、ウェーバーが問題提起した形式合理性と実質合理性の葛藤を超克するという視点から、両者の成果を相互に位置づけ、意味づけることが必要であろう。一方における計算可能性という意味での形式合理性と、他方における人間性、あるいは統合といった実質的合理性の視点の双方から、今一度、管理論・組織論の課題と展望を論じることは、極めて意義深い作業といえよう。

注

（1）　例えば、ウェーバーは、彼の経済社会学において、経済行為における最高度の形式合理性（資本計算の形式合理性）は、市場交換経済の成立・貨幣経済の成立・資本主義的企業の成立を前提としており、そこでは形式的に自由な労働と、労働者の生産手段からの分離という条件が不可欠であると論じている。

（2）　ウェーバー「経済行為の社会学的諸範疇」尾高邦雄訳『世界の名著61　ウェーバー』中央公論社、一九七九年。

（3）　三戸　公「M・P・フォレット、管理論史における位置と意味」関東学院大学経済学会『経済系』第一九四集、一九九八年。

（4）　ウェーバー自身は「官僚制装置が、これまた個々のケースに適合した処置を阻むような一定の障碍を生み出す可能性があるし、また事実生み出しているのであるが、この点についてはここで議論すべき限りではない」と述べている。

参考文献（著書）は、紙幅の都合上省略（後のⅢ部「文献」を参照のこと）。

文献

池内秀己「『オーガニゼーションズ』とウェーバー官僚制論」『商経論叢』（九州産業大学）第二七巻第一号、一九八六年。

五　アメリカ経営学における「プラグマティズム」と「論理実証主義」*

三　井　　泉

一　はじめに

アメリカ経営学の思想的基盤に「プラグマティズム」が存在していることを指摘する人は多い。しかしこれを経営学史とのかかわりで改めて述べようとすると、最初に直面する問題がある。それは、「プラグマティズムとはいったい何か」という基本的な問いである。この問いは単なる定義づけの問題に留まらず、これまでの哲学、社会学、社会思想、歴史学などの成果に対する批判的評価を前提とした上で、語る者自身の思想的立場の表明を要求する大きな問題であると考えられる。もちろん、この議論の重要性を否定するわけではないが、この小論の射程を遥かに超えるものとなるであろう。従って、本稿ではこの問題に直接立入ることを避け、プラグマティズムの一般的な理解からまず議論を始めることにしよう。

一般に「プラグマティズム」という言葉は、パース、ジェイムズ、デューイらを中心に一九〇〇年代初めにアメリカで起こった固有の「思想運動」を指し示すと同時に、アメリカ社会の根底にある「実践志向」「実用主義」

という行動原理を広く表現する言葉としても使われている。哲学者鶴見俊輔は言う。

「プラグマティズム」という名称を、どのくらい広く解するかは、それ自身が一つの問題である。…最もせまく解する立場によれば、プラグマティズムは、意味をはっきりさせるための一提案にすぎない。もう少し広く解すれば、意味の理論についてのある学説だとされる。もっと広く解する者の中には、プラグマティズムとは、ある種の思索の方法であると主張する人もいる。もっと広く解すれば、方法だけでなく、それを用いて得た結果が全部、プラグマティズムと呼ばれるわけなのだが、創始者の多くは、それよりもせまく、この言葉の意味を定めようとした（傍点は原典）[1]。

このような考察に立ち、鶴見自身はプラグマティズムを広義に解釈することを提唱し、「行為に重きをおくことを、初期のプラグマティストが言い始めてこの方、それ以前とちがったひとつの気風がアメリカ思想史の中にできて、哲学者の間のみならず、心理学にも、物理学にも、法律にも、文芸にも、教育にも、宗教にも広がっていった。（心理学における『行動主義』、物理学における『操作主義』など…筆者）…この思想の流れ全体を呼ぶためには『プラグマティズム』が良い」と主張する。このような「広義のプラグマティズム」には、「意味を明らかにする技術」といったプラグマティック（実用的）な側面も含まれる[2]。

アメリカ経営学も、当然のことながら、このような思想的流れの中に位置付けられるといってよい。しかも、その成立背景には「具体的な経営問題の解決」が常に突きつけられていたことから、アメリカ経営学の学問的性格は、「実践的」「実用的」なものとなっている。これをより具体的に説明すれば、学問の最終目的を「具体的な問題の解決」に置き、この問題解決のために「原因を発見」し、そこから解決策を導きうる有効な「説明の枠組み」としての「理論」を発展させていこうとする研究のスタイルといえる。ここでの「理論」は、問題解決のための「事実発見用具」ならびに「分析道具」としてのみ意味を持つ。このような研究スタイルは、物事の背後に何らかの「本質」や「真理」があると信じ、その真理の探求を最終目的として、論理的に一貫性のある体系の構築を目指そうとする従来の（いわばヨーロッパ型の）学問的スタイルとは明らかに異なるものである。

このような方法的特徴の結果として、アメリカ経営学は多くの学問の成果を取り入れた「学際的性格」をも有することになった。なぜなら、具体的問題は一般的に複合的要素から成り立っており、それらを解決するためには複数の学問的成果が必要とされるからである。また、問題解決の有効性を高めるために、その問題に対して最も相応しいと考えられる純粋学問の領域や、その時代の学問的流行をいち早く取り入れて枠組みを作り、それを用いて現象を分析し、具体的解決策を示そうとする「即効性」を目指した「応用学問」としても発展することになった。このような事情から、アメリカ経営学を彩るさまざまな経営理論は、各理論形成の基盤にある個別学問それ自体の方法論上の特質を色濃く反映することになったと考えられる。たとえば、経営組織理論の多くは社会学や心理学を基礎学問としていることから、それらの方法論の影響を大きく受けているし、今日のファイナンス理論などは、数学、統計学、経済学などの方法論的影響を強く受けている。この結果、アメリカ経営学には、全体を貫く一貫した方法論は何ら存在しないという印象を与えることになった。これが、いわゆる「マネジメントセオリージャングル」と呼ばれる状況である。

しかし、このような状況にあるアメリカ経営学の方法論的傾向を、誤解を恐れずに整理してみると、次の二つ大きな流れに大別できるように思われる。第一は、ある具体的状況の徹底的な観察の中から帰納的に一定のパターンや仮説を組み立て、これを既存の理論との対比や実験により精緻化し、再び現実にフィードバックして、当該問題の解決をもたらす理論を練り上げていくという方法。この場合は、理論形成の最終目的はあくまでも「当該問題の解決」にあって、必ずしも論理整合的な「理論の完成」のみにあるのではない。また、現象の背後に何らかの法則や本質があると見なし、それを説明するための理論体系を構築しようとしているのでもない。むしろ、実際の問題解決という「行為の帰結」に照らし合わせ、その理論が有益であれば、その時にその理論は「真なるもの」とみなされる、と言ってよい。このスタイルは、先に述べた「プラグマティズム」（どちらかと言えば狭義の）をストレートに反映している方法である。

これに対して第二の方法は、ある問題状況や現象を分析するにあたって、既存の確定された理論から演繹的に仮説（理論モデル）を導き出し、これを現実に照らし合わせて経験的に検証し、この手続きを通じて理論の「真偽」を決定していくというものである。この背後には、現象の中には何らかの「真理」や「本質」が存在するという暗黙の了解があり、理論形成の最終目的はその「真理の解明」あるいは「記述」にあるとされる。この立場の代表は、いわゆる「論理実証主義」と呼ばれる方法論である。

第一の研究方法を提案し実行した経営学史上の代表的学派は、一九三〇年代ハーバード大学におけるヘンダーソン（L. J. Henderson）らを中心とする研究グループであった。彼らが提示した人間関係を分析するための方法、「臨床的方法（clinical method）」（ヒポクラテスの方法）と「概念枠組み（conceptual scheme）」は、メイヨー（E. G. Mayo）、レスリスバーガー（F. J. Roethlisberger）らの初期人間関係論学派の方法論に大きな影響を与え、バーナード（C. I. Barnard）の研究スタイルにも影響を与えたと言われる。

第二の方法を提案し、経営学を「意思決定の科学」として再構成しようとした人物はサイモン（H. A. Simon）である。彼は主著『経営行動』の中で、従来の「経営原則」を相互に矛盾に満ちた「格言」と批判し、倫理的命題を含まない「事実的命題」に基づく「検証可能な」科学として、管理行動を説明する方向を示そうとした。彼は、自分の方法論の基礎に、カルナップの論理実証主義の大きな影響があることを、自叙伝『学者人生のモデル』

の中で認めている(3)。このサイモンの方法はその後、共同研究者マーチ（J. G. March）との研究等を経てさらに大きな展開を見せ、今日の「科学としての」組織研究の発展に大きく貢献した。

アメリカ経営学は、広い意味でプラグマティズムという思想的流れの中にあることに間違いはない。しかし先に述べた学際的、応用的性格を反映し、また、「経営学の科学化」へという学問の時代的要請とも相まって、次第に論理実証主義的な色合いを強めることになったことも否定しえない事実である。本稿の目的は、この二つの方法論の特徴を示した上で、経営学における「実践」と「科学」の意味を問い、ネオプラグマティズムの立場からプラグマティズムの意味を再考することを目的としている。

二　ヘンダーソングループの方法論――「実践」と「理論」をめぐって――

一九三〇年代、ハーバードにおけるパレート研究サークルを通じて提示されたヘンダーソンらの社会科学方法論の特色は、「臨床的方法」と「概念枠組み」の二つに代表される。

加藤勝康の説明によれば、「臨床的方法」とは次のようなものである。

第一に、骨が折れる持続的かつ賢明にして責任ある不断の病室での労働である。その場所は病室でこそあれ図書館などではない。それは彼の課業に対する医師の全面的な適応作用である。そこにおける適応作用は、単なる主知的なものとはほど遠い存在である。第二の要素は、事物や事象の正確な観察であり、顕著にして繰り返し的な現象を熟知し経験することから生ずる判断に導かれた選択であり、そしてそれに基づく分類と方法的探究である。そして第三の要素は、賢明な理論構成とその使用である。それは、哲学的理論でもなければ、大層な想像的努力でも、そしてまた、準宗教的独断でもない。それは、『控えめで肩肘を張らない代物』（"a modest pedestrian affair"）であり、言うなれば、「道行を助けるのに役立つ歩行杖」（"a useful walking-stick to help on the way"）である。以上を要約すれば、医師は、第一に、『血の通った慣い性となるほどの事物への直感的習熟』（"intimate, habitual, intuitive familiarity with things"）第二に、『事物の整然たる知識』（"systematic knowledge of things"）第三に、『事物の有効な思考法』（"an effective way of thinking about things"）をもたねばならない、ということ[4]。

上記の「道行を助けるのに役立つ歩行杖」が、現実を把握するための「概念枠組み」であるが、これは物事を「説明」するための「理論モデル」ではなく、具体的な状況を「観察」し、「整理」し、「体系化」するための「道具」として用いられる点に特徴がある。この点について、レスリスバーガーは以下のように説明している。

①何らかの調査および知識の獲得には、必ず「概念枠組み」が必要である。②「概念枠組み」の検証は、命題の検証のように「真か偽か」という基準ではなく、「利便性」と「有用性」の観点から行われる。③「概念枠組み」の有用性は、実践に基づいてのみ検証されうる。④「概念枠組み」は多目的の道具ではなくて、一定の種類の現象との関連においてのみ役に立ちうる。⑤「概念枠組み」は、その有用性がある限り長く使われるべきものである。しかし、⑥以前の「概念枠組み」を越えるような、他の枠組み出現の日に対しては準備する必要がある。それが登場したときは古い枠組みの役割が終わるときである（傍点は引用者）[5]。

このようなヘンダーソンらの研究方法は、具体的問題状況に直面し、この問題を解決していこうとする実践者

（例えば医者や経営者など）が、その状況に適した枠組みを探索し、実践の中でその「有用性」をテストしながら、当該問題を解決しつつ理論を創り上げていくという、まさに「プラグマティック」な方法であると言える。また、このような概念枠組みは、純粋に実験室的環境から生まれる純粋にして「精緻な理論」とは異なっている。従って、こうした具体的かつ複雑な現状から得られたデータを、いかに「抽象化」「一般化」して理論体系に作り上げていくかということが次の問題となる。ここで注意しなければならないのが、ホワイトヘッド（A. N. Whitehead）の言う「具体性取り違えの誤謬」――いかに現実を歪めずに理論へと反映させるか――である。そしてこれを回避するために必要となるのは、不断の実践的経験に基づく「直感的習熟」なのである。このような方法の成立には、「行為の実践者」としての立場からの内部的「参加観察」が必要不可欠となる。このようなスタイルで研究に携わるものは、臨床医のように具体的問題の解決を目的として、実践の現場を注意深く観察し、概念枠組みを通じて問題状況を分析し、具体的な解決策を提示すると同時に、新たな概念枠組みや理論へと展開させていく観察者、研究者、そしてアドバイザーとしての役割を持つことになる。

三　H・A・サイモンの方法論――管理の「科学」をめぐって(6)――

サイモンは、知的自叙伝『学者人生のモデル』の中で、一九三〇年代シカゴ大学の学生時代に、カルナップの指導で「論理実証主義」の方法論に大きな影響を受けたこと自ら認めている。(7)「論理実証主義」は一九二二年から十一年間に渡り、ウィーン学団を中心に議論、展開された方法論であり、その定義をめぐる見解も多様である。しかし、ここでは「ある現象を分析するにあたって、既存の確定された理論から演繹的に、（あるいは経験から帰納的に仮説（命題）を導き出し、）これを現実に照らして検証あるいは反証し、その理論の『真偽』を決定していく方法論」（ある理論の真偽は論理的手続きの成否によって明らかにされる）と一応定義した上で、そしてこの観点から、サイモンの「論理実証主義」とはどのようなものかを概説し、彼の提案した「管理の科学」を検討することにしよう。

サイモンは初期の著書『経営行動』（*Administrative Behavior*）において以下のような記述を行っているが、ここには、彼の論理実証主義的傾向がよく現れている。

ある命題が正しいかどうかをきめるには、それは直接に経験――事実――と比較されなければならない。あるいは、それは経験と比較することのできる他の命題に、論理的な推論によって導かれなければならない。しかし、どんな推論の過程によっても、事実的命題を倫理的命題から引き出すことはできないし、また、倫理的命題を直接事実と比較することはできない。なぜなら、倫理的命題は事実よりむしろ『当為』を主張するからである。それゆえ、倫理的命題の正しさを経験的あるいは合理的にテストしうる方法は存在しない。(8)

ここでの事実的命題とは、サイモンによれば「観察しうる世界とその作用の仕方についての言明」であり、原則としてその真偽――それが実際に起きるか起きないか――は経験に照らしてのみテストできるものである。これに対して価値的命題とは、価値的な側面（正邪、善悪、好悪など）を含む命題である。もちろん、現実の社会現象の記述には、事実的命題と価値的命題が混在しているが、あくまでもサイモンが強調するのは、そのなかの事実的命題として記述できるもののみが「科学的検証」の対象となるということである。

サイモンは、以上のような「科学的基準」に基づいて、従来の経営学（管理原則論）を矛盾とドグマに満ちた「格言」として批判し、「管理（administration）の科学」の構築を目指すことになる。ここでの「管理の科学」

とは、もちろん先の事実命題群からなる理論体系をさすことは言うまでもないが、その中には、「理論科学」（管理の社会学・・・人間が組織された集団の中で行動するその仕方の記述）と「実践科学」（人間がその活動によって管理の目的を限られた手段で最大限に達成したいと望むならば、彼らはいかに行動するかということの記述）という二つの様式が含まれている。サイモンの見解によれば、実践科学における科学的命題は時として命令的表現「これこれの事態をうみだすために、これこれがなされなければならない」がとられるが、これを、記述的表現「これこれの事態は、常にこれこれの条件を伴う」という形に書き換えることによって、倫理的要素を取り除くことができるとされる。

従って、「管理の研究に『良い』『悪い』の言葉が出てくるとき、それが純粋に倫理的な意味で使われることはめったにない。手続きが特定の目的の達成に役立つとき、それは『良い』と言われ、役立たないとき『悪い』といわれる。手続きがそのように役立つあるいは役立たないということは、純粋に事実の問題であり、管理の科学の真の本質をなすのは、この事実的要素である」とサイモンは言う(9)。

このような観点から、従来の格言のような管理原則を「事実にもとづく科学」として修正していくためには、第一に標準的な記述用語を開発すること、第二には管理組織を評価する際に、比較考量されなければならない基準を、完全かつ包括的に列挙するために、「合理性の限界」を研究することであるとサイモンはいう(10)。

以上のような視点に立ち、組織行動に関する「事実的命題リスト」として著されたのが、マーチとの共著『オーガニゼーションズ』(Organizations) であった。彼らは著書執筆の目的として、第一にさまざまな異なる言葉で語られてきた組織論の文献に、「共通の言語」を与えること、第二に従来の文献の主張を「検証可能性」「再現可能性」という「科学的方法」によりふるいにかけること、という二点をあげている(11)。この著書の中で、かれらは組織論の命題を、「肉体的制約」「動機的制約」「認知的制約」という人間の合理性の三つの制約に基づき、三つのタイプに分類しているが、これら命題の記述に際して「時には不恰好になるという犠牲を払ってでも、できる限り標準的な体裁を用いようとした」と述べ[12]、彼らの主張する「事実命題に基づく科学的記述」を貫こうとしている。

このように、サイモンは管理行動（あるいは人間行動）を、できる限り「科学的な言語」で記述するという可能性を追及する一方で、それを経験的（実験的）に検証することの重要性をもまた、繰り返し主張した。彼は自叙伝の中で、自らの学者人生を振り返り、ある時は行政学（管理論）、経済学、またある時は心理学、コンピュータサイエンス等に対する「理論的挑戦」の歴史であったと回顧しているが、その中で、特に、新古典派経済学の数理モデル偏重主義に対して、どんなに論理整合的な数理モデルも、それが現実に照らして検証されなければ「幻想」にすぎないと厳しく批判したことを述懐している[13]。さらに、彼にとっての「検証」のスタイルは、一九五〇年代以降、コンピュータサイエンスの飛躍的な進展を背景として、コンピュータによるシミュレーションの形式をとるようになっていく。現実の社会現象や人間行動の複雑さの中に、「何らかの意味のある秩序」を見出し、検証可能な理論モデルやプログラムを作り、これをコンピュータを用いてシミュレート（再現可能性の追求）し、新たな科学的発見を不断に行っていくことが、サイモンの考える「科学者の使命」であった。このような研究スタイルは、その後「意思決定論」として展開され、今日でも多くの経営学研究者に支持され、受け継がれている。

四　「臨床的知識」と「科学的知識」の邂逅――「実践」の意味――

以上見てきたように、ヘンダーソンらの方法論とサイモンらの方法論には一見大きな違いがあり、その背後にある世界観も異なっていると考えられ、共にアメリカ経営学の方法論的性格を方向付ける二つの大きな特徴となっている。ここで、ヘンダーソンらの方法に基づいて得られた経営学的知識のあり方を「臨床的知識」と名づけるなら、サイモンの方法に基づくものは「科学的知識」と呼びうるものである。これら二つの知識の形態は、どちらが「真」でどちらが「偽」と確定できるものではなく、時代的要請と社会的コンテクストの中から生まれてきたそれぞれの価値観や世界観に根ざしていると考えられる。しかも、これら二つの知識の形態は、具体的な「経営実践」の中では分かちがたく結びついていると考えられる。この点に関して、実務家にして理論家でもあったバーナードは、主著『経営者の役割』の中で、以下のような興味深い見解を述べている。

技術との関連における科学の重要性は、きわめて明らかである。具体的な目的を達成し、成果をあげ、情況を生み出すのは技術の機能であり、…科学の機能は過去の現象、出来事、情況を説明することである。科学の目的は、特定の出来事、結果、あるいは情況を作り出すことではなくて、われわれが知識と呼ぶ説明を生み出すことである。…技術を用いるのに必要な常識的な日常の実際的知識には、言葉で表せないものが多い――それはノウハウの問題である。これを行動的知識ということも出来よう。それは具体的な情況において仕事をするのに必要であり、管理技術ほどこれが必要なところは他に無い。それは不断の習慣的経験によって会得できるのであり、しばしば直感的と呼ばれるものである。にもかかわらず、技術の力ならびに技術それ自体は科学的知識――説明と概念――を利用できるときに拡大することが出来るのである（傍点は引用者）[14]。

このような実務状況を反映し、実践的知識の育成を目的とするアメリカのビジネススクールの多くは、一方でケーススタディーという教育・研究方法で「臨床的知識」の育成や獲得を目指し、他方では、ケースの分析枠組みの基礎となる理論の開発において「科学的知識」を重視し、両者の結びつきによる具体的な問題解決法をトレーニングしている。レスリスバーガーもサイモンも、共にビジネススクールでの教育・研究を経験し、二つの知識の間で揺れ動いた様子が彼らの自叙伝から理解できる。

レスリスバーガーはハーバードのケーススタディーを積極的に推進し、「臨床的知識」すなわち「概念的枠組み」としての理論の重要性を十分に認めながらも、それが「観察」や「整理」のための枠組みにすぎないことに限界を感じ、一九五〇年代以降「説明」の枠組みとしての「科学的知識」（彼の言葉でいえば「分析的知識」）へ向けて「階段を上る」努力をしたという[15]。

一方、サイモンはビジネススクールにおける「学問志向」と「実務志向」の教授陣のコミュニケーションの困難さを実感して、その原因を「科学と技法（science vs. art）」「分析と総合（analysis vs. synthesis）」「説明と設計（explanation vs. design）」の間に横たわる乗り越えがたい相違にあると結論付けている[16]。

両者ともこの困難な障害を、それぞれのやり方で乗り越えようと努力を重ねていたようである。しかし、具体的な経営実践の現場では、多くの経営者、管理者が「臨床的知識」と「科学的知識」を同時に用いながら、実際の経営問題解決に取り組んでいる。ここでは、「科学的知識」と「臨床的知識」が双方補い合って、ある経営現象に説得的な「解釈」をもたらし、次の行為を導くための「根拠」として用いられていく。むしろ、「臨床的知識」と「科学的知識」は互いに影響し合っており、これらを分断することはできないと言うのが実際のところであろう。そして、これらの知識や理論の「有効性」や「真偽」は、多くの場合、実践的行為の帰結（あるいはその予測）からのみ判断されうるのである。このことがプラグマティズムの意味と言えるのではないか。

このような、経営の実践現場における状況は、経営学という学問そのものにも大きく影響する。つまり、経営学という「知の体系」においても、「臨床的知識」と「科学的知識」が混在し、双方が時に相克しまた時には補い合って、ある種の「リアリティー」を獲得しているというのが現状ではなかろうか。

五　おわりに――プラグマティズムの帰結――

上に述べた「臨床的知識」と「科学的知識」の分断について、ここで改めて考えてみる必要がある。われわれはこれら二つの知識、およびそこから得られる「真理」を互いに相容れないものとしてとらえてきた。しかし、こうした「分断的な思考」こそが、実はわれわれが長い間囚われてきたドグマではなかったのか。論理学の立場からこの問題を鋭く指摘したのはクワイン（W. V. O. Quine）である。彼は奇しくも一九三〇年代ハーバードでヘンダーソングループの「概念的枠組み」を学び、他方でカルナップの弟子として論理実証主義を受け継ぎ、これを展開させた。その意味では、「臨床的知識」と「科学的知識」の「分水嶺」に立つ巨頭である。彼の主張は、論理実証主義への批判的検討としての「経験主義のふたつのドグマ」という論文に端的にあらわれている。

ここで彼が指摘したのは、論理実証主義に代表される「経験主義」が、二つのドグマによって大きく条件付けられているということであった。ドグマのひとつは、「分析的真理、すなわち、事実問題とは独立に意味に基づく真理と、総合的真理、すなわち、事実に基づく真理との間に、ある根本的な分裂があるという信念」であり、他のひとつは、「還元主義、すなわち、有意味な言明はどれも、直接的経験を指示する名辞からの論理的構成物と同値であるという信念」であるという（傍点は原典）[17]。彼は、ホーリズムの視点に立つ言語論の立場から、これら二つのドグマは、いずれもその命題を組み立てている言語のルールの問題に過ぎないことを示した。その結果、これまで形而上学と自然科学との間にあるとされてきた、決定的な境界線（いわば「価値」と「事実」の境界）はあいまいなものであり、ある理論を選択するか否かという基準は、あくまでもその状況におけるプラグマティック（有用）な要求に依存するということを示したのである。

この立場をさらに徹底させた人物が、ネオプラグマティズムの旗手ローティ（R. Rorty）である。彼はプラグマティズムの特徴を、第一に、真理・知識・道徳の背後にある「本質主義」の否定、第二に「当為の真理」と「存在の真理」の認識論的相違の否定、第三に事実と価値の形而上学的相違の否定にある、と鋭く指摘し、我々が暗黙の前提としてきた「事実と価値」「道徳と科学」なども、結局は「言語（会話）のルールの問題」であることを主張した。このような言語のルールは、何らかの「本質」や「価値」によって決定されるのではなく、むしろ、一定の文化を共有する共同体での「会話」によってのみ拘束されうる「信念」のようなものであり、それが「真理であるか否か」ということは、その状況における「行為の帰結」に照らしてのみ判断されるという[18]。

このようなローティの主張は、一見ラディカルに見えるが、実はプラグマティズムの創始者の一人ジェイムズの「真理」に関する次の考え方を徹底させたものであるといえる。つまり、「ある観念（Idea）が本質的であるか否かは、それを信じることがわれわれの生活にとって有益であるか否かにかかっている。つまり、有益である限りにおいて、その観念は真理と判断される」ということである。

ここで、先に述べた経営学における「臨床的知識」と「科学的知識」の同時存在という問題に立ち戻ってみよう。アメリカ経営学を特徴づけてきたこれら二つの知識は、どちらも、それぞれの背景となる「共同体」で強固に積み重ねられてきた考え方、つまり会話のルールによってのみ拘束される「信念」を示したものであると考えられる。すなわち、「臨床的知識」は経営実践の共同体で形成された言語のルールを反映しており、「科学的知識」は科学者（研究者）のアカデミック共同体で作られたルールを反映している。これらは、それぞれの世界観を有しており、往々にして互いに「共有部分」を有しているものの、相容れない側面も持っている。従来の経営学は「実践と科学の橋渡し」という名目の下に、この「共有部分」に特に焦点をあて、充実させることには集中してきたように思われる。しかし、非共有部分に関しては、互いに不可侵な部分として無視するか、無益な相克を繰り返すことが多かったように思う。このことが、現在の経営学の学問的閉塞観をもたらしているとは考えられないか。

経営学が現実の問題解決を目指す学問であることを認めるなら、現在、経営学が直面している解決すべき問題は世界中に山積している。そして、それらの多くが、従来の「臨床的」および「科学的」知識を超える問題であることは、多くの研究者が認めるところであろう。こうした現状を打開するために、そして、学問的閉塞観を解消するためにも、上記二つの知識体系――信念体系――を超え、新たな枠組み（物語）を創造していく努力が必要となろう。これは、二十一世紀のわれわれに課せられた大きな課題である。

注

(1) 鶴見俊輔『新装版　アメリカ哲学』講談社、一九八六年、一七〇頁。　(2) 鶴見、同書一七一―一七二頁。
(3) Simon, H.A., *Models of My Life*, The MIT Press, 1996. 以下 models と表記。（安西祐一郎・安西徳子訳『ハーバード・A・サイモン　学者人生のモデル』岩波書店、一九九八年、八八―九〇頁。）
(4) 加藤勝康『C・I・バーナードとL・J・ヘンダーソン』文眞堂、一九九六年、四一八頁。
(5) Roethlisberger, F.J. (Lombard, G. F., ed.) *The Elusive Phenomena*, Harvard Univ. Press, 1977, pp. 69-71.
(6) ここでの考察は、三井泉稿「バーナード理論の方法的基盤―『実践』と『科学』のはざまに見たもの」（『加藤勝康喜寿記念論文集』、文眞堂、近刊）に拠っている。
(7) Simon, H.A., *ibid.*（訳書八八―九〇頁。）
(8) Simon, H.A., Administrative Behavior, 3rd ed., Free Press, 1976, p.46.（松田武彦・高柳暁・二村敏子訳『経営行動』ダイヤモンド社、一九八九年、五七頁。）
(9) Simon, H.A., *ibid.*, pp.249-250.（訳書三一六―三一七頁。）　(10) *Ibid.*, pp.41-42.（訳書五〇頁。）
(11) March, J. and Simon, H. A., Organizations, 2nd ed., Blackwell Publishers, 1993., p.24.　(12) *Ibid.*, p.26.
(13) Simon, *Models.*（訳書三九一―三九四頁。）　(14) Barnard, *op. cit.*, pp.287-288.（訳書三〇〇―三〇一頁）。
(15) その逡巡の過程は、The Elusive Phenomena に詳述されている。また、同書には彼の方法論である「知のエンタープライズ」という考え方が示されている。表1参照。(Roethilisberger, op. cit., pp.391-399.)
(16) Simon, op. cit., p.353.（訳書四四二頁）。

(17) Quine, W.V.O., *From a Logical Point of View: 9 Logico-Philosophical Essays*, 2nd. Ed., Harvard Univ. Press, 1980., p.20.（飯田隆訳『論理的観点から―論理と哲学をめぐる九章―』勁草書房、一九九二年、三一頁。）

(18) Rorty, R., Consequences of Pragmatism, Univ. of Minnesota Press, 1982. 参照。

参考文献は、紙幅の都合上省略（後のIII部「文献」を参照のこと）。

＊ 本稿は、経営学史学会第八回大会の統一論題報告を加筆修正したものである。当日は、コメンテーターの高橋由明（中央大学）教授をはじめ、三戸公（中京大学）、小笠原英司（明治大学）、大平浩二（明治学院大学）、辻村宏和（中部大学）の各教授に有益なコメントやご質問をいただいた。また、本稿執筆の過程では、竹内惠行（大阪大学）助教授との議論が大変参考になった。記して御礼申し上げる次第である。尚、この研究の一部は平成十一年度帝塚山学園学術研究助成金によるものである。

表1　The Knowledge Enterprise＊

LEVELS	CHARACTERISTIC STATEMENTS (theories)	METHODS	PRODUCTS
Analytical (scientific) knoeledge	General propositions	↑ Creative and inductive leap of imagination	↓ Deductive systems
	Empirical propositions	↑ Operational definitions rigorous measurement	↓ Statements of the form x varies directly or indirectly with y under given conditions
	Elementary concepts	↑ Definition of concepts and variables Elementary measurement	↓ Statements of the form x varies with y
Clinical knowledge	Conceptual schemes	↑ Observation and interviewing	↓ Descriptive cases and syndromes
		↑ Classification	↓ Taxonomies
Skill	Knowledge of ocquaintance	↑ Practice and reflection	↓ How-to-do-it statements and aphorisms
	The phenomeno		

＊For the development of knowledge, read from the bottom up; for the practice of knowledge, read from the top down.

六　組織変革とポストモダン

今田高俊

ポストモダン論は一九八〇年代、近代社会の地殻変動をあらわす思想として世界的にもてはやされたが、日本ではその実質的な内容を深めることもなく、バブル経済の崩壊とともに「もう古い」と捨て去られた観がある。日本では、流行を追いかけて表層的な議論に終始し、熱が冷めると見向きもしない悪癖があるが、ポストモダン論もその例外ではなかった。しかし、一九九〇年代に入って以降、従来の「近代主義」ないし「近代化」という動態的な表現を正面に掲げた、しかも影響力のある書物が出版されることはなくなった。近代を扱う際には、これらの概念に代わって「近代性」という静態的な表現が用いられる。このことは近代の問い直しが主潮流になったことをあらわす。こうした状況に対応するかのように、従来の近代ではない新しい近代として、再帰的近代化やハイモダンの議論が提示されるようになった。しかし、ポストモダンの潮流が起きてはじめて、このようなことがいわれだしたのである。いずれにせよ、近代の位相が変容しつつあることだけは確かだ。ポストモダンはこうした近代の変容をあらわす幅広い潮流とみなすべき現象であり、単なる流行として一蹴すべきではない。要は、言葉に翻弄されるのではなく、中身をきちんと理論化することである。ポストモダンについては、芸術・建築・文学・映画など主に文化的側面の現象として語られることが多いため、社会的思考としてイメージしにくい場合が多いが、本稿では組織原理に焦点をあてて、ポストモダンの議論を試みる。

一　ポストモダンのルーツと発想法

タイトルに含まれる「ポストモダン」と「組織変革」という二つの言葉をつなぐことには違和感がありそうだ。というのもポストモダンは進歩や発展や変革といった「物語」に対する不信感を表明するからである。しかし、この違和感がどのようなものであるかを理解することが、ポストモダンの組織原理を解明することにつながる。

ポストモダンを高度に発達した先進社会における「知」の状況と位置づけるフランソワ・リオタールは、ポストモダンの本質が「大きな物語」への不信感にあるとする。彼は、科学がみずからの地位を正当化する言説を哲学と呼び、解放や発展という「大きな物語」に依拠した哲学によって正当化される科学をモダン・サイエンスと呼ぶ。ポストモダンは、こうしたサイエンスへの不信感を表明する。また、ポストモダン状況では、多様な言語ゲーム（ローカルな物語）の共存がみられるが、意思決定者であるテクノクラートたちはこの多様性を統制しようとする。彼らは、共約可能性と決定可能性を暗黙の前提にして社会統制をめざす。その原理はシステムの成果を向上させることつまり効率の最適化にある。しかし、成果を求める論理は多くの点にかんして首尾一貫性を持たない。ポストモダンの知は、差異にかんするわれわれの感受性をより細やかにし、共約不可能なもの（違い）に耐える力をつけることにある、とする。(1)

ポストモダンとは、近代の後にくる、あるいはそれを乗り越えた状況をあらわす言葉であり、モダニズムが現実を捉える力をなくして以降の現実感を総称する言葉である。これを特徴づける精神状態とは、昔こうだと信じていたことが形骸化して、現実がよくみえず、理解もできず、何だか訳がわからない状態になることだ。このような新しい現実がいたるところで発生している状態がポストモダンである。たとえば、合理的な努力を積み重ねることが何となく味気なく思えて、ふと気晴らしや戯れで生活してみたい気分に襲われたら、それはポストモダンを体験していることになる。

ポストモダン思想が広く一般に流行するようになったのは、一九七〇年代後半、イギリスの建築家チャールズ・ジェンクスがこの語を用いて以降のことである。[2]それは、華美な装飾や無駄をできるだけ排して効率と合理性を追求した、モダニズム（機能主義）建築に対する批判から始まった。ポストモダン建築とは、機能を突きつめようとする近代建築に対し、遊び、象徴的表現、自由発想などを取り入れる動きをさす。こうした様式が、一九八〇年代に、建築の分野を越えて、人文科学や社会科学の領域にまで広がり、現代の思想文化の潮流を代表するキーワードとなった。

そのルーツはどこにあるのか。デービット・ライアンによれば、西洋思想の主流は、中世における神の「摂理」から始まり、それが近代において「進歩」へと置き換えられ、やがて「ニヒリズム」に変化したという。「ニヒリズムはリアリティ（現実）に対する不安定でよりどころのない感覚」であり、ポストモダンはこの延長線上に位置する。[3]

近代的な現実感に綻びが生じている原因の一つは、電子メディア社会が登場し、モノとその表象のあいだの直接的な対応関係が崩壊して「意味喪失」が起きていることにある。表象が確たる実在に碇を下ろすことが保証されなければ、現実は基礎的な実体を欠いた記号の断片と化し、浮遊するバブルとなる。また、ポストモダニティは生産を中心とする社会ではなく、消費社会にほかならないことも、現実感に綻びをもたらす原因である。生産を中心に組み立てられていた社会関係の重要性が低下し、消費が文化と社会に与える影響力が高まることで、計画・管理・最適性など近代の機能合理主義がその効力を低下させている。さらに、ポストモダン思想が登場した現実社会の条件として、多国籍企業による地球的規模の経済の成立、メディアと記号が演出する象徴的意味の高まり、等々が指摘されている。またさらに、ポストモダンな経験の特徴として、ごちゃまぜ（パスティーシュ）と精神分裂気質（スキゾフレニア）があげられる。

ポストモダンについては数多くの議論がなされてきたが、それらは文学や芸術や建築の分野に集中しており、経済や社会についての議論は十分ではない。とりわけ組織論関連の議論はみるべきものがほとんどない。ということは、組織論が対象とする経済活動分野では、ポストモダンはまだ絵空事にすぎないかにみえる。しかし、それは近代社会の構造が揺るぎない状態にある限りにおいていえることだ。文学や芸術など主として文化領域で発生した変化の兆しは、政治や経済など社会領域にも波及し、多大な変容をもたらす可能性が高い。

ポストモダンをどのように定式化するかは、論者によりまちまちで定説がないのが現状である。とくに、組織論にこの視点を導入するには、文学・芸術や建築の分野の議論をそのまま転用しても得るところは少ない。私は、組織論のポストモダンを定式化するうえで重要な概念として、次の二点を考える。すなわち、脱物質的価値（postmaterial value）と脱分節化（dedifferentiation：脱分化とも訳されるが脱文化と紛らわしいのでこの訳語を採用する）である。では、こうした特徴と組織の問題はどのように関連するのか。近代組織論の系譜を整理したうえで、展開を試みることにしよう。

二　近代組織論の成立と展開

官僚制組織

近代的な組織論の原形はマックス・ウェーバーが定式化した近代官僚制にみることができる。彼は近代の本質が経済、政治、法ならびに文化的生活における合理化過程にあることを喝破したが、これを担う制度が官僚制組織であった[4]。官僚制という言葉は今日、偏狭さ、杓子定規、「形式主義」を意味する。官僚制はとりわけ、機能と権力の拡大を求め続け、指導性と柔軟性を欠き、人間の欲求や世論には無関心である。決定は上位者にまかされ、形式主義のために行動が遅れる傾向がある。官僚制はこれらの特徴を持った管理システムである。

ウェーバーによれば官僚制は、官僚中心、法治主義、そして規則による管理という特徴を持つ。これらのうち「計算可能な諸規則」による管理が近代官僚制にとってもっとも重要である。官僚は非人格的な諸規則のシステムにかかわっている。このシステムは彼ら自身の権限を制限し、公平に適用されなければならない。ウェーバーは、近代組織が主観的、非合理的、あるいは人格的な要素を排除し、客観的に意思決定をおこなおうとする点を強調したのである。

官僚制は柔軟性を低下させがちであり、完全には「合理的」ではない。ウェーバーの見解では、官僚制組織はより効率的であるという意味で、前官僚制組織よりも合理的であり、伝統主義からの前進を示す。しかし、彼は官僚制を過信していたわけではなく、またその将来を楽観視していなかった。合理化は世界を没個性化し、合理化が生みだした官僚制は人間精神を押しつぶす「鉄の檻」になると考えた。

官僚制は現代の経営の立場からみて大きな欠点を持っている。官僚制的厳格さは、組織内の作業がルーティン的で、熟練度の低い労働者を監督する必要がある場合には有効である。しかし多くの組織は、いまや官僚制が許容する以上の柔軟性を必要とし、行動を統制することよりも創意をうながすことに関心を持つ。

科学的管理法

ウェーバーの官僚制モデルにおける、計算可能な諸規則による管理を、生産現場において徹底化したのが科学的管理法である。『科学的管理法』のなかでウィンスロー・テイラーは次のように宣言している。すなわち、「これまでは、人間が優先されてきたが、これからはシステムが優先されねばならない」と。[5] この文章には管理哲学の基本が象徴的に示されている。彼が科学的管理法を編みだす背景にあった問題は、生産コストを引き下げると同時に高賃金を約束することが可能な生産効率の実現にあった。

科学的管理法は、無駄を排除し、工程や生産方法の改良によって生産性を向上させ、主観的・恣意的判断を排除するという管理の方法である。この理論は組織の構成員である人間を、命令を受けて作業を遂行する生産用具、すなわち機械とみなす。それは、機械を改善して機械の効率を上げるのと同じように、時間動作研究や職能的組織の原理をつうじて、人間の作業能率を向上することを意図したものだ。作業の効率的方法を規格化することによって合理的な標準時間を設定し、それにもとづいて管理する。

そのマニュアルは以下のようなものである。(1)まず、ある仕事をおこなう技能に優れた人物を選ぶ――十人から十五人程度、(2)彼らがおこなっている一連の基本的な動作や操作を正確に調べあげる、(3)こうした基本作業をおこなうのに必要な時間をストップ・ウオッチで調べる、(4)間違った動き、緩慢な動作および無駄な動きをすべて排除する、(5)もっとも素早く最適な動きを集めて一連の動作にまとめる、そして(6)この新しい方法を従来採用されていた方法に置き換える。二十世紀初頭に考案されたこの管理法はストップ・ウオッチを用いた時計仕掛けの管理法であるが、原理的にはその後のオートメーションの基礎になった。そして、この方法に依拠して生産ラインの効率化をはかり、大量生産方式を確立したのがT型フォードの生産様式である。その際のアイディアは、科学的管理法を作業動作だけでなく部品の標準化、作業の専門化にまで拡張したことである。これにより大量生産のためのベルトコンベア方式、いわゆるフォーディズムが生まれた。

「鉄の檻」の呪縛からの解放

ウェーバーが描いた官僚制組織とテイラーの科学的管理法は、近代の合理主義が進む道を予言したものだ。その行き着く先はウェーバーが「鉄の檻」と呼んだ、血も涙もないモダニティである。その後の近代組織論では、この「鉄の檻」の呪縛からの解放をめざした経営管理の在り方が模索された。けれども、これらは基本において、計算可能性を前提とした合理化および科学的管理を前提としたものであらざるをえなかった。それらの試みは、いわば硬い「鉄の檻」を、動機や志気や誘因などを考慮して、「柔らかな檻」に変えることであった。

エルトン・メイヨーらが提起した人間関係論は、生産性を左右する決定的な要因が従業員の志気という心理的要因にあるとする。(6) 人間関係論のモデルは、組織成員を機械の部品のようにではなく、何らかの動機を満たすために行動するとみなす。科学的管理法では、生産性を決定づける要因として作業条件を考えたのに対し、人間関係論ではそれが作業員の志気（モラール）にあると考える。そしてこの志気に影響する主要な要因として、非公式組織の人間関係に注目したのである。志気は動機づけの問題として、後の経営管理論に受け継がれる。

近代管理論の基礎をつくったチェスター・バーナードは科学的管理法と人間関係論における管理とを組織論に統合した。(7) 彼によれば組織は二人以上の人々の意識的に調整された活動の体系である。そして組織の基本要素として、(1)共通の目的、(2)協働意志、(3)コミュニケーションを設定する。組織成員は共通の目的が設定されている企業組織に協働意志を持って参加するとともに、組織にはコミュニケーションと誘因のメカニズムが設定されるとする。ここに管理の問題が発生する。すなわち、組織の有効性（成員の満足）が達成されるように共通の目的を設定し、組織の能率が維持できるように協働意志を確保し、たえずコミュニケーションをはかるよう調整をおこなうことがそれである。

バーナード理論を受け継いだハーバート・サイモンは組織や管理を分析する場合の統一的な概念として意思決定を設定した。(8) 組織成員は経営者であれ従業員であれ同じく意思決定者であり、問題解決者である。そして意思決定にあたっては、情報処理システムとしての人間が必然的に持つ限定された合理性ゆえに、階層化、分業化、専門化をつうじて組織内情報処理の単純化を実現し、限定された合理性を克服しなければならないことを論じた。組織の情報処理能力が、環境によって組織に課せられる情報処理負荷とバランスできるよう組織構造が整えられねばならないとする。バーナード・サイモン理論といわれる近代管理論ないし近代組織論は、意思決定モデルに準拠した管理理論である。

以上みてきたように、官僚制と科学的管理法という「鉄の檻」としての近代組織は、動機づけ、志気、成員のコミュニケーションと活動の調整、意志決定と情報処理といった観点の導入により、「柔らかい檻」へ向けて変革がなされてきた。しかし、そこでは、組織には機能的な専門分化と管理が不可欠であること、および組織成員は賃金や職業的地位など物質的な報酬を求める存在であること、が大前提にされている。それはいわゆる近代に特有の条件下での組織変革の過程である。

三　内破による組織変革――ポストモダン転回――

一九七〇年代の後半に提起された脱工業社会論に始まり、脱物質社会、消費社会、高度情報社会、ポストモダン社会、電子メディア社会など、さまざまに形容される社会論が提出され、近代の産業主義パラダイムでは時代の変化を適切に捉えきれないとする指摘が数多くなされてきた。なかでも、ロナルド・イングルハート[9]が提起した脱物質主義は、近代産業社会に代わる社会像の底流に存在する共通項になっており、人々の価値観が物質的な生活満足を強調することよりも、自己実現や非拘束感など「生き方」を重視する傾向が強まることを示唆しており、ポストモダンの組織を考察するうえで重要である。

また、ポストモダンの組織変革は、環境適応的な変革ではなく自己適応的な変革になることも重要である。それは組織を観察して問題点を指摘し、計画的に変革を誘導するのではなく、組織成員の価値観が変化することにあわせて組織もおのずから変化するという意味で、昆虫の変態（メタモルフォーゼ）に喩えることのできる変革である。私はこうした変化を自己組織化として研究してきたが、変態による自己組織化がポストモダンな組織変革の特徴である。変態はいわゆる環境適応とは異なり、変革の原因を自己の内に持つ変化、内破による変化をあらわす。

脱物質的価値―仕事意識の変容

ポストモダンの特徴である脱物質的価値の高まりは、人々の社会的関心が「所有」(having) から「存在」(being) へと移行したことを反映したものだ。所有は経済活動・分配様式にかかわり、存在は主として「生き方」あるいは文化活動・生活様式にかかわる。近代社会では、長らく所有が存在を規定するという因果関係が想定されてきたが、ポストモダンではこの関係が弱まり、後者が前者に対して恣意的に振る舞うようになる。ダニエル・ベルによれば、脱工業社会への移行の帰結として、機能性を重んじる経済領域と自己実現を原則とする文化領域のあいだの矛盾が顕著になり、「任意の社会行動」が増加する[10]。従来、買い物の習慣、子供の教育、趣味、投票行動などは、階級や地位によってかなり異なっていたが、この前提が次第に通用しなくなることだ。

また、脱物質的価値の高まりの社会への反映として、生産を中心とする社会から消費社会への移行を指摘できる。かつて、高度成長期にも消費社会が問題となったが、それは大量生産と大量消費を基礎にした大衆消費社会であり、比重は生産のほうにあった。生産を中心とした職場や取引における人間関係が重要性を持った。消費社会というのは名ばかりで、生産があってこその消費で、消費サイドから生産サイドにとやかく注文をつける状況ではなかった。ところが、産業の高度化が進んで、生活に必要なあらかたの消費財が普及するに及んで、生産の消費に対する優位が崩れだし、消費サイドから生産への割り込みが始まって「消費社会」が到来したのである。

ポストモダンの政治経済学の課題について、スコット・ラッシュは文化を経済の部分そのものとして考察すべきであると主張する。経済と文化は融合し、浸透しあうようになっており、両者を分離して考えることができなくなっているとする。このことは、教育、マスメディア、レジャー・観光、スポーツ、ミュージックといった文化産業の重要性の高まりにみられるが、単に文化が産業の対象とされるだけでなく、生産様式そのものが文化的になることをあらわす。消費社会の特徴は、生産の場や関係に文化が侵入し、それらを変容させることにある。いわく、

……全生産財のなかで、圧倒的な比率を占めて増大しつつあるものが文化的な財なのである。要するに、生産手段が次第に文化的なるものになりつつあり、また生産関係もどんどん文化的なものになっているのだ。こうして生産関係は、今日では多くの場合、物質的生産手段によって媒介されずに、むしろ近年、経営者側によって大規模に導入されている「ＱＣサークル」や「チーム・ブリーフィング」に例証されるような、労使のコミュニケーションの問題であり、言説世界の問題となっている[11]。

生産関係が生産手段によって媒介される状況のもとでは、手段的な価値を優先していれば済むが、それが文化的なものに媒介されることになれば、手段的価値を主たる基準にするわけにはいかなくなる。というのも文化とは、表象や象徴など意味作用にかかわるものであり、必ずしも目的手段図式にしたがわないからである。
社会的な価値づけの比重が「生産」の側面から「消費」の側面へ移るということは、生産のなかに消費行動に似た構造が導入されることである。そこでは、表象や象徴による意味作用を商品に組み込む作業が重要になる。また、生産の場におけるコミュニケーションや言説世界の問題が重要になる。大量生産を支えたフォーディズム

が、多品種少量生産という柔軟な生産体制としてのポストフォーディズムへと転換したことは、意味作用が支配する消費社会の、生産場面への影響である。

脱物質的価値に対応する欲求は自己実現欲求である。渡辺聰子によれば、仕事意識あるいは労働倫理におけるポストモダン現象の中心的な要因は、「自己実現至上主義」の台頭である。[12] 自己実現の欲求とは、アブラハム・マズローのいう欲求の五段階、すなわち、生理的欲求、安全の欲求、社交の欲求、尊敬の欲求、自己実現の欲求の最高位に位置するものである。彼によれば、人間は、生理的要求が満たされてから、次の安全性の欲求が発現するというように、下位の欲求の充足が上位の欲求の前提になる。[13] 渡辺によれば、

自己実現至上主義とは、仕事の第一義的意味は自己実現であるとする仕事観であり、仕事はなりよりもまず生きがいを与え、自己発展のプロセスとなるものでなければならないという考え方である。……労働人口のかなりの部分が、仕事に対して物質的報酬以上のものを期待しており、彼らにとって仕事は自負心を満足し、人生の意義を与える重要なものになっている。[14]

渡辺はこのような仕事に対する意識の変化とともに、権威の正統性に対して無条件に服従せず、組織の権利よりも個人の権利を重視し、組織の指導者に対して異議を唱えることに抵抗を感じないなど、ポストモダン的な価値観の変化が一九七〇年代以降、人々のあいだで起こっているとする。

ウェーバーやテイラーが定式化した組織モデルの人間像は、物質的報酬を求める労働者であり、マズローの欲求の五段階では生理的欲求と安全の欲求に対応する。また、その後に展開された人間関係論やバーナードとサイモンの組織論では、それらより高次の欲求である社交の欲求、尊敬の欲求までが考慮されていると考えられるが、

自己実現の段階に対応した組織形態までには至っていない。こうした仕事意識の変容に対応した組織形態として、これまでQCサークルやワーク・チーム方式による経営への労働者参加が試みられたが、自己実現という脱物質的価値の仕事意識を持った労働者を動機づけるまでには至っていない。では、このような労働者を受け入れ、動機づける組織形態はいかなるものか。

脱分節化―柔軟な専門化

近代の特徴は高度に専門分化を遂げることにある。これに対しポストモダンは、近代的な分化の徹底化により、まさにそのことによって脱分節化が起きることを主張する。女性に対する男性の優位、素人に対する専門家の優位など、近代社会が機能的見地からつくり上げてきた権威主義的な二項対立が崩壊しつつあるが、こうした暴力的な位階序列の機能分化を融解し、その境界をとっぱらうことで、もう一度、分化の在り方を問い直す動きが脱分節化である。脱分節化は前近代の未分化な状態に復帰することを意味するのではなく、高度に分化を遂げた結果、引き起こされる融合現象として理解されねばならない。近代化の過程で社会システムは高度な機能分化を遂げてきたが、これを完全に廃止することは不可能である。また、脱分節化は機能に偏向しすぎた分化現象についての議論に限定して考えるべきである。近代社会の分化過程は、成果志向的な視点からの機能分化に偏向する形でなされてきたのであり、このため、成果にとらわれない活動に対しては、それを社会の主要な舞台から分断する結果をもたらした。であるからこそ、職業的地位や所得が人々の達成度をあらわす指標とされ、それ以外の人間関係は第二義的なものとして位置づけられてきたのである。脱分節化はこうした機能分化に対する問い直しとして発生している。

脱分節化の現象は主として経済と文化のあいだで進んでいる。たとえば、労使協議制によって会社の方針を決めること、労働者の自主管理を高めること、職住分離をやめること、企業経営の倫理やモラルを問うこと、コーポレート・アイデンティティや企業文化の意識が高まっていること、などを指摘できる。これらは本格的なポストモダンの脱分節化とはいい難いが、その端緒となるものだ。さらに、生きてゆくための労働に代わって生きがいとしての仕事の比重の高まり、サービス経済化にともない労働内容が知的・創造的なものに変化することで労働と余暇の区別がはっきりしなくなる現象、働きがいのある職場を求めて転職したり職場環境の改善要求が高まったりする現象も脱分節化とみなしうる。ポストモダンでは、企業は効率よくモノを生産する場所であるだけでなく、それ以上に成員のコミュニケーションや文脈性を重視する場所である。企業は文化の場であり勤労者の交流の場とならざるをえない。ボランティアやＮＰＯやＮＧＯの活動が高まりをみせているのは、働くことの意味空間の拡張を主張する文化的な視点の、経済領域への侵入であり、経済と文化の脱分節化である。

文化と経済の相互浸透をポストモダン現象であるとする考え方に対しては、産業化論者から次のような反論が提出されるであろう。すなわち、これらは文化と経済の相互依存関係を述べているにすぎず、それは産業主義の発想にほんらい含まれているものである。豊かさの水準が高まった高度産業社会では、生活の質が問題になるという意味で、こうした相互依存が重要になるから、あえてそれらをポストモダン現象と呼ぶ必要はない、と。しかし、物質的に豊かな社会が訪れた社会において、生産の視点だけでなく、働くことの意味とコミュニケーションが強調されることを、産業化の論理から導くことは困難であろう。豊かさが達成されて社会状況が変わったから、これらも産業社会の現象の一部分だとする素朴な経験主義は、理論とは呼べない。

ポストモダンを「脱分節化という特性を有するところの意味作用の体制」と位置づけるラッシュにとって、ポストモダニズムとは文化パラダイムの問題である。[15] 文化産業の発達によって、文化の商品化が進み、文化と経済の境界が崩れるとともに、高級文化と大衆文化の境が明確ではなくなること。芸術や音楽はテレビの広告の対象となり、文脈をはぎ取られ、断片化され、意味の統一性が破壊されてアウラ的性質を失うこと。作者と読者、演技者と観客の区別が崩壊すること。要するに、脱分節化とは近代的な機能分化の反転作用であり、従来の意味作用の体制を崩壊に導くことである。

ロバート・ウォーターマンは、『エクセレントマネージャー』において、「指導つき自治システム」と呼ばれる方法を提案している[16]。これは社員をやる気にさせる組織づくりとして提出されたものであり、その基本的な考え方は、必要な情報と資源を与え、目標を伝えるだけで、あとは成員に自由にやらせるというものである。その骨子は、リーダーはどのようなゲームを、どのようなルールで、どこの競技場で、どのような境界内でおこなうかを決めるだけで、後は、成員に彼らなりのやり方でゲームをおこなうよう任せることである。そこにあるのは、役割分担や専門分化を、あらかじめ決められた枠に押し込めるのではなく柔軟にすること、および可能な限り管理を緩めるという発想である。

「柔軟な専門分化 flexible specialization」は、科学的管理法にもとづくフォーディズムに代わって登場したポストフォーディズムのキーワードである。これは、専門分化による仕事の細分化とその硬直性を見直す作業であり、脱分節化に相当する。消費社会の登場によって、企業は消費者の多様なニーズに対応することを余儀なくされるが、このために生産現場における柔軟な専門分化が必要になったのだ。

柔軟な専門分化は新しい情報技術の発展によって可能となったものである。コンピュータによって制御されたプログラムをちょっと変えるだけで新しいデザインや製品をつくることができるようになった。このことにより企業は、従来の大規模で中央集権化した官僚組織ではなく、小規模な会社の連合体へと変質する傾向にある。それは小さいことが良いことだからではなく、大きいことがコスト高で柔軟性に欠けるからである。こうした柔軟な専門分化は多くの労働者にとって、現場への参加と仕事満足を高める結果をもたらし、また、第三のイタリアにみられるように、企業とそれが立地する地域社会の統合を可能にする利点をもたらしている。

こうした潮流は、労働の無力感、意味の喪失、孤立感をある程度、克服する可能性がある。労働のリズムを自己管理し、自分の仕事が全体にどう組み込まれているのかを理解する傾向が高まり、仕事に目的や意味といった感覚を取り戻し、自分がつくりだした生産物への一体化もかなりできるようになる。この意味で柔軟な専門分化はポストモダンの重要な組織原理である。しかし、柔軟な役割関係だけでは仕事において自己実現欲求を満たすことは困難である。というのも現在の企業活動は、消費者ニーズの高まりにより高付加価値を創造しなければならない状況になっており、これを探究することが重要な課題だからである。それには簡単で単純な作業ではなく、専門性の高い「多能工」となることが要求される。このような活動に管理は馴染みにくいことは事実であるが、かといって管理を極小化するだけでは成果は期待できない。管理に代わる前向きな原理がなくてはならない。

支援型の組織へ

ポストモダンの組織は管理ではなく支援を中心とする組織である。脱物質的価値や自己実現欲求の高まり、およびこれらに対応した消費社会への変容は、企業組織が生産性や合理化の目標を掲げて、これを効率よく達成するという管理方式だけでは不十分な状況をつくりだす。というのも、消費社会化した経済においては、企業側の一方的な目標設定と効率化では、生産活動が妥当性を持たなくなるからだ。山崎正和がいうように、

社会が何を喜び、何を必要と感じるかといふことを、現代の産業は時代の気分のなかから探りだし、それを的確に商品のかたちに具体化して、逆に消費者に提示しなければならない。これは、時代の感情を形象化する藝術の仕事にも似てゐるのであるが、かういふ作業にとって、およそ効率の概念が問題にならないことは、説明の必要もあるまい。この場合、生産の目的はその過程に先立ってあたえられておらず、むしろ、過程そのもののなかから生みだされてくるのであるから、本来の生産の場合のように、過程が目的のために手段化されることはありえ

ないのである。[17]（傍点は筆者による）

管理型の組織を中心にしていては、時代の感情を形象化する芸術の仕事にも似た活動をすることは不可能である。生産の目的が過程に先立って与えられていないということは、管理目標もあらかじめ与えられないことである。管理は、あらかじめ決められた目標があってはじめてうまく機能する。生産性を上げることや効率を高めるなどの目標が決まれば、それに向けて資金を投入したり、人間関係や努力を調整したりできる。しかし、目標が決まっていないのに管理せよといわれても、それのしようがない。また、人間の活動は上から管理しようとしても、そうしきれるものではない。行き過ぎた管理は無気力な役割人間をつくりだし、その結果、組織活力も損なわれる。加えて、職場での自己実現欲求の高まりがあり、管理されることに対する抵抗も強くなっている。これらのことに対応するためには、管理に代わる仕組みが必要である。

管理に代わる新しい組織編成の在り方としてもっとも有望なものは支援である。支援型の組織への構造転換をはかることが、これからの組織変革を成し遂げるために不可欠だ。しかし、現時点において支援をどのように考え、定式化するかにかんして、われわれはほとんど学問的蓄積を持っていない。支援についてはじめの一歩から考えなければならない状態である。

支援を科学の対象にしようとする試みは、これまで主として理工学分野で意思決定に関連して試みられてきた。その代表例として、ＤＳＳ（意思決定支援システム）やエキスパート・システムがある。しかし、これらはともに支援をコンピュータ上のソフトで実現しようとするものであり、組織論に適用する一般的な枠組みを指向するには至っていない。

支援とは英語のサポート（support）の日本語訳である。類似語に援助（aid）、手助け（help）、補助（assist）

といった言葉があり、支援に関連する言葉は日常的に多用されている。行政分野でのＯＤＡ（政府開発援助）、福祉分野でのカウンセリング、学習支援、介護支援、診断支援システムなど、あらゆる分野で「支援」という言葉があふれるようになった。しかし、支援は管理とは異なることは理解できるが、どう違うのか定義が今ひとつすっきりしない。私は、支援を次のように定義するのが適切であると考える。すなわち、

支援とは、何らかの意図を持った他者の行為に対する働きかけであり、その意図を理解しつつ、行為の質を維持・改善する一連のアクションのことをいい、最終的に他者をエンパワーメントする（ことがらをなす力をつける）ことである。[18]

組織が支援型になるには、こうした支援が成員間で相互的になっていること、つまり相互支援システムになっていることが必要である。これからの企業組織は、成員が単に与えられた仕事を効率よくこなすだけでは不十分である。各成員が新たな付加価値創造に意欲的に取り組むことができなければ、競争社会を生き残っていくことは困難である。現在のような情報産業、知識産業、サービス経済が中心の時代では、新しい付加価値創造が焦点であり、その際にはいかにこの創造活動を支援するかが重要で、管理は必要最小限にとどめる必要がある。単に効率性を重視するのではなく、付加価値創造を優先したうえでの効率性の重視でなければならない。

一般に、創造活動というのは、勤勉に努力したからといって必ずしも成功しない。また、世論調査を実施したり資料や書物を調べて情報を効率的に集めても、それだけで成功するとは限らない。逆に、ぼんやりと考えごとをするなかで、一瞬のひらめきから優れたアイディアが生まれることもある。だから、極端なことをいえば、これからの社会では、必ずしも無遅刻無欠勤の「まじめ人間」である必要はなく、また仕事を迅速にこなす「効率

人間」である必要もない。日頃、よく遅刻したり休暇を取ったりする人間であっても、ときどき思いもかけないアイディアを提供して付加価値を生みだす人間であれば、企業にとって価値ある人材となる。

付加価値人間を育成していくには、時間に縛られた組織活動を労働者に課す管理は必ずしも効果的ではない。時間に追われてじっくり考えることもできないようでは、成果もあまり期待できない。だから、時間の規律はかなり弱まらざるをえないし、組織に対する忠誠心も変化をせまられるであろう。最近しばしば、仕事にゆとりや「遊び性」が必要だといわれるが、こうしたことは、期待される人間像が付加価値人間へと変わりつつあることの兆しだといえる。けれども、付加価値人間であることはけっして気楽に仕事ができることを意味しない。なるほど、これからの仕事には時間的なゆとりや「遊び性」が増えていくかもしれないが、新しいアイディアや企画を生みだす活動は大変な作業である。

付加価値を創造するとは、新しい意味を付けること、人々が感心するようなアイディアを創ることである。組織の観点からいえば、そのような営みには「管理」が通用しない。目標を探そう、アイディアを探そうということだから、効率よくやるという発想も有効でない。新しいアイディアを生みだし、それを形にすることを促進する仕組み、すなわち支援型の組織がなければならない。

支援は、他者への働きかけが前提になっており、被支援者の意図を理解することが前提である。だから、被支援者がどういう状況に置かれており、支援行為がどう受け止められているかを常にフィードバックして、被支援者の意図に沿うように自分の行為を変える必要がある。さらに、実際に支援が成立するためには、一連の支援行為がばらばらになされるのではなく、それらがまとまりを持ったシステムを形成することが重要だ。支援がなされるためには人、物そして情報などの資源に加えて、それらを活用して支援を実現するためのモデルが必要である。つまり、支援システムは諸資源とモデルからなる。資金をだすだけで人材や知識との連携を欠いたり、ノウハウの提供がなされないようでは、真の支援は期待できない。支援システムは人的・物的・情報的資源を関係づけ、それらが支援を効果的に実現するためのモデルを備えることが重要である。

支援はその最終的な状態として、組織成員がことがらをなす力を獲得することを前提にしている。支援ばかり受けて、自力でことがらをなす力が低下しては意味がない。支援を無反省におこなうと、依存体質ができあがる。これでは何のための支援なのかと疑問視されることになる。そのためにも支援組織に求められるのは成員のエンパワーメントである。

エンパワーメントの概念は、一九八〇年代後半に、主としてソーシャル・ワークやソーシャル・ケアの分野で、障害者の生活能力向上プログラムの指針としてクローズアップされたものである。そして、今日では、単に障害者に対するケアだけでなく、集団やコミュニティを含むより広範囲な領域に適用されるようになった。ロバート・アダムスによれば、エンパワーメントとは「個人、グループ、および／あるいはコミュニティがその環境をコントロールできるようになることであり、みずから設定したゴールを達成できるようになることであり、それによって自分自身および他者が生活の質を最大限に向上させることができるような手段」として定義されるべきものである。[19] エンパワーメントの特徴は、行為の質の維持・改善を専門家に委ねるのではなく、知識や技術を獲得することで、自分で問題を解決する能力を身につけることにある。つまり、自己の力を高めることである。そのような力をつけるシステムを形成することにより、人々が社会的役割を適切に遂行できるようにすることが、エンパワーメントのねらいである。

従来型の企業組織では、成員は上司であれ部下であれ、自己の成果を上げることに焦点が置かれ、相手を出し抜いて地位達成することが成功するための条件であった。しかし、ポストモダンな時代における成功基準は、仕事を通じての自己実現であり、より文化的な生き方を享受することである。自己の可能性を高め創造的な生き方を求めることは、他者を出し抜くことではなく、相互支援によって互いにエンパワーすることである。支援についての理論整備をすることで、付加価値創造と自己実現がおこないやすい状況をつくりだすことが、これからの企業組織には不可欠である。

今後の企業組織において管理がすべて放棄されることはありえない。経営は専門家に依存し、組織成員は職務の確実な遂行を要求され続ける。しかし、管理は支援という非管理的な方法によって可能な限り抑えられ、両者のバランスがとられるようになるだろう。支援組織は創意と志気を高め、単なる物質的な満足だけでなく、自己実現を満たす方法としてポストモダンの中心テーマとなるに違いない。

注

（1）Lyotard, Jean-François, *La condition postmoderne,* Paris, Minuit, 1979.（小林康夫訳『ポスト・モダンの条件——知・社会・言語ゲーム』書肆風の薔薇、一九八六年。）

（2）Jencks, Charles, *The Language of Post-Modern Architecture,* London, Academy, 1977.（竹山実訳「ポストモダニズムの建築言語」『建築と都市』臨時増刊号、一九七八年。）

（3）Lyon, David, *Postmodernity,* Buckingham, Open University Press, 1994.（合庭惇訳『ポストモダニティ』せりか書房、一九九六年。）訳二三頁。

（4）Weber, Max, *Wirtschaft und Gesellschaft,* Tübingen, J. C. B. Mohr, 1921-22. (*From Max Weber: Essays in Sociology,* translated by Hans H. Gerth and C. Wright Mills, New York, Oxford University Press, 1946, chapter 8.)

（5）Taylor, F. Winslow, *The Principle of Scientific Management,* New York, Norton, 1911.

（6）Mayo, Elton, 1933, *The Human Problems of an Industrial Civilization,* New York, Macmillan, and *The Social Problems of an Industrial Civilization,* Boston, Harvard University, 1945.

（7）Barnard, Chester, *The Functions of the Executive,* Cambridge, Mass., Harvard University Press, 1938.

（8）Simon, Herbert A., *Administrative Behavior,* 2nd ed., New York, Macmillan, 1957.

（9）Inglehart, Ronald, *Silent Revolution: Changing Values and Political Styles among Western Publics,* Princeton, Princeton University Press, 1977.（三宅一郎・金丸輝男・富沢克訳『静かなる革命』東洋経済新報社、一九七八年。）

（10）Bell, Daniel, *The Cultural Contradictions of Capitalism,* New York, Basic Book, 1976.（林雄二郎訳『資本主義の文化的矛盾』上・

中・下、講談社、一九七六—七七年。）訳上、八六—八八頁。

(11) Lash, Scott, *Sociology of Postmodernism*, London, Routledge, 1990.（田中義久監訳『ポスト・モダニティの社会学』法政大学出版局、一九九七年。）訳六四—六五頁。

(12) 渡辺聰子『生きがい創造への組織変革』東洋経済新報社、一九九四年。

(13) Maslow, Abraham H., *Motivation and Personality*. 2nd ed., New York, Harper & Row, 1970.（小口忠彦訳『人間性の心理学——モチベーションとパーソナリティ』産業能率大学出版部、一九八七年。）

(14) 渡辺聰子、前掲書二一頁。

(15) Lash, *op. cit.*（訳八頁。）

(16) Waterman, Robert H. Jr., *What America Does Right: Learning from Companies That Put People First*, W. W. Norton, 1994.（野中郁次郎訳『エクセレントマネージャー』クレスト新社、一九九四年。）

(17) 山崎正和『柔らかい個人主義の誕生——消費社会の美学』中公文庫、一九八七年、一七一頁。

(18) 今田高俊「支援型の社会システムへ」支援基礎論研究会編『支援学—管理社会をこえて』東方出版、二〇〇〇年、九—二八頁。なお、今田高俊「管理から支援へ—社会システムの構造転換をめざして」『組織科学』三〇巻三号、一九九七年、四—一五頁、も参照のこと。

(19) Adams, Robert, *Social Work and Empowerment*, London, Macmillan Press, p.5.

七　複雑適応系――第三世代システム論――

河合忠彦

一　はじめに

「複雑系」が注目を集めてからすでに久しいが、関連著作の出版は続いており、報告者も複雑系パラダイムにもとづく新しいリーダーシップ論を提示した。[1] しかし、日本の組織・管理研究における成果は乏しく、経済制度の進化の研究が進展している経済学や、人工生命・社会の研究が盛んなコンピューター・サイエンスとは著しい対照をなしている。

その理由としては、複雑系パラダイムといっても実際にはいくつかの「サブパラダイム」があるだけで、まだ統一的なものがあるわけではないことがありそうである。しかし、より重要なのは、組織・管理研究では、かつて複雑系パラダイムに相当するものの導入が試みられたが、失敗に終わったことであろう。複雑系パラダイムを構成するサブパラダイムとしては自己組織化サブパラダイムやカオス・サブパラダイムがあるが、それらの導入の試みは批判を浴びて挫折し、説得的な代替案も示されなかったのである。

しかし、複雑系パラダイム――より正確には「複雑適応系」パラダイム――は画期的な「ものの見方」であり、適切に定式化されれば多くの分野でブレイクスルーをもたらす可能性を秘めており、組織・管理研究も例外ではない。本報告では、先行するパラダイムをサーベイしたのち、複雑適応系パラダイムとはいかなるものか、また今日それが待望される理由は何なのかを明らかにする。

本題に入る前に、二つの概念整理をしておこう。一つは「(研究の) 方法」にかんするものである。まず、単純化のために「理論」=「モデル」と考え、モデルの基礎にある「広く受け入れられたものの見方ないし考え方」を「パラダイム」と呼ぶことにする。他方、「方法」とは、「モデルの構築（と実証）の方法」を意味するものとする。したがって方法とパラダイムはレベルを異にする概念であり、たとえば、自己組織化パラダイムにもとづくモデルでも、そのモデル化の具体的方法に「自己組織化としてのモデル構成」という「方法」が使われていなければ――すなわちある前提から出発して演繹的に自己組織化が導出されていなければ――自己組織化モデルとは呼べないことに注意しよう。

以上の定義に即して考えると、「システム論」はやや微妙な存在といってよい。それは、本来は文字通りの「方法」であるべきであろうが、実際には、そのような本格的なものから「パラダイム」的なものまで、さまざまだからである。本報告では、後者をも対象に含めることにする。

他方、「パラダイム」にかんして注意すべきは、それにも同様に、定義通りのパラダイムから方法と一体化したものまであること、また (部分的にはその結果として)、サブパラダイム間にも階層性があることである。本報告では、パラダイムとそれを構成するサブパラダイムまでを考えることにする。

もう一つの概念整理は環境の複雑性にかんするものであり、それを不確実性という次元で捉え、さらに単純化のために二タイプに分けて考えることである。一つは「構造的に不確実な環境」であり、画期的な技術革新、規制緩和、グローバリゼーションなどの業界構造に直接インパクトを与える大きな変化により、ビジネスの急激な成長ないし衰退が生じつつある環境である。もう一つは「競争的に不確実な環境」であり、(構造的不確実性がないのに)企業間のシェア争いによって不確実性が生じている環境である。

今日、日本企業を取り巻く環境のタイプとしてより重要なのは構造的に不確実な環境であり、日本企業がもっとも不得意とする環境でもある。バブル崩壊後の不況からの脱出やグローバリゼーションへの対応の遅れ、あるいはインターネット関連ビジネスへの出遅れなど、いずれもそれを示すものといえる。ただし、この環境変化に立ち後れたのは日本企業だけではない。日本の経営学や組織論もまた然りといえそうである。

もっとも、今日の企業にとっては、構造的に不確実な環境に加えて競争的に不確実な環境への対応もきわめて重要であり、両者への同時的対応が「戦略的課題」となっている。また、そのような課題を分析して処方箋を示すことが、経営学にとっての重要な課題であることはいうまでもない。

このことを念頭に置きつつ、過去のシステム論は企業のいかなる戦略的課題に答えようとしたのか、その成果はいかなるものだったのかをたどり、また上述のような今日的課題に対してはいかなるパラダイムないしシステム論が必要とされるのかを見てゆくことにしよう。

二　第一、第二世代システム論

(1)　第一世代システム論

河本は過去のシステム論を第一、第二世代システム論、自己のシステム論を第三世代システム論と呼び、後者の優越性を主張している。彼によれば、L・ベルタランフィの一般システム論に代表される第一世代システム(論)の特徴は、次のとおりである。(2)

第一に、第一世代システムとは、入出力を持ち物質代謝、エネルギー代謝をおこなう開放系であり、ホメオスタシスの機構によって動的平衡を維持するシステムである。したがって第一世代システム論では、システムの形成ではなく、構成要素ないし部分間の関係、それも恒常的な関係——すなわち構造——の解明に焦点が当てられる。この意味で、第一世代システム論は構造主義的である。第二に、具体的なモデルの構築にさいしては、さまざまの恒常的関係は微分方程式で表現される。

以上のような第一世代システム論を先に示した定義に即してみると、第一の特徴は第一世代システム論の「パラダイム」としての側面を、また第二の特徴はその「方法」としての側面を示している。第一世代システム論はパラダイムであり、かつ方法でもあったのである。このような「第一世代」は、先に定式化した二タイプの不確実性への対応能力の観点からは、いかに評価できるであろうか。

まず「競争的に不確実な環境」についてみると、第一世代システムは、（定常的な環境に加えて）「低レベルの競争的不確実性」に対しては有効であろう。（構造的確実性下での）シェア争いに対しては、組織構造の変革がなくても、（既存の構造の下での）マーケティングや製品開発レベルでの工夫によって対応できるからである。

次いで「構造的に不確実な環境」についていうと、「第一世代」は、このタイプの不確実性への対応は不得意といわざるをえない。先の定義によれば、構造的に不確実な環境とは、ビジネスが急激に拡大もしくは衰退しつつある状況を意味する。このような環境では、通常、事業構造の絶えざる変革やそれにともなう組織構造の変革が要請されるが、それは固定的な組織構造を前提とする「第一世代」の手に負えるものではないからである。

ただし、より詳細にみると、ビジネスの成長の局面と衰退の局面ではやや事情が異なる。衰退局面では組織構造の変革は不可避であり、「第一世代」が対応能力を欠いていることは否定できない。しかし成長局面では、競争がビジネスの「内部的な」量的拡大競争にとどまり、他企業の吸収・合併などの「外部的な」手段を用いる段階に達していない場合には、組織構造の変革はそれほど大きな問題とはならない。したがってこの場合には、「第一世代」は、役に立つことはなくても、少なくとも妨げにはならないであろう。

(2)　第一世代システム論のインパクト

以上のような特徴をもつ「第一世代」が日本の組織・管理研究に影響を与えたのは高度成長期頃までであったが、その頃の日本企業の目標は成長とシェアの拡大であり、戦略的課題となったのは、積極的な設備投資と、小集団活動による安くて良い（標準的）製品の大量生産であった。その結果「第一世代」が当時の企業経営と組織・管理研究に与えたインパクトは、次のようなものとなった。

第一に、組織構造を所与とする「第一世代」は、当時の日本企業の戦略的課題、したがってまた組織・戦略研究と親和的であった。当時は多くのビジネスが急拡大する構造的に不確実な環境におかれ、そこでの戦略的課題は積極的な設備投資であった。しかし、それは既存ビジネスの内部的な量的拡大が中心的なために既存組織の量的拡大で対応可能であり、組織構造の変革は大きな問題にはならなかったのである。また、当時はシェア争いに起因する競争的不確実性も存在し、これに対しては小集団活動の活性化が戦略的課題となった。しかし、これは組織の末端の小集団での、しかもその「作動の仕方（プロセス）」にかかわるものであり、組織の「全体的構造」の変革にかかわる問題ではなかった。

第二に、しかし、以上のような「第一世代」と組織・管理研究との親和性は「パラダイム」レベルのものであり、「方法」レベルのものではなかった。企業の戦略的課題が「微分方程式によってモデル化されて」分析されたわけではなかったのである。この意味で、組織・管理研究における「第一世代」の受容は消極的なものだったとみてよいであろう。

(3)　第二世代システム論

企業経営と組織・管理研究の以上のような状況に転機をもたらしたのは高度成長の終焉であり、そこで手がかりを与えたのが散逸構造論、シナジェティックス、自己触媒の理論等の第二世代システム論であった。河本によれば、その特徴は次の二点であった[3]。

第一に、第二世代システム論はシステム形成の機構を問う自己組織システム論であり、階層の存在をあらかじめ前提し、階層間の関係（構造）を探求した第一世代システムとは著しい対象をなす。しかし、（階層、したがって）システム形成の機構の探求はまだ始まったばかりであり、単一の確定的な機構が明らかにされているわけではない。複数の要素の相互作用からシステムが形成されるとする「創発型自己組織化」と、（すでにシステムとなっている）あるシステムが自分自身を循環的に作り出し、あるいは新たなものに作り替えてゆく「自己言及型自己組織化」という異質なものが「架橋されずに」主張されている。第二に、具体的モデルとしては、創発型自己組織化モデルとして散逸構造論、シナジェティックスなどの無機的現象にかんするモデルがあり、また自己言及型自己組織化モデルとしては、自己触媒の理論などの有機的現象（以上の現象）にかんするモデルがある。

これらの特徴のうちの第一のものは第二世代システム論の「パラダイム」としての側面を、また第二の特徴はその「方法」（を含むモデル）としての側面を示している。「第一世代」の場合と同様、「第二世代」もパラダイムであり、かつ方法でもあったといえる。以上のような「第二世代」の、二タイプの不確実性への対応能力は次のようなものであった。

まず「競争的に不確実な環境」についてみると、そこでは「第二世代システム」は有効性を発揮するといえる。（構造的「確実性」下での）シェア争いでは、マーケットに近く、それを熟知したミドル以下の層による新製品や新マーケティング手法の開発が重要な意味を持つが、これは、ことに「構成要素間の相互作用によるシステムの形成」という創発型自己組織化のアイディアと適合的だからである。なお注意すべきは、この競争的不確実性への有効性の点では「第二世代」は「第一世代」と同じだが、前者が有効な競争的不確実性の「レベル」は後者のそれよりも高いとみられることである。「第二世代」では、システム構成員を「第一世代」よりも自律的な存在として措定することが可能であり、より独創的な新製品開発等を期待しうるからである。

次いで「構造的に不確実な環境」についてみると、これへの対応は「第一世代」以上に不得手といわざるをえない。ビジネスの急激な衰退の局面ではトップ主導で抜本的な対策を講ずる必要があり、急成長の局面でも平均以上の成長のためにはトップの指導力が不可欠だが、それらは「第二世代」のイメージとはまったく相反するものだからである。

(4)　第二世代システム論のインパクト(一)

以上のような第二世代システム論の企業経営と組織・管理研究へのインパクトは、二つの「波」に分けて考えることができる。

第一の波は、野中らによる第二世代システム論の導入である。高度成長の終焉とともに、先行き不透明な不確実性の時代が訪れた。技術的に閉塞的な状態となり、近い将来に大きなビジネスに発展する可能性のあるものも見いだせなくなったのである。このような状況では、トップが先頭に立って積極的に新規事業を強力に推進する余地はなく、また、単により良いものをより安く提供するだけでも十分ではない。ここで戦略的課題として浮上したのが、(既存技術の範囲内ではあっても) 新製品開発の活発化によってシェアを高めること、また他社とのシェア争いがもたらす競争的不確実性に適切に対処することであった。

ここでヒントとなったのが、散逸構造論などの自己組織化モデルであり、静止した液体を加熱すると分子に「ゆらぎ」が生じ、それをきっかけとして対流が生ずる、といった説明図式であった。これをアナロジーとして企業に適用すれば、「構成員がゆらげば企業全体が変化する」という説明が可能になるとみられたのである。もちろん、構成員は「意思を持たぬ分子」ではないし、トップ・マネジメントという「特異な分子」の存在も無視しえない。そこで考えられたのが、次のような、野中その他による「進化論モデル」ないし「自己組織化モデル」であった。(4)「平時」にはトップが主導権を持って戦略を構築し推進するが、業績が悪化したり先行き不透明な「緊急時」になると、トップが危機感を訴えて構成員に「ゆらぎ」を与える。すると中から優れたアイディアを提起して製品化にまで漕ぎ着けるといった「突出部分」が生じ、それが成功すると全社に類似の試みが波及し、会社が進むべき方向が浮かび上がってくる。そこで、それを受けてトップが新たな戦略を構築し、「平時」に戻る・・・。以上が「第一波」の骨格だが、その企業経営と組織・管理研究へのインパクトは次のようなものであった。

第一に、それは日本の現実に即して生まれたものであり、企業経営と組織・管理研究に対しても多少の影響を与えた。高度成長終焉後の閉塞期に必要とされたのは、積極的な設備投資や品質改善・コスト削減のための小集団活動ではなく、個々の構成員による自律的な新製品・事業開発などの「現場発の戦略形成」だったからである。「第一波」に触発されて生まれた「変革型ミドルのリーダーシップ論」がもてはやされたのも、同じ理由によるものであった。

第二に、しかし、「第一波」は、一時期は日本の学界を席巻したものの、その後厳しい批判を浴びて頓挫し、提唱者自身が「転進」したこともあって研究は途絶えてしまった。その基本的な理由は、自然科学で成功した「第二世代」の「モデル」を、そのまま無批判に（アナロジカルに）社会現象にかんするモデルに転用してしまったことであった。自然科学のモデルでは、「パラダイム」と「方法」とが一体化していることが多い。したがって本来は、自然科学のモデルの基礎にあるパラダイムだけを導入し、その上に社会現象にかんする「自前のモデル」を構築すべきだったのに、なされなかったのである。その原因は、結局は、「第一波」がパラダイムと方法とを明確に区別していなかったことに求められるであろう。

また、それと関連するが、「第一波」は第二世代システム論を「正面から」導入しようとしたものではなく、「第一世代」を基本としつつ、その弱点を、それへの「第二世代」の「接ぎ木」によって補強しようとしたものでしかなかった。逆にいえば、「第一波」は「第二世代」をそれだけで完結した一個の自律したパラダイムとして定立することはできず、これもその破綻の原因となったのである。

なお付け加えれば、「第二世代」である以上当然であり、また実際に試みられたわけではないが、今日の市場を特徴づける構造的確実性に対して「第一波」がまったく無力なことはいうまでもない。

(5)　第二世代システム論のインパクト(二)

以上の「第一波」に代わって登場したのが「第二波」であった。８０年代後半には「豊かさの時代」の到来が喧伝されるようになり、「人々は管理優先の組織に束縛されることを嫌い、自己実現やゆとりある生活などを求めるようになりつつある」という指摘もなされるようになった。このような認識が強調され、一つの思想に仕立てられたのが、「効率と合理性を追求する機能優先の思想の排斥」を主張する「ポストモダン論」であった。[5]

このような立場から社会システム論の展開を企てた「第二波」の代表的論者の一人の今田は、「第一波」への批判を踏まえて、自己組織化の概念を基礎とする「自省的機能主義の理論」を提唱した。[6] 同理論は現代産業社会の変化（自己組織化）を主たる分析対象とするが、今田は企業にかんしても「変化のシナリオ」を提示した。「今日では付加価値のある製品の生産が何よりも重要だが、その実現は効率至上の従来の管理方式では不可能であり、自己実現意欲を持った構成員が自省的にゆらいでアイディアを出さなくてはならない、また、そのような状況を作り出すうえで企業がなし得るのは社員がそのようにゆらぐのを『支援』することだ」、というものであった。[7] このような主張の企業経営と組織・管理研究へのインパクトはいかなるものであったろうか。

第一に、これは、「見えにくくなった消費者ニーズをいかに捉え、それに応えうる新製品をいかに開発するか」

という企業の戦略的課題に対し、「記号消費」などの目新しい概念を示してマーケティング（分析）に一定の示唆を与えた。また、（そのようなニーズへの対応による）シェアの獲得競争から生ずる競争的不確実性への対応の必要性に注意を喚起した点でも、多少の示唆を与えた。しかし、「第二波」のインパクトはそこまでであり、企業の組織構造の変革やそれに関する研究にはほとんど影響力を持ちえなかった。マーケティング機能は企業の組織構造全体に直接かかわるものではなく、また新製品開発などでの「（構成員の創造性の発揮への）支援」も「（企業）本体」からみればあくまでも周辺的なものにすぎず、本体を変化させる力とはなりえなかったからである。この点では、「構成員にゆらぎを与えよ」と主張した「第一波」と大同小異の結論に終わったといってよいであろう。

第二に、「第二波」のそのような成果の乏しさの基本的な原因は、「個人レベルで生じたゆらぎがいかなるメカニズムでシステム全体の変化をもたらすのか」についての「モデル」が欠落していたことである。これが、今田の議論が、上述のような支援組織の主張にとどまった原因であった。また、「接合」にせよともかくもモデルを提示した「第一波」以上に組織・管理研究との関連が希薄になったのは、そのためであった。「支援組織」の「本体」への影響力はきわめて弱く、それだけ、「支援理論」の、「本体理論」への影響は弱くならざるをえないからである。また、以上の点に関連していえば、「パラダイム」と「方法」の区別が不明確なことは「第一波」と同じであり、しかも、そのパラダイム（に相当する部分）も自律的なものではなかった。

最後に付け加えれば、第一波と同様（かそれ以上）に、「第二波」が、組織構造の大きな変革を必要とする構造的に不確実な環境に対して無力なことはいうまでもない。

三　複雑適応系——第三世代システム論——

以上にみてきたように、第一、第二世代システム論は競争的に不確実な環境に対しては多少の存在意義を示した。しかし、それらが今日の競争的不確実性に対しても適切かどうかについては疑問の余地があり、しかもより重要なのは、それらは構造的不確実性に対しては本質的に無力だということである。ところが、今日の企業環境の特徴は、まさにその構造的不確実性と競争的不確実性とが並存し、それらへの同時的対応を企業に迫っていることである。とすれば、今求められているのは、そのような戦略的課題に答えうる新たな次世代システム論であり、それこそが「第三世代システム論」の名にふさわしいといってよいであろう。そして報告者は、複雑適応系システム論こそ、その名に値するものと考える。といっても、それはまだ存在せず、その基礎となる複雑適応系パラダイムがようやく姿を現した段階である。報告者もそれについての試論を提示したので、その概略を説明しよう。

(1)　複雑適応系パラダイム

報告者の複雑適応系パラダイムは、「拡張された自己組織化サブパラダイム」と「カオス・サブパラダイム」とからなる。(8)「拡張された自己組織化サブパラダイム」とは、全体システムの創発性の発生因として、(「創発型自己組織化」で考慮されていた) 構成要素 (ないし構成員) 間の相互作用に加えて、環境への適応の必要性から生ずる階層組織の存在を考慮したものである。階層のトップに位置する「全体代表」が、環境適応への必要に応じて、他の (すべての) 構成員の反対があっても、みずからの自律的判断で全体システムを (トップダウン的に) 変革してゆくことをも「創発性」の源泉とみなすのである。この「全体代表による変革」は自己言及型自己組織化に相当するので、以上の「拡張」により、「第二世代」では架橋されていなかった創発型と自己言及型という二タイプの自己組織化の統合が実現されたことになる。

他方、カオス・サブパラダイムとは、構成員や全体代表の自律的な行動の前提条件として、彼らが「ゆらいでいる」必要があることを要請するものである。バイオカオスにおける「カオスゆらぎ」の概念によれば、呼吸、心電図、リンパ球、眼球運動などは健康な時には（不規則に）ゆらいでおり、不健康になるとゆらぎが減少して規則的になるという。カオス・サブパラダイムとは、これを、「ものの見方」としてパラダイムレベルで導入したものである。

以上のような複雑適応系パラダイムの特徴を指摘しよう。第一の特徴は、同パラダイムは、実質的に「第一世代」を取り込んだより一般的なパラダイムとなっていることである。なぜなら、同パラダイムの特徴は、自己組織化サブパラダイムの拡張により「全体代表によるトップダウン型の変革」を導入したことだが、それは「第一世代」と必ずしも矛盾しないからである。第一世代システムに強力な全体代表を接合した「拡張された第一世代システム」を考えてみよう。このシステムでは、全体代表によるトップダウン型の変革が可能なはずであり、これは複雑適応系パラダイムのそれと実質的に同じである。

第二の特徴は、「第二世代」とは異なり、複雑適応系パラダイムは「第一世代」への接ぎ木によってしか存在できないものではなく、それ自体で自律した一個の独立のパラダイムたりえていることである。

第三の特徴は、「複雑適応系パラダイム＝第三世代」は、構造的および競争的不確実性に同時的に対処しうる「ものの見方」となっていることである。これは、構成員による（ミドル主導の）創発型変革が競争的不確実性に対して、また全体代表による（トップ主導の）自己言及型変革が構造的不確実性に対して、それぞれ高い対応能力を持っているからである。

以上が複雑適応系パラダイムの特徴だが、その可能性、およびその上に作られるシステム論、さらには具体的なモデルの可能性については今後に待ちたい。ただし、モデルについては、報告者はすでに試論を示し、実証しているので、それへの評価を期待したい[9]。

(2)　「複雑適応系 vs 複雑系」と「オートポイエーシス」

以上の議論に対しては二つの疑問が予想されるので、答えておきたい。一つは、上に示した複雑適応系パラダイムは、J・ホランドら複雑系研究の先駆者たちによって主張された「複雑系パラダイム」と同じものなのか、ということである。ホランドらは、はじめは単に「複雑系（パラダイム）」と述べていたが、のちに「複雑適応系（パラダイム）」と言いかえている。その理由は、「システムの挙動を理解するには、創発性を持つという意味で複雑だというだけでは不十分である。それが環境への適応をめざす『複雑な適応系』である点に着目する必要があり、『創発と適応の絡み合いのプロセス』を理解しなくてはならない」、と考えたためであった[10]。したがって、複雑適応系パラダイムとは複雑系パラダイムを一歩進めたものであり、この点では筆者とホランドらとの間には違いはない。

しかし残念ながら、彼らはそのように述べるにとどまり、「創発と適応の絡み合いのプロセス」のモデル化の基礎となりうる複雑適応系パラダイムが具体的にいかなるものかは示していない。これに対し、創発性の概念の拡張により、そのようなモデル化の基礎となる一個の自律したパラダイムとして明確に定式化したのが、筆者の複雑適応系パラダイムにほかならない。（なお、ホランドらもモデルとパラダイムを明確に区別していない。）

提起されうるもう一つの疑問は、むしろ異議申し立てというべきものかもしれない。河本は第三世代システム論として「オートポイエーシス（論）」をあげているが、それと複雑適応系パラダイムのいずれが本当の「第三世代」なのかということである。

オートポイエーシス論とはH・マトゥラーナとF・ヴァレラによって提示されたものであり、そこで主張される「オートポイエーシス・システム」とは、「システムの構成要素が構成要素を産出するという産出過程のネットワークとして有機的に構成されたシステム、すなわち自分自身で自己を絶えず再生産するシステム」と定義される[11]。

この定義によれば、オートポイエーシス論も自己組織化パラダイムであるようにみえるが、そうではない。というのは、上の定義から明らかなように、オートポイエーシス・システムでは、システムがそれ自身を再生産すること（すなわち自己組織化すること）が「前提」とされてしまっている。したがって、オートポイエーシス・システムが自己組織化することはトートロジーであり不思議はないが、逆にいえば、これでは現象を「自己組織化として説明した」ことにはならず、したがって「自己組織化を（前提として）含む」モデルではあっても、「自己組織化」モデルとは呼べないからである。またそうである以上、オートポイエーシス・モデルが複雑適応系パラダイムではないことも明らかであろう[12]。

四　おわりに

本報告では、システム論の系譜をたどったのち、複雑適応系パラダイム、したがって「複雑適応系システム論」が新たな第三世代システム論にふさわしいものであることを明らかにした。インターネットに牽引された情報技術革命の進展は、市場の構造的および競争的不確実性をますます増大させる。これに対しては、トップとミドルの自律的でしかも補完的な戦略行動やリーダーシップが不可欠であり、それらにかんする研究の必要性はさらに高まるはずである。複雑適応系パラダイムとそれにもとづく複雑適応系システム論は、それらの研究に対してたしかな基礎を提供するであろう。

注

（1）河合忠彦『複雑適応系リーダーシップ——変革モデルとケース分析——』有斐閣、一九九九年。

（2）河本英夫『オートポイエーシス——第三世代システム——』青土社、一九九五年、Ⅰ、ことに四五—四七頁を参照せよ。

（3）河本英夫、同書、Ⅱ、ことに一四六—一四七頁を参照せよ。

（4）野中の主張については、野中『企業進化論——情報創造のマネジメント——』日本経済新聞社、一九八五年他を参照せよ。また、その批判については、浅田「プリゴジーヌ躍動する生成の科学」『現代思想』第一四巻一四号、一九八六年、今田「自己組織性と進化」『組織科学』第二一巻第四号、一九八八年、庭本「現代の組織理論と自己組織パラダイム」『組織科学』第二八巻第二号、一九九四年、同「組織統合の視点とオートポイエーシス」『組織科学』第二九巻第四号、一九九六年、河合、前掲書などを参照せよ。

（5）今田高俊『モダンの脱構築——産業社会のゆくえ——』中央公論社、一九八七年、同「ポストモダンの組織原理はありうるか」『組織科学』第二五巻第二号、一九九一年、同『混沌の力——The Power of Chaos——』講談社、一九九四年などを参照せよ。

（6）今田高俊『自己組織性：社会理論の復活』創文社、一九八六年。

（7）今田高俊、前掲論文（一九九一年）、同、前掲論文（一九九四年）、同、「管理から支援へ——社会システムの構造転換をめざして——」『組織科学』第三〇巻第三号、一九九七年等を参照せよ。

（8）河合忠彦、前掲書を参照せよ。

（9）河合忠彦、前掲書。なお、河合忠彦『戦略的組織革新——シャープ・ソニー・松下電器の比較——』有斐閣、一九九六年も参照せよ。

（10）M. M. Waldrop, *Complexity : The Emerging Science at the Edge of Order and Chaos*, Sterling Lord Literistic Inc., New York, 1992.（田中三彦・遠山峻征訳『複雑系』新潮社、一九九六年、一九三頁。M. Gell-Mann, *The Quark and the Jaguar : Adventures in the simple and the complex*, W. H. Freeman & Co., New York, 1994.（野本陽代訳『クォークとジャガー』草思社、一九九七年）、R. D. Stacey, *Strategic Management & Organizational Dynamics* (2nd ed.), Financial Times Pitman Publishing, 1996, pp.335-337 などを参照せよ。

（11）H. R. Maturana & F. J. Varela, *Autopoiesis and Cognition: The Realization of the Living*, D. Reidel Publishing Company, Dordrecht, Holland, 1980.（河本英夫訳『オートポイエーシス——生命システムとはなにか——』国文社、一九九一年、七〇—七一頁。）

（12）ただしこのことは、オートポイエーシス論が（広義の）システム論たり得ぬことを意味するものではない。しかし、それは実証的システム論とはいえず、実証的な第一、二世代システム論とは明らかに系譜を異にする。「だからこそ第三世代ではないか」という主張もありうるが、筆者は実証的なものに限定して考えており、オートポイエーシス論を第三世代システム論と呼ぶことはできない。二つの立場の優劣は、「二つの」第3世代システム論の現実に対する説明力の優劣によって判断されるべきであろう。

八　システムと複雑性

西　山　賢　一

一　経営のシステム化

欧米や日本などの先進国は、一九九〇年代に階級社会からシステム社会に転換したといわれる。システム社会化というのは、武力や経済力で国を維持発展させようとするだけでなく、政治や文化や教育や思想などを総動員していくあり方を指している。それは現代の戦争のあり方そのものに、典型的に現れている。いまカルチュラル・スタディーズの分野で再発見されているアントニオ・グラムシも、国や社会の指導層にとって権力だけでなく「知的道徳的ヘゲモニー」がかぎをにぎると主張していた。

システム社会化は国や社会だけでなく、企業経営にも貫かれてきている。分業による協業を進めるためのコーディネーションの工夫と、分業を担当するメンバーがコーディネーションに積極的に取り組めるためのインセンティブの工夫の、両方を総動員することが企業経営のかぎをにぎっている。

スタンフォード大学のミルグロムとロバーツは、一九九二年にまとめたビジネス・スクールのための教科書のなかで、「成功しているビジネス組織は、たがいに補強しあう部分から構成される複雑なシステムである」といっている（Milgrom & Roberts, 1992）。この教科書のねらいは、ビジネス組織を経済学の理論から演繹的にとらえ直し、ケース・スタディと結びつけてみよう、というところにある。そして「ビジネス組織は複雑系である」というのが、基本的な視点になっている。

こうして、現代における国や社会やビジネス組織などを考えていくとき、システムや複雑系といった概念が不可欠のものになっているのである。そのために経営の分野にも「システム」や「複雑系」がひんぱんに登場するようになってきている。

しかしそれらの言葉の使われ方をみてみると、基礎的な検討がないまま、多分に思いつき的に使われていることが多い。そのためにシステムや複雑系という概念が持っている深い可能性が生かされないで、流行現象として消費されてしまっている面が大きい。

ここではあらためてシステムというものを基礎から見直して、そのうえでビジネス組織とのつながりを考えてみることにしたい。

二　システム論の再検討

ベルタランフィが一般システム論を提起して以来、システム論は異なった学問分野で同じような原理が成立してることに注目してきた（von Bertalanfy, 1968）。たとえば、生物学から医学、心理学、現代哲学にいたるまで、相互連関性や合目的性を中心にした有機体論的な原理が成立している。また物理学から経済学まで、最小作用や利益あるいは効用最大といった最大化原理が成立している。非平衡熱力学の分野で発見された自己組織の原理は、自然科学を超えて社会科学から人文科学にまで、大きな影響を与えて今にいたっている。このように異なった分野をつなげていく学問として、システム論に大きな期待がかかっている。

しかし他方で、システム論のそうした大風呂敷は、緻密な学問の世界とは相容れなくて、素人談義で終わってしまうのではないか、という批判もある。確かにそれぞれの学問分野には個別の世界があり、だからこそ、それぞれに長い研究の歴史もある。そうした個別の世界を貫くような一般原理があるとしたら、それは個別の世界の深みに関わらない表面的な内容でしかない。

実をいうと私も、最初にシステム論に出会ったときの感想は、そうした否定的なものだった。大学院生のときにベルタランフィの著書を初めて読んだが、そこに描かれていたシステム論の世界は、すべての世界を等しく灰色に描く、みすぼらしい、寒々とした中身にしか見えなかったのである。

システム論をめぐる私の遍歴は、システム論を見直すうえで、さまざまな手がかりを与えてくれそうである。そこで私とシステム論との出会いから今までを大まかにたどりながら、システム論というものを再検討してみよう。

大学院生の頃、私は量子統計力学を応用して、分子性結晶の動的な性質を詳しく調べていた。そこには分子性結晶に固有の、豊かな世界が無限に広がっている。同じ結晶でも、原子から構成されているダイヤモンドや食塩などの結晶と違って、分子を要素とした固体メタンや有機結晶などの結晶は、結晶を構成する要素そのものが複雑なうえ、複雑な要素の集合した結晶がいっそう複雑なふるまいを示す。

異なった分野に共通に成立する原理を求めるシステム論では、こうした豊かな世界は見えない。せいぜい「エントロピーは増加する」というような、灰色の世界しか見えないのではないか。ちょうどそれは、ゲーテの『ファウスト』（相良訳、岩波文庫）のなかで、メフィストフェレスが言っているセリフ、「すべての理論は灰色で、緑なのは生の黄金の樹だけなのだ」に通じるように思われた。システム論はすべてを灰色に描く理論なのではないか。

こうして、個別の学問は緑の世界を求め、システム論は灰色の世界を求める。これがかつての私の、システム論というものの位置づけだった。しかしこの見方はしばらくして、大きく変わることになった。

理論化学の分野から生物物理の分野に移り、さらに経済や経営の分野に移ってきて、私は大きな危機に見舞われた。しっかりとした理論的な基礎のうえで、安心して研究できたのが、分子性結晶の研究だった。そこには量子力学や統計力学といった、すでに確立した方法論があり、これと実験データをつき合わせていけば、分子性結晶の豊かな世界を明らかにできることが保証されていた。他の分野と共通な原理はここでは不要である。

ところが経済や経営の世界では、しっかりとした基礎理論はなく、往々にして観察される世界と理論の世界が分離されないまま議論されている。あるいはこれとは対照的に、理論の世界と観察される世界がまったく分離されてしまっている。経済学の理論は解析力学の理論のように美しく、完成されている。ところがひとたびこれを現実の経済の世界に応用しようとすると、とたんに応用が不可能であるのに気がつく。理論が立てている仮定（完全情報の仮定、完全合理性の仮定など）が、現実にはほとんどあてはまらない。

経済学や経営学を学びはじめて、自然科学の世界とはまったく違った世界であることに気づかされた。ここでさまざまな模索のなかで、手がかりを与えてくれたのがシステム論だった。新しい分野に移って、そこでの原理がよくわからないとき、違った学問分野に同じ原理が成立しているという主張は、大きな励ましを与えてくれるものだった。

ベルタランフィがくり返し主張しているように、システム論がなによりも中心の対象にしているのが、「組織化された複雑性 organized complexity」である。それは、部分と部分が相互作用していて、全体のなかで切り離せないような対象であり、相互作用している要素の複合体である。経済や経営の対象は、そっくりこのなかに入っている。かつて私がとり組んでいた分子性結晶も、複雑な要素が相互作用している全体であり、「組織化された複雑性」の仲間である。相互作用している要素の複合体についての一般理論があれば、それは経済や経営にも応用できるだろう。

社会を対象にしてきている現代のシステム論には、さらに新たな論点が加わってきた。相互作用している要素の複合体として社会をとらえるとき、要素そのものが複合体を見る目を持っている。私たちは社会の要素であるとともに、社会についてのイメージ、あるいは世界像を持っている。こうした性質を自己言及性と呼ぶ。だから現代のシステム論は、ベルタランフィの主張に加えて、自己言及性を持った要素が相互作用しているような複合体を対象にしなくてはならない。

三　システム論の核心

それではシステム論は私たちに、どんな手がかりを与えてくれるのだろうか。これを明らかにするためには、システム論の核心をはっきりとさせなくてはならない。

自然科学、工学、社会科学と、さまざまな分野でシステム論が注目されてきている。しかし他方で、同じくシステム論という言葉に、まったく違った内容を込めていることも多い。工学の分野では、たくさんの要素をシステマティックに結びつけて大きな装置を作る手法として、システム論が用いられてきた。ここではシステム論の「システム」とは、システマティックということなのである。

これに対して生物学や社会人文科学では、全体は部分の和よりも大きい、という創発性を論じる学問として、システム論が用いられてきている。ここではシステミックという意味で、システム論の「システム」が使われている。

さらにシステム論はしばしば、デカルトやニュートン以来の近代科学のアンチテーゼとして登場する。要素還元主義で進めてきた近代科学では、現代が直面している環境問題や人口問題など、複雑にからみ合った問題を解決できない。ここに必要なのは、近代科学が見捨ててきた全体論的な見方、あるいは有機体論的な見方である。これをさらに進めていくと、合理的な見方までも捨ててしまう反科学論にまで行きかねない。

しかしこうした見方は、システム論へのずいぶん短絡的な接近である。私たちはもっとゆとりをもって、システム論を考えなくてはならない。確かに近代科学はさまざまな欠陥を持っており、これがそのまま科学というものだ、とはいえないだろう。しかし近代科学はしだいに発展してきた歴史を持っている。私たちに必要なのは、近代科学を捨てるのでなくて、不十分な近代科学をよりいっそう発展させていくことだろう。

それでは私たちが近代科学から受けついで、発展させるべきポイントは何だろうか。近代科学の代表格である物理学をとりあげてみよう。中世の自然の見方は、アリストテレスの形而上学的な考え方に支配されていた。自然はすべて、神が定めた階層に秩序正しく配置されていて、自分自身の本来の場所にもどろうとするために、運動が起きている。そしてこれはそのまま、教会の位階秩序につながっていた。

これに対して、運動という現象をそのまま観察して、それを数学によって表現しようとしたのがガリレオであり、さらに力と加速度の関係として運動方程式を記述したのがニュートンだった。ここには複雑な運動を要素に還元するというよりは、運動という現象をそのまま数学であらわそう、というねらいがある。運動には無限の種類があるが、それらはすべてひとつの運動方程式から導くことができる。運動を日常言語で記述しているあいだは、それぞれの運動が個別であるが、数学を用いることで、個別性をひとつの原理から理解することができる。

そして何よりも興味深いのは、ニュートンの運動方程式が物理学の到達点でなくて、その後の発展のための出発点になったことだ。それは力学が解析力学に発展していったこと、さらにそこから量子力学に飛躍していったことに現れている。ニュートンの方程式を書き換える試みが、多くの科学者たちによって進められたのだった。運動方程式が与える運動の軌道は、同時にもっとも効率的な、エネルギー最小の条件をみたすような軌道である。これをもとにして、運動方程式を最適化や最小化という原理で書き換えると、より普遍的な関係が数学で表現できる。この成果が解析力学であり、それを進めた人たちとして、ダランベール、オイラー、ヤコビ、ラグランジュ、ハミルトンといった名前がならんでいる。

物理学はこのように、より普遍的に成立する原理を求めてきた。そしてその普遍性は、物理学を越えて応用できることが、次第にわかってきた。たとえば、解析力学に登場する先ほどの人たちは、そのまま工学や理論経済学の教科書にも登場している。

物理学に始まって近代科学は、現象を詳しく調べてそれを数学で表現しようとしてきた。これを鞠子英雄は「数学的現象主義」と名付けている（鞠子、一九八八）。つまり、現象の原因を追求するのでなく、現象のあいだの関係を数学によって記述する立場なのである。近代科学の歩みは、この数学的現象主義を進めることに大きな努力が費やされてきた。

数学による形式化が近代科学の特徴であるが、もうひとつ重要な特徴を加えなくてはならない。モデルの導入である。現象のあいだの関係を数学で記述するとき、そのまま数学で表現できるのでなくて、現象のあいだの関係をいちどモデルとして単純化することが、どうしても不可欠になる。

投げた石の運動を論じるときも、石の形の詳細は無視して、質量を持った点（質点）としてモデル化する。磁石になるともっとモデルはソフィスティケートされ、上向きのスピンと下向きのスピンの集合としてモデル化される。これが「イジング・モデル」であり、磁石だけでなく広く物質のモデルとして用いられ、さらに生物学や社会学の分野にまで応用されている。ついでに加えておくと、サンタ・フェ研究所のカウフマンは、イジング・

モデルを手がかりにして「NKモデル」を作り、これが複雑系の普遍モデルであると主張している。良いモデルを見つけだし、あるいは構築して、それを徹底的に調べることで、異なった分野が統一的にとらえられるようになる。近代科学はこのことを、くり返し体験してきたのである。

以上の検討から、普遍モデルの構築と数学的現象主義の二つが、近代科学を進めてきた原動力だといえるだろう。システム論の核心は、この流れをさらに発展させようというところにある。ひとつの分野で確立したモデルが、未知の分野を切り開いていく手がかりを与えてくれる。磁性体で確立したイジング・モデルが、社会での世論の形成過程の解明に用いられるように。また数学として形式化された関係は、対象や分野を越えて、共通の原理として用いられる。解析力学で得られたラグランジュやハミルトンの方程式が、経済学や工学で用いられているように。

モデル構築と数学的現象主義を近代科学の特徴であるとみて、これをさらに発展させるのがシステム論だととらえると、システム論はいつまでも発展しつづける学問であることがわかる。新たなモデルが登場するたびに、システム論は飛躍していくのである。

河本英夫はこうした飛躍の一面を、システム論の歴史を三つの世代にわけることで特徴づけている（河本、一九九五）。第一世代は「動的平衡系」であり、ホメオスタシスが基本モデルになっていた。第二世代は「自己組織化」であり、散逸構造やハイパーサイクルが基本モデルになっていた。そしていま第三世代が模索されている。それは「オートポイエーシス」の世代であり、神経系や免疫系から基本モデルを構築しようとしている発展途上の世代である。新たなモデルが見つかることで、世代はこれからもつづいていく。

四　複雑系理論としての経済経営学

経済学はすでに一九世紀に、モデル構築と数学的現象主義を取り入れて、発展してきている。それは一九世紀末の限界革命に始まり、いまやゲーム理論を手がかりにしながら、神取道弘の表現によれば「静かな革命」を進めている（神取、一九九四）。この流れの延長で、ようやく最近になって経営学にもこうした方向が導入され出している。

最初に紹介したミルグロムとロバーツはその序文で、「多くの経営学の教科書が組織を取り上げているが、本書は首尾一貫して経済学の観点を採用し、現象の背後にある原理を導出する上で、関わりのある厳密に構築された経済理論が与える強力な直感の力を利用するという点では、最初のものとなる」と述べている。

またスタンフォード大学のラジアーは一九九八年に、厳密な理論と実証研究にもとずいて、人事の経済学をまとめたが、訳者たちがつぎのように付け加えている（Lazear, 1998）。「（人事に関する）具体的解決策はケースによって異なるが、それはその企業のおかれた環境が異なっているからであり、解決策を導き出すまでの思考方法は、物理学や生物学と同じように、どのような環境でも通用する一般的普遍性を持っているはずだ、と著者は主張するのである。」

このように、ようやく最近になって経済学と経営学の垣根がなくなってきて、モデル構築と数学的現象主義が経営学の分野でも取り入れられてきたのである。そこには、複雑系としての組織を記述する方法として、ゲーム理論が有効であることが明らかになってきた、という流れが大きく影響している。

しかしこれまでにも、経営学はシステム論を手がかりにしながら発展してきたのも確かである。ビーアは組織の普遍モデルとして、「脳神経系」を手がかりにして五階層を持った再帰性モデルを建設し、企業組織から社会や国の経営にまで応用した（Beer, 1982）。私は免疫ネットワークが組織のもうひとつの普遍モデルになると考えて、免疫モデルを論じてみた（西山、一九九五）。

普遍モデルと数学的現象主義をベースにすることによって、経営学は新しい段階に入ってきた。自己言及性も含めてさらに一歩を進めるためには、第三世代のシステム論として注目されている、オートポイエーシスによる組織の普遍モデルの構築が期待される。つぎの節で、その第一歩を進めてみよう。

五　オートポイエーシス・システムとしての組織

オートポイエーシスの研究は、マトゥラーナが「生命システムとはなにか」という問いにこだわったことから生まれてきた（Maturana & Varela, 1980）。生命システムと非生命システムは、明らかに違った特徴を持っている。しかしその特徴を枚挙していっても、生命システムの理解はさして進まない。マトゥラーナは「生きていると認められているいっさいの生命システムに共通するものはなにか」とこだわりつづけた。

そこから生まれてきたのが、生命システムを観察者の立場から見るのでなくて、それ自体として、内的にとらえようという視点である。そうすると、細胞でも神経系でも免疫系でも、生命システムにはそれを構成している構成素（生体高分子、ニューロン、T細胞やB細胞など）が、構成素を産出しつづけるという産出過程が見えてくる。非生命システムでは、例えば自動車を取りあげてみると、自ら走っているように見えても、その部品は外部で準備され、外部の力でシステムに組み込まれなくてはならない。部品がまた部品を自ら産出するということはない。

ここに着目して、マトゥラーナとヴァレラは生命システムを「構成素が構成素を産出するという産出過程のネットワークとして有機的に構成されたシステム」としてとらえる。そしてこのシステムを一般的にオートポイエーシス・システムと呼ぼうと提案する。生命システムはオートポイエーシス・システムであり、オートポイエーシス・システムは生命システムであるというわけである。

オートポイエーシスの核心は、その定義からもわかるように、構成素の産出過程として、閉じていることである。このことはしばしば「入力も出力もない」と表現される。生命システムは産出過程を自ら生み出すことで、自ら存続しつづける。そこには閉じた単位体（unity）があるだけである。もちろん資源を取り入れ、ごみを排出しているが、それは生命システムの内的な仕組みからすると、産出過程のネットワークとは独立した、生命にとっては偶然的な関係になっている。生命システムの特徴はあくまでも、構成素が構成素を産出する閉じた関係性にある。

オートポイエーシスを導入するために立てたマトゥラーナとヴァレラの仮説はこうであった。「生命システムの構成素（component）の本性がどのようなものであろうと、すべての生命システムに共通な有機構成（organization）がある」。

生命システムをオートポイエーシスとしてとらえ直すと、生命システムの範囲が広がることになる。構成素が構成素を産出する産出過程のネットワークは、細胞や免疫系や神経系を越えて、私たちの社会システムや、私たち自身の心的システムにまで到達する。そこに構成素があって、構成素が構成素を産出しつづけていればよい。

私たちはしばしば比喩的に、社会は生きものであるとか、組織は生きものであるという。また医者と患者の関係や、教師と生徒の関係でも、うまくいっているときは「生きた状態」になっている、と感じる。このように生物を越えて、私の内面、私と他者、さらには社会といったシステムまでも、生命システムとしてとらえられる可能性が、オートポイエーシスによって与えられたのである。

ここでようやく、オートポイエーシスとして組織を論じていくための準備が整った。組織は人びとが集まって生まれる。ここには二つのオートポイエーシス・システムが登場してくる。ひとつはそれぞれの人の内面である「心的システム」である。もうひとつが人びとの関係としての「社会システム」である。

それでは心的システムと社会システムでは、何が構成素になっているのだろうか。いろんなモデル化が可能であるが、ここでは伝統的なモデル化を採用してみよう。心的システムでは「思考」が構成素となっており、社会システムでは「コミュニケーション」が構成素になっている、とされる（河本、一九九五）。

私たちの心はいろんなことを考えつづける。ひとつの考えがきっかけになって、つぎの考えが浮かんできて、というように考えが考えを生んでいく。ここでいう思考は広い意味を持っていて、およそ心に浮かぶことすべてを含んでいる。思考は思考を生みつづけるが、思考からコミュニケーションは生じないし、思考の世界では他人の存在が遠いもの、ときには不可知なものとして見えてしまう。

同じようなことを、吉本隆明はかつて「心的現象論」として論じた。人が考えるとき、どんどん抽象的な世界に飛躍していく。知識人の議論が高度で、抽象的で、むずかしくなっていくのも、思考の世界が思考しか生まない閉じたシステムだからである。これはほとんどオートポイエーシスそのものである。そして吉本隆明は知識人に対して、知識によって世界に出会うのでなくて、「大衆の原像」を自らに組み込むことによって始めて、知識人は世界に出会うことができると主張した。

こうして心的システムは、それ自体が単位体であるようなオートポイエーシス・システムなのである。それでは社会システムはどうだろうか。ここでは人びとが出会って、交流している。そこではコミュニケーションがつぎのコミュニケーションを生むという、コミュニケーションの産出過程のネットワークが見られる。

心的システムであれほど遠い存在であったはずの他人が、社会システムでは気心の知れた仲間になる。その秘密は、社会システムが思考を生み出すシステムでなくて、コミュニケーションを生み出すシステムだからである。コミュニケーションが産出されつづけている限り、社会システムは存続しつづける。そしてコミュニケーションがなくなったとき、社会システムは生命を失うのである。

ここでは、社会システムのなかでもまとまった存在である経営組織を考えよう。経営組織は市場や消費者を相手にして、専門的な活動をしながら存続しつづけようとする。そこで大事なのが経営理念であり、経営戦略であり、またコスト・ベネフィットの計算であるとされる。

ところがこうした伝統的な経営学は、経済全体がサービス化している現状を扱いかねているように見える。農業や工業でも、良いものを安く作ればよいというのでなくて、買ってくれる消費者、活動を支援してくれる消費者を見つけだすのが最重要になっている。第三次産業だけでなく、すべての産業でサービスに重点が移っているのである。サービスは人と人の関係で進められる。「関係性マーケティング」や「一対一マーケティング」が導入されているのも、サービス化の流れを象徴している。こうした時代に期待されるのが、新しいシステム論としてのオートポイエーシス理論であるだろう。

サービスの時代は、経済の舞台のプレイヤーを生産者と消費者としてとらえるのでなくて、プリンシパルとエージェントとしてとらえる。主人公であるが、自ら生み出せない財やサービスを依頼するのが、プリンシパルとしての依頼人（消費者）である。そして、その依頼を受けて財やサービスを提供するのが、エージェントとしての代理人（生産者）である。

依頼人と代理人をめぐる経済理論がいま積極的に研究されていて、私もその成果を医療者たちの連携の問題に応用してみた（西山、二〇〇〇）。ここではオートポイエーシスの視点を応用してみよう。依頼人と代理人の関係としてとらえられる経営組織は、コミュニケーションを構成素とするオートポイエーシス・システムである。ここからいろんな手がかりが得られる。三つほどあげてみよう。

まず第一に、依頼人と代理人のあいだでコミュニケーションが交換されつづけることが、サービス活動のポイントとなる。コミュニケーションの持続の結果として、サービスの成功がもたらされる。コミュニケーションを通して、依頼人の求めていることが明らかになり、適切なサービスを代理人が提供できるようになる。サービスの提供と並んで、あるいはそれ以上、コミュニケーションの産出過程そのものを、依頼人も代理人も楽しんでいるのである。大学で教育サービスがうまくいっているとき、そこには教師と生徒のあいだの生き生きとしたコミュニケーションがくり広がられている。コミュニケーションを楽しみながら、結果として生徒は学び、教師は教えている。

第二に、サービスの場がフレキシブルであることが見えやすくなる。サービスは人と人の関係で進められるので、主観的な側面が大きく作用する。医療を何も知らない患者と、よく知っている患者とでは、医療者のサービスの仕方も内容も変わるだろう。また文化芸術のサービスでは、観客やパトロンが豊かな文化資本を持っているか否かが、サービスが発展するか否かに大きく関わる。サービスの場でコミュニケーションが産出されるなかから、依頼人と代理人の関係が変わっていくだろう。時には新しい徒弟制に発展していくかもしれない。代理人は専門家集団の一員であるが、その仲間のもっとも周辺に依頼人を正統に位置づけることで、依頼人は自然に学びはじめる。いま教育の分野で注目されている「正統的周辺参加」が、コミュニケーションの作動の過程で、サービスの場にも取り入れられるはずである。

このことは第三に、個人の心的システムと社会システムとが、相互浸透することにつながる。心的システムと社会システムは、それぞれに閉鎖した単位体であるが、単位体がどこかで交差して、相互浸透することも可能である。思考もコミュニケーションもともに、言語を基礎にしており、言語を通して相互浸透が起きるだろう。個人の言語が豊かになるとき、それが思考の産出過程を豊かにするだけでなくて、コミュニケーションの産出過程もまた豊かにしてくれる。

このように見てみるだけで、オートポイエーシスが従来とはずいぶん違った視点を、経営組織の現場に提供してくれることがわかる。オートポイエーシスは理論そのものが未完成で、これから大きく育っていくことが期待される。経営組織は「生きているシステム」として比喩的にとらえられてきた。オートポイエーシスによって、比喩のレベルを越えた議論がようやく可能になったのである。

さらに議論をすすめるためには、観察システムにも気を配らなくてはならない。オートポイエーシスは生命をそれ自体として、内的にとらえようとするが、学問的に詰めていこうとする以上、そこには観察者がかかわっている。観察者もまた心的システムを持っていて、思考を産出しつづける。そしてとくに概念というものを駆使していく。概念はそれ自体の閉じた世界を持っていて、心的システムから分化したものとして位置づけられる。これは観察システムと呼ばれている。

経営学にオートポイエーシス理論を導入していくということは、これまでとは違った概念で経営をとらえていこうということであり、そのためには研究者の理論的な活動そのものを、オートポイエーシスとして位置づけることが求められる。この先には豊かな研究分野が広がっている。

参考文献

神取道弘「ゲーム理論による経済学の静かな革命」岩井克人・伊藤元重編『現代の経済理論』、東京大学出版会、一九九四年。
西山賢一「人間関係と連携」『リハビリテーション連携科学』一巻一号、六―一八頁、日本リハビリテーション連携科学学会編、二〇〇〇年。
鞠子英雄「シリーズ：初めてのシステム論」『月刊推進者』二五八号―二六三号、一九八八年。
参考文献（著書）は紙幅の都合上省略（後のⅢ部「文献」を参照のこと）。

Ⅱ　経営学の諸問題

九　組織の専門化に関する組織論的考察

――プロフェッショナルとクライアント――

吉成　亮

一　はじめに

組織の専門化は組織が特定した仕事を能率的に分割し、遂行することを可能にする。このようにして組織の専門化を進める上で、組織活動にかかわる技術はそれを扱うために特定的な行為のパターンが付随しているという[1]理由から一つの明確な基準になり得る。それゆえ、技術的な進展は必然的に組織の専門化を引き起こすと言われる。しかし、組織の環境が変動している場合、あらかじめ特定した仕事が組織に存在するとは想定しがたい。技術による仕事の標準化はもとより、仕事それ自体をはっきりと規定することが困難なのである。そのとき、環境が安定している場合と同様の、特定した仕事を遂行するという自動的な行為はほとんど意味をなさない。したがって変動している環境下において特定した仕事の能率的な分割と遂行といった伝統的な意味における組織の専門化は十分に機能しない[2]。

一方、組織の行為は必ずしも特定した仕事を自動的に遂行するだけではない。組織の行為を通じて仕事それ自体をつくり出すことができる。少なくとも変動する環境においてそのように言うことが可能である。なぜならば、「組織の行為は必ずしも特定された問題に対する解決活動としてだけ、生起するわけではない[3]」からである。そうであるならば、組織にとって行為を行うただ中で仕事それ自体をどのようにつくり出すのかということが問題であり、仕事それ自体をつくり出す中で組織の専門化を規定することができるのではないか。本稿の目的はこれらの諸問題を論点に、組織の専門化をこれまでの技術的な進展による専門化ではなく、組織メンバーの専門化、われわれの言う現場プロフェッショナルの観点からとらえ直すことにある。

二　環境との同調関係による組織の専門化

技術の進展に応じて進む組織の専門化は一定の環境において組織を能率的に運営するための専門化であり、組織が変動する環境との間でつくり出す専門化ではない。それが本論を一貫しているわれわれの主張である。組織は環境との同調関係を維持するために「明確で首尾一貫した目標に適切な手段を選好することによって、技術的な問題を解決するだけでなく」、解決に値する議論可能な問題をつくり出すように矛盾している職務状況の理解にうまく折り合いをつけなければならない[4]。

組織は技術およびそれに内在する合理性が一つの明確な基準となり、組織のプロセスを専門化する。もし組織の扱う技術がより高度化するならば、そのプロセスをさらに細分化することになる。このようにして専門化が進むことで組織は技術上の要請に合わせ、能率的に仕事を行うことができる。もし組織の環境が比較的安定しているならば、技術の進展による専門化は組織を存続させる有効な手段である。

しかしながら、組織の扱う技術が高度化すればするほど、皮肉にも組織は環境の変動に対して適合する能力を失っていくというジレンマが存在する。もし組織の環境が変動し、その後組織のトップを中心として同調関係を取りもどそうとし、組織を意図的に編成し直そうとしても、技術の進展による専門化が形づくった組織のプロセスを容易に変更することはできない。なぜならば、技術の進展による専門化は環境からの要請というよりはむしろ、技術的合理性といった技術上の要請にしたがって進んでいるからである。組織にとって「技術上の合理性は必要な構成要素である」ものの、技術的合理性だけで変動する環境に適合することは不可能である。[5]環境との同調関係を維持できなければ、組織は存在理由を失うことになる。したがって、技術の進展による専門化のみで組織の専門化が進むことはできない。

さらに組織の専門化が技術的進展によって進むならば、組織は適合できる環境を狭めてしまう可能性がある。なぜならば、組織のメンバーは自らの仕事を、自分たちの技術的な関心に応じて身につけた理論や手法が使用できる領域に限定しようとするからである。組織がどれほど高度に技術を発展させようとも、組織のメンバーがどれほど高度な理論や手法を身につけようとも、ホワイトヘッドの言葉を借りるならば、環境との非同調的な関係においてそのような技術や理論は「生気のない諸概念」でしかない。[6]したがって、組織の専門化は環境との同調関係の中で進まなければならない。われわれがここで主張する組織の専門化とは、いわば「生気のある」組織の専門化なのである。

三　行為の中の内省によるメンバーの専門化

環境との同調関係の中で組織の専門化を進めていくならば、組織のメンバーがすでに身につけた理論や手法を仕事に適用することだけでは不十分である。またそれは彼らが新しい理論や手法を身につけることによって満たされるものではない。なぜならば、組織のメンバーは自らの状況とのやりとりの中で仕事をつくり出していかねばならないからである。彼らは状況に入り込むことによってはじめて自らの論理を組み立てていくのである。いいかえれば、組織メンバーの理論や手法と状況の関係がはじめからはっきりと決まっていない。(7)もしこのようなわれわれの仮定に基づいて組織のメンバーが専門化すると言うことが可能ならば、専門化することは彼らの状況とのやり取りに習熟することに他ならない。このような組織メンバーの専門化は環境との同調関係を維持する組織の専門化にとって不可欠な要素である。

組織の環境が比較的安定している場合、組織はそのメンバーに前もって特定した仕事を与えることができ、そして彼らは特定された範囲内でその仕事のやり方を習得していく。つまり、「どのような仕事をするか」という仕事の内容が先行し、「どのように仕事をおこなうか」という仕事のやり方がその内容に従う。その一方で組織の環境が変動している場合、組織およびそのメンバーは「どのような仕事をするか」という仕事の内容をはっきりと規定することができない。したがって「どのように仕事をおこなうか」という仕事のやり方を通じて、いいかえれば行為が先んじて自らの仕事の内容を規定していかざるを得ない。そのとき、環境が安定的な場合とは逆に、仕事のやり方が先行し、その仕事の内容がやり方に従うのである。

しかしながら、やり方はその内容ほど十分に言語化することができない。たとえば、「行為は理解できなくても、動きはわかる」といった「身体知」(8)の存在からもやり方を言語化することの困難さが推測できる。その理由の一つとして「技能的な行為の目標が達成されるのは、それに従う個人には知られることのない一組みの規則を守ることによってである」(9)というマイケル・ポラニーの指摘を挙げることができる。

このようなやり方の性質は仕事の現場においても同様の性質を持つ。その一例としてわれわれはオールによるコピー機のメンテナンス担当者たちの研究(10)を挙げる。彼の研究によれば、メンテナンス担当者は単純にコピー機のどこが故障しているのかを見出すことによって顧客の要求を満たそうとは考えない。なぜならば、「それぞれの機械は顧客の現場という社会的なコンテクストに埋め込まれている」[11]からである。メンテナンス担当者は、顧客がその機械をどのように扱い、理解しているかを見出すことにかかわっているのである。それゆえ、彼らは顧客とのやり取りの中でその機械が埋め込まれている社会的コンテクストを掘り起こさねばならない。

しかし、メンテナンス担当者が顧客とのやり取りの中でコピー機の社会的なコンテクストを掘り起こすその一方で、メンテナンス担当者と顧客との間で新たに社会的コンテクストをつくり出さねばならない。ここにはそれぞれの個人が社会的コンテクストの一構成要素であることのジレンマがある。たとえば、メンテナンス担当者がやり取りの中ではっきりと意識せずに社会的なコンテクストをつくり出し、本来問題がないところに問題をつくり出してしまうかもしれない。そうであるからといって、メンテナンス担当者が顧客とのやり取りをやめてしまえば社会的なコンテクストを掘り起こすことができない。

このジレンマを解決する可能性があるのは「行為のただ中で内省する」[12]ことである。メンテナンス担当者は顧客とのやり取りによって社会的なコンテクストを掘り起こすただ中で、自分が何をやっているのかと振り返る。そして、自分たちがつくり出している社会的なコンテクストを理解する。このことは部分的にせよ意識せずに引き起こした問題の誘導をはっきりとさせる。それゆえ、彼らは顧客の現場という社会的なコンテクストを掘り起こすことが可能になる。これが結局は顧客の要求を満たすことになる。ショーンは多くの優れたプロフェッショナル実践者がそうであるように「行為の中の内省は実践の核心である」[13]と述べている。われわれはこのようなショーンの主張と同様の立場に立つ。組織の現場において顧客と直接に対面し、コピー機の社会的なコンテクストを掘り起こすひとびとは「行為のただ中で内省」しながら専門化していく。われわれの言葉で言えば、現場のプロフェッショナルになっていくのである。

そうであるならば、組織のスタッフ部門にその多くが属していると考えられている従来のプロフェッショナルは必ずしも現場のプロフェッショナルではない。彼らは組織の現場やクライアントとかけ離れたところで理論や手法を身につける。そしてスタッフ部門のプロフェッショナルはクライアントに対して間接的にそれらの理論や手法を適用し、クライアントの顔の見えないところで現場のひとびとに対して影響を及ぼそうとする。このような従来的な意味においてスタッフがもつ役割は、組織環境のただなかでその変動とともに行為をしている現場のひとびとにとって足かせにすぎない。組織が高度な理論や手法を身につけただけの伝統的な意味におけるプロフェッショナル[14]をどれほど登用しようとも、組織が直面する環境の変動に同調することはできない。現場のプロフェッショナルと呼ばれるひとびとはその環境、つまりクライアントとのやりとりの中にのみ存在する。組織の専門化が環境との同調関係の中で進むならば、「行為の中の内省」による組織メンバーの専門化は一つの座標軸とならねばならない。

四　組織のメンバー間で共有するノウハウ

これまで主張してきたように、行為の中の内省によって組織のメンバーが専門化していくならば、たとえ同じ状況であっても組織のメンバーがその状況に対してお互いに矛盾した論理を組み立てる可能性がある。なぜならば、前述したように、彼らは同じ仕事のやり方でも部分的にしか言語化できないからである。さらに、組織のメンバーと顧客とのやり取りも一様ではないので、似たような状況でも異なった論理を組み立てる可能性がある。

しかし、同一組織のメンバーである限り、少なくともメンバー間で議論可能な形で彼らの仕事のそれぞれの論理に折り合いをつけなければならない。折り合いをつける方法の一つは、まずメンバーそれぞれが自分の仕事に関して広範に文書化することである。彼らは自分たちが現場における仕事を文書化することによって組織のメンバーがそれぞれどのようなことをおこなっているのかをメンバー間に知らせることができる。ただし、メンバーの仕事に関する文書化は必ずしも組織メンバー間で彼らの論理に折り合いがつくことを保証しない。また彼らの論理にたとえ折り合いをつけることができたとしても、それはむしろ「何が問題であるか」といった仕事の内容に関してであり、仕事のやり方に関してはほとんど折り合いがつかないままである。

したがって、組織のメンバーが彼らの仕事のやり方を少なくとも議論可能な形で彼らの論理に折り合いをつけ、組織に蓄積することが必要である。前述のオールによるコピー機のメンテナンス担当者の研究によれば、彼らはその機械の故障という問題を「戦争話 war stories」[15]として絶えず交換していた。メンテナンス担当者たちはそのような話を集合的ノウハウとして同僚に提供し、その一方でノウハウの共有に頼って自らの問題に対処した。つまり、彼らは文書化といった形で言語化できない仕事のやり方を話のような形で補完していたのである。

しかし、この事例において、組織のメンバーであるメンテナンス担当者たちが仕事の上で密接にやり取りを行い、かつ彼らは顧客とも密接にやり取りをしていると考えることは誤りである。たしかにメンテナンス担当者はコピー機が埋め込まれた現場という社会的なコンテクストを掘り起こすために、顧客とのある程度の密接なやり取りが必要である。ただし、彼らは社会的なコンテクストを掘り起こすために顧客の状況に入っていくのであって、いかに顧客それ自体と密接に結びつくのかということが問題ではない。また、メンテナンス担当者たちはお互いに仕事上密接なやり取りをおこなってはいない。なぜならば、メンテナンス担当者たちはそれぞれ顧客の現場に常駐しているため、彼らが働くほとんどの時間は他の組織メンバーとほとんど接触していないからである。組織の公式的な枠組みにおいてこのように言うことができる。組織のメンバー同士で接触し、語り合うのは仕事外の時間においてだからである。

したがって組織メンバー間の関係は緩やかであり、メンバーと顧客との関係はある程度密接である。われわれは、そうであるからこそこの事例において組織メンバー間における戦争話のような共有されたノウハウが、組織メンバーそれぞれの現場で直面する問題に解をもたらすと考える。そのような共有されたノウハウは「けっして予期できない方向を取ることができる新しい方法で満ちている」[16]のである。したがって、組織はメンバーそれぞれの自らの論理を戦争話のような形でお互いに折り合いをつけ、蓄積していく一方で、折り合いのつかない部分へ専門化を発展させていく。このことがわれわれのいう環境との同調関係による組織の専門化である。

五　むすび

われわれは組織において能率的に仕事を分割し遂行するという伝統的な意味における専門化それ自体を否定しているのではない。組織の環境が安定している場合、そのような意味における専門化は十分に機能する。しかし、それは組織がある環境に対応した結果にすぎない。われわれの主張を繰り返すならば、組織の専門化とは環境との同調関係を維持することによって進むのであって、技術上の進展に応じてのみ進むのではない。技術上の進展に応じてのみ組織のプロセスを専門化することは組織を機能不全に陥いらせかねない。

組織の環境が変動的になればなるほど、環境との同調関係を維持しながら進む組織の専門化が意味を持つ。なぜならば、われわれの言う組織の専門化とは環境とのやりとりに対する習熟を意味しているからである。より具体的には、組織のメンバーがクライアントとのやり取りを行い、そのただ中で内省することによって専門化し、これが現場のプロフェッショナルになることにつながる。その一方で組織がメンバー間でお互いのノウハウを蓄積していくことである。このように言うことができるならば、組織のメンバーは現場において自分たちがどのような仕事をしているのかとたえず問い続けなければならない。なぜならば、そのように問い続けることによって「組織は『意図せずして』環境の変化を組織にビルト・イン」[17]することができるからである。

注

（1）ピーター・ブラウ（斉藤正二訳）「社会構造のパタメーター」『社会構造へのアプローチ』八千代出版、一九八二年、三五六―三五八頁。

（2）J. G. March and H. A. Simon, *Organizations*, New York, John Wiley & Son, 1958, p.181.（土屋守章訳『オーガニゼーションズ』ダイヤモンド社、一九七七年、二四三頁。）

（3）田中政光「組織変革のパラドックス」『組織科学』第二七巻第四号、一九九四年、三一頁。

（4）D. A. Schön, *Educating the Reflective Practitioner: Toward a New Design for Teaching and Learning in the Professions*, San Francisco, Jossey-Bass, 1987, p.6.

（5）J. D. Thompson, *Organizations in Action: Social Science Bases of Administrative Theory*, New York, McGraw-Hill, 1967.（高宮晋監訳／鎌田伸一・新田義則・二宮豊志訳『オーガニゼーション・イン・アクション』同文舘、一九八七年。）

（6）アルフレッド・N・ホワイトヘッド（守口兼二・橋口正夫訳）『教育の目的』松籟社、一九八六年、一頁。

（7）この考え方は「解は必ずしも特定の問題に対して、その必要に応じて生み出されたものではない」という指摘に基づいている(田中政光『イノベーションと組織選択―マネジメントからフォーラムへ―』東洋経済新報社、一九九〇年、七五頁。）

（8）庭本佳和「近代科学を超えて―バーナードの方法―」『大阪商業大学論集』第六六号、一九八三年、一二二頁。

（9）M. Polanyi, *Personal Knowlege*, London, Chicago, University of Chicago Press, 1958, p.49.（傍点筆者）

（10）J. E. Orr, "Sharing Knowledge, Celebrating Identity: Community memory in a service culture," D. Middleton and D. Edwards, eds., *Collective Remembering*, London, Sage, 1990, pp.169-189.　（11）*Ibid.*, p.169.（傍点筆者）

（12）D.A. Schön, *The Reflective Practitioner: How professionals think in action*, New York, Basic Books, 1983.　（13）*Ibid.*, p.69.

（14）プロフェッショナルの定義は伝統的なプロフェッションの議論にしたがい、プロフェッショナルをある特定の職業集団に属するひとびととする。その特定の職業集団とは素人一般に対して「(1)プロフェッショナルの仕事は、規定された長期的訓練を通じてのみ獲得される体系的な知識もしくは教義に基づく、テクニカルなものである。(2)プロフェッショナルはプロフェッションにおいて（定められた）一連の規範を信奉する」という二つの基準を満たしている職業である (H. L. Wilensky, "The Professionalization of Everyone ?," *American Journal of Sociology*, Vol.LXX, No.2, 1964, p.138.)。

（15）J. B. Brown and P. Duguid, "Organizing Knowlege," *California Management Review* 1998, Vol.40, No.1, pp.90-111.

（16）Orr, *op .cit.*, p.171.

（17）田中政光「ストリート・レベルの戦略」『横浜経営研究』(横浜国立大学)第一八巻第三号、一九九七年、五五頁。（傍点筆者）

十　オーソリティ論における職能説

――高宮晋とM・P・フォレット――

高見精一郎

一　はじめに

現代社会は組織社会である。組織は上位者の意思決定に下位者が従って行動することで成立している。なぜ上位者の命令に下位者が服従するのか。下位者の服従の根拠は何にあるのか。

この問題を経営学ではオーソリティ authority の源泉の問題として論じられている。組織を考えるときに、この問題を避けて通ることはできない。オーソリティの源泉をどこに求めるか検討するだけでも論者の組織観がどのようなものであるか見えてくる。オーソリティと組織構成はそれだけ密接に関連しているのである。

これまでに、オーソリティの源泉を求める理論が幾つか立てられているが、その中でも上位権限説と受容説が基本的なものとしてとらえられている。上位権限説は、上位者と下位者のうち上位の者がオーソリティを持ち、彼のオーソリティはより上位のオーソリティを委譲されたものであるととらえる。受容説は命令を受けた者がそれを受容しない限りオーソリティは成り立たないととらえる。受容説的な意味を持つ権威と上位説的な意味を持つ権限の二語がオーソリティの訳語とされているところからも、この二説がオーソリティの源泉の問題として基本的な位置にあるのは疑いようがない。

さて、高宮晋教授は独自のオーソリティ論を立てられた。それは職能説とよばれている。高宮職能説はM・P・フォレットの所説を援用し、オーソリティの源泉を職能に求めたものである。上位権限説と受容説は命令を発する者とそれを受ける者の二者の関わりにおいてオーソリティの源泉を考える。これに対して高宮教授やフォレットは組織構成員の持つ「function—職能あるいは機能」に関係してオーソリティの源泉を求める。

しかし軸として据えるfunctionの解釈において、高宮職能説とフォレットの所論は必ずしも同一ではないように思われる。高宮職能説とはいかなるものなのか。高宮教授はどのようにフォレットを援用し、その援用によってフォレットは尽きるものであるのか。高宮教授の所説とフォレットの所説とを改めて対比することにより、オーソリティの問題により迫ってゆきたい。

二　高宮職能説

高宮教授は職能をどのようにとらえているか。教授は「職能とは一般的に仕事である」[1]ととらえている。組織の構成員が行う仕事は組織全体の目的のために各自の役割として分担されたものである。高宮職能説において職能とは組織構成員が与えられている役割として仕事をとらえる。仕事自体は一応人と離れて客観的に存在する。しかし、実行する上では「この仕事はこの人が分担する」といったように、その担当者と結びつく。組織構成員によって分担された職能は職務と呼ばれる。組織が目的を達成するには全ての役割が分担されなくてはならないので、高宮職能説において組織は職務の体系ととらえられる。

職務の担当者は責任を負い、オーソリティを持つ。責任・オーソリティも職務から決定される。組織が職務体系であるならば、職務の内容（職務の占める位置、その重要性など）がそのまま責任となる。高宮教授は「責任の内容は分担された仕事であり、職務に他ならないものである。職務とは仕事があってその仕事を人が担当するというところに出てくる問題である。（中略）人と仕事が結びついたものが職務といわれるものであって、責任事項とはこの意味での職務と考えなければならない[2]」という。高宮職能説において責任事項（responsibility）は職務そのものである。職務内容と責任事項を同一のものとしてとらえることによって組織内における責任の内容がより明確になり、客観的に定義できるものとなる。責任事項は職務と同じものなので、職務が組織にとって重要であるほど重くなる。

職務の担当者はこれを遂行しなくてはならない。すなわち、職務担当者は職務を遂行する義務を負う。「責任事項としての職務は、これを遂行すべき義務を伴うものである。かかる責任事項を遂行すべき義務（obligation）という意味において、責任を用いる場合がある。これが責任の第二の意味である[3]」。

また、職務を担当する者は職務を遂行する責任ばかりではなく、職務を遂行した結果に対しても責任を持たねばならない。職務を担当する場合には職務を遂行する責任ばかりではなく、職務を公に遂行するための力も与えられる。職務を公に遂行する力を行使するということは職務に関しての意志決定の力を持つことである。それは自己の判断において職務を実行することであり、行動の結果に対して責任が問われる。教授は「かかる意味の責任は、結果に対する責任という意味である。これが責任の第三の意味である。それは accountability の言葉をもって示されるところのものである[4]」という。

高宮教授の言われる accountability は職務を自らの判断で行う権利を得るが故に自分で行動した結果に対して

負う責任といえる。責任と同時に担当者が得る、自らの判断で職務を遂行する権利が高宮職能説におけるオーソリティである。前述したように職務を遂行するには、職務を遂行する力が必要となる。「責任事項すなわち職務を会社の中で公に遂行しうる権利およびそれにもとづく力が必要であり、これが権限にほかならないのである。職務の分担があり、これを私的な問題としてではなく、会社において公的に自分の仕事として行うことを認められること、これが権限である[5]」。この力が高宮職能説におけるオーソリティである。組織構成員は、職務と同時に、職務を遂行する義務と力が与えられるのである。

高宮職能説のオーソリティは職務を、組織内において、公に実行するだけのものであり、それ以上の力を持つものではない。なぜならこのオーソリティは法的に規定されたものであるからである。高宮教授は次のようにいう。「われわれは、権限の本質を職能・職務に即して規定した。即ち、権限は、職位の担当者が職務を自己の職務として、経営内において公に遂行することが出来る権利、それに基づく力であると規定した。（中略）権限は職務の権利的側面であり、かかる意味において経営内における法的側面である[6]」

一般的な組織では職務の内容が組織内の法・規則によって規定されている。オーソリティが職務の内容と同じであるならば、オーソリティは法・規則によって規定されていることになる。このために高宮職能説のオーソリティは法・規則が力を及ぼすことの出来る範囲、すなわち組織内でのみ有効であり、その中でも担当する職務を遂行するためだけに有効である。高宮職能説では、職務および責任、オーソリティは「三位一体」と表現される関係を持つ。職務が決定されればその内容によって責任とオーソリティもおのずから決定される。「権限の内容は、責任の内容が職務の内容と同じであるように、職務の内容と同じものである。ただ、その問題とする側面が異なっているると考えるべきである[7]」。とくにオーソリティに関していえば、高宮職能説においてオーソリティは職務の内容の法的な側面であるととらえることが出来る。

高宮職能説は組織における職務・責任・オーソリティが三位一体の関係を持ち、オーソリティは職務を遂行するための法的な力である。高宮職能説は職務を中心とする法定説といえる。

三　高宮教授におけるフォレット

高宮教授はフォレットを援用して自説を展開されている。[8] 高宮教授はフォレットにどのような影響を受けているのであろうか。

高宮教授が直接フォレットを引用される最も象徴的な箇所はオーソリティの源泉に関する次の一文である。教授はオーソリティの源泉として上位権限説、受容説を紹介した後に次のようなフォレットの言葉を引かれる「今日、企業組織に関する考え方に浸透している最も基本的な観念は職能（function）のそれである。各人は一つの職能ないしその一部を分担している。そして各人は彼の分担している職能とちょうど同じ―それよりも多くもない、また少なくもない範囲の責任を負うべきである。彼は彼の責任と全く同じ―それよりも多くも少なくもない範囲の権限を持つべきである。職能・責任および権限は企業組織において三位一体をなしている。人々は仕事の規定といった方がよい場合に、権限の限界という言葉を語っている」。[9] そして、この引用により「職能を中心とした考え」として高宮職能説を立てられる。

フォレットから引いてきたこの一節は、端的に言えば高宮職能説を語り尽くしている。職能・責任・オーソリティを同一とする見方は高宮職能説の中核と言える部分である。ここをフォレットに依っているという点から「職能説はフォレットを援用して立てられている」といわれる根拠を見ることが出来る。また、ここでは function を職能と訳されている点も注目されるべきであろう。

高宮教授は上位者・下位者という意味で（職務の）委譲者・被委譲者という言葉を用いられるが、「これは組織が高度に進んでくれば職務体系として組織計画のもとに行われうるのである」[10]と言われる。高宮職能説における組織は職務の体系である。オーソリティも職務内容によるものであり、上司・部下といった上下関係から発生するものではない。しかし上位者が下位者に職務を委譲するならば、そこには何らかの力関係が生ぜざるを得ない。高宮教授は、高宮職能説によって成り立つ組織ではこれを廃するために組織計画によって全ての職務が規定されるようになると考えるのである。この考えもまた、フォレットに依って立てられたものである。教授はフォレットの次の言葉を引いてこられる「なるほど社長は各管理担当者の責任事項（職務）と、全体の目的と計画に対するその関係を明確に規定し、それに対応する権限を彼に与えるようにみえる。しかし、果たして企業の実際にそう行われているのであろうか。それは事実上、組織計画によって決定されているのではないであろうか。…（中略）…形式化が社長の側において必要であっても、それは多かれ少なかれ形式的なものに過ぎない」[11]。フォレットは委譲によって職務体系が成立するという見方を批判し、現実は組織計画によって構築され、運営されているととらえる。高宮教授は委譲による職務体系が存在するととらえ、これは組織の進化の過程において組織計画による者に変わってゆくだろうととらえるのである。

我々が注目すべきは引用されたフォレットの記述は高宮職能説の論ずる内容の根幹をなす思想であるという点である。高宮教授が「三位一体」と表現される職能説の基本は、すでにフォレットによって言われているのである。この点から高宮職能説はフォレットを援用して立てられたものであるといえる。また高宮教授が現在の組織の進化したかたちとしてみる職務体系もフォレットが実際の組織の中に見ていた職務体系に依っていると考えられる。

高宮教授はフォレットをよく研究しておられ、高宮職能説のオーソリティに関する基本的な形とフォレットのいう責任・オーソリティはfunctionと同じにしなくてはならないという主張は同一であるといえる。しかしながらフォレットは高宮職能説に尽きるものではない。

四　フォレットは高宮職能説に尽きるか

フォレットのオーソリティとは何か。フォレットの思想は全て人間を中心に据える。しかし、「その人間は集団の中にいる人間なのである。というのは、いかなる人間もたった一人では生きてゆけないからである」[12]。彼女は人間とは集団の中に所属するものであるととらえる。そして、「現在のビジネスは、摩擦を無くして統一できる人々のみならず、その統一体を利用するようにし向けることの出来る人々をも必要としている」[13]と考える。管理者は、管理下におかれた人々を、何らかの目的に向けて摩擦を起こすことなく運用できる人間であるといえる。しかし、集団の中に摩擦がないということはまずあり得ない。そこで生じる摩擦を解決していくことが重要となる。

彼女は解決の方法を統合に求める。統合とは「二つの異なった欲望がそれぞれ満たされ、いずれの側も何一つ犠牲にする必要のない解決方法を見い出」[14]す事である。統合は何らかの犠牲を伴う支配や妥協と異なり、問題に関わるもの全てが犠牲を払わない解決法を求める手法である。これは問題に関わる全てのものが統合による解決を志向しない限りあり得ないものであるが、お互いが納得する解決法を求める手法であることから、犠牲を伴わない最も良い結果が得られる。そしてフォレットは統合による問題解決を集団内の摩擦を解決する手段にとどめず、命令の発令をも統合によってなされなくてはならないと考える。フォレットの命令とは情況の法則を発見することである。それは「命令を与えるということから個人的つながりを取り除き、関係者全部を統合して情況の研究を行い、その情況の法則を発見してその法則に従うこと[15]」である。命令を与えるということから個人的つながりを取り除くと言うことは、上司・部下のごとき職位による力を取り除くということである。関係者を統合するということは、彼の担当する職務に関わらず、情況の内に置かれたものが全て情況の研究を行うということである。状況の法則を発見するために残るのは関係者の持つ能力、いわば人間の持つ機能である。

人間は、自らのもつ能力以上の事は出来ない。また状況の法則を発見するには最大限の能力を発揮することを要求される。つまり能力＝オーソリティである。また、関係者全てが統合されて状況の法則の発見に関わるのだから、誰か一人でも受け入れられないような命令が発令されればそれは状況の法則ではない。つまり全てのものに受け入れられるように命令が発令されることとなり、これは受容説といえる。

フォレットは人間を中心に据え、人間が目的に向かってそのように機能するのか考えた。その結果として全ての人間の機能を損なうことなく最も有効な意思決定をなす手段として統合、情況の法則を立てたのである。そして function を基礎としたオーソリティは全体状況の法則が最も有効に活用されるために立てられたのである。そのためには関係者全てが自らの機能を最大限に発揮できることが望ましいのである。

責任に関していえば、フォレットは「現代のビジネスの実務では集合責任（Collective responsibility）の意識が増大している[16]」という。意思決定が状況の法則によって関係者全部を統合してなされるのであれば、責任もまた集団の責任として認識されなくてはならない。集団の責任とは言え、個々の役割をただ加算したものが集合責任ではない。フォレットは「集合責任は、それぞれ異なっている責任の全てを一つ一つ足していくことによって得られるようなものではない。集合責任は加算の問題ではなくて交織（inter weaving）の問題であり、交織することによってもたらされる交互修正の問題である[17]」という。自分の役割を果たせば責任を果たしたという考えではなく、個人は個々の責任を全体の責任の一部として負う。いわば関係者全ての責任が統合されたものが集合責任であり、これが実現した組織では全体情況の法則が有効に活用できるのである。

高宮教授は組織を中心に考えられる。そのため、高宮教授はフォレットの function を職能と訳された。組織内の仕事は、単体では目的を達するための一つの役割に過ぎない。高宮教授は役割を体系立てた職務体系が組織であるとされ、職務を果たす責任とオーソリティを考えられた。よって教授の三位一体とは職務・責任・オーソリティである。責任とは職務の内容そのものであり、職務を遂行する義務であり、職務を遂行した結果に対するものである。オーソリティは職務を遂行するための力であり、職務の法的な側面である。

しかしフォレットは人間を中心に考えている。集団の中の一員としての人間の機能を最大限活かすための管理を考える。高宮教授が職能とされた function だが、フォレットはこれを機能という意味で使用したのではないか。フォレットが言わんとする事は人間の機能と責任・オーソリティは同じであるということではないか。集団の中の一員である人間が目的を達するために機能するには関係者が統合されていることが必要である。状況の法則の発見のためには個人の機能を最大限に発揮することが求められる。そして状況の法則を発見する際に自らの機能がどれほど貢献していたかということが彼の有していたオーソリティである。これは個人の機能以上にもならず、またそれ以下でもない。責任も個人のもつ機能以上の責任を負うことは出来ない。また意思決定に全力を挙げて参加しているのならば個人の機能以下でもない。そして責任は個人の役割に対して負うのではなく、集団の責任をその一員として負うのである。

高宮教授は職能・責任・オーソリティを三位一体の物とされた。そして教授が引用された一文のとおり、フォレットもまた機能・責任・オーソリティを同じものであると考える。しかしフォレットの function は機能である。

責任は単に役割を果たせば良いというものではなく、全体との関連の上で認識し、果たされるべきものである。そしてオーソリティは個人のもつ能力で問題解決にどれだけの貢献をなしえるかが問題となる。最も重要な点はフォレットは人間の機能を中心としてオーソリティを唱えている事である。フォレットが本来目的としている点が高宮職能説にはない。この点において、フォレットは高宮職能説に尽きるものではないといえるのである。また、そのために形は同じであっても法定説と受容説という、異なった形のオーソリティ論として成立しているのである。

五　おわりに

高宮教授は組織が目的達成のために行う活動の一つの役割として組織構成員が担う役割に着目し、これを職務とされた。そして、担当者の責任とオーソリティは職務と同じものであるとされる。職務の内容は規則として決められていることから、高宮教授は法定説と呼べるオーソリティ論を立てられたと考えて良いだろう。そして、フォレットのオーソリティの特徴を組織中心の管理論にうまく取り込み、職務・責任・オーソリティを三位一体とする独自のオーソリティ論を立てられた。これを見れば高宮職能説はフォレットを援用したものであるということが出来よう。

しかしフォレットはあくまで人間を中心として管理を考える。彼女の言う人間とは集団の中の個人である。個人に明確な役割はないが、集団の一員として集団の目的への積極的参加を求められる。個人が集団の意思決定に満足できるのなら、彼は積極的参加をするだろう。よって命令は関係者全てを統合して状況の法則の発見という形で行われる。オトソリティは状況の法則の発見に対する個人の機能が貢献した度合が問題であり、その意味において個人の機能と同じだけのものである。関係者が統合されて意思決定を行っているので責任も全体の中の一員として負うことになる。フォレットのオーソリティは集団の中に生きる人間を中心として考えるために個人と全体とが常に交織しあうように立てられており、個人の役割で明確に出来るものではない。これは、バーナードの唱える受容説と同じものである。

高宮職能説は、フォレットを援用し、近似の内容のものを立論しながら、その実根本において全く異なったものということができる。高宮職能説は上位権限説と同じ法定説に属するものであり、フォレットは受容説を内包したものである。

注

(1)　高宮　晋『経営組織論』一九六一年、ダイヤモンド社、九六頁。
(2)　高宮　晋、前掲書八六頁。
(3)　高宮　晋、前掲書九九頁。
(4)　高宮　晋、前掲書一〇一―一〇二頁。
(5)　高宮　晋、前掲書八七頁。
(6)　高宮　晋、前掲書一〇七頁。
(7)　高宮　晋、前掲書八七頁。
(8)　日本においてオーソリティの源泉を職能に求める考え方は主に高宮教授と泉田健雄教授の二人によって展開されている。泉田教授は実際に昭和電工において職務権限の制度化をされ、『職務権限』（新報社、一九五五年）を著された。高宮教授は『職務権限』の序文を書いておられ、ここからも高宮教授が職能説に立つ所以を泉田教授に求めることができるだろう。一方で高宮職能説はフォレットを援用して立てられているとする論者がある。三戸公教授は『官僚制』（未来社、一九七三年）第四章で権限について論じられているが法定説（上位権限説）・受容説と共に高宮職能説を次のように紹介される。「法定説ならびに受容説に対して、意識的に、この二者にならぶ第三の説として職能説を提唱されたのは高宮晋教授である。教授より以前に職能説の原型とも思われる主張を発表しているものに、テイラー（F. W. Taylor）、フォレット（M．P．Follet）等があり、高宮教授自身フォレットを援用しながら自説を展開せられている」（三戸公、前掲書、一六〇頁）。
(9)　高宮　晋、前掲書一一四頁。
(10)　高宮　晋、前掲書一〇四頁脚注。

（11）高宮　晋、前掲書一一五頁。
（12）Pauline Graham, *Mary Parker Follet-Prophet of Management*, 1995.（三戸公・坂井正廣監訳『M・P・フォレット 管理の予言者』文眞堂、一九九九年、二七一頁。
（13）Pauline Graham、前掲訳書二七七頁。
（14）Pauline Graham、前掲訳書八一―八二頁。
（15）H. C. Metcalf and L. Urwick, Dynamic Administration—The Collected Papers of Mary Parker Follet, 1940.（米田清貴・三戸公訳『組織行動の原理』一九七二年、一九九七年新装版。
（16）Pauline Graham、前掲訳書二三一頁。
（17）Pauline Graham、前掲訳書二三五頁。

参考文献

Chester I. Barnard, *The Functions of the Exective*, 1938.（山本安次郎・田杉　競・飯野春樹訳『経営者の役割』ダイヤモンド社、一九五六年。）H. C. Metcalf and L. Urwick, *Dynamic Administration—The Collected Papers of Mary Parker Follet*, 1940.（米田清貴・三戸公訳『組織行動の原理』未来社、一九七二年、新装版、一九九七年。）
Harold Koonts, Cyril O'Donnell, *Principles of Management-An Analysis of Managerial Function- third edition*, 1955.（大坪　檀訳『経営管理の原則』ダイヤモンド社、一九六五年。）
Herbert. A. Simon, *Administrative Behavior—A study of Decisiom-Making Process in Administrative Organization—*, 3rd Edition,1945.（松田武彦・高柳　暁・二村　敏子訳『経営行動』ダイヤモンド社、一九八九年。）
Joan. C. Tonn, *Follett's Challenge for Us All.*（中條秀治訳、中京経営研究第五巻第一号、一九九五年。）
Pauline Graham, *Mary Parker Follet-Prophet of Management*, 1995.（三戸　公・坂井正廣監訳『M・P・フォレット 管理の予言者』文眞堂、一九九九年。）
泉田健雄『経営組織と職務権限』東洋経済新報社、一九七八年。
飯野春樹編『人間協働～経営学の巨人、バーナードに学ぶ～』文眞堂、一九八八年。
榎本世彦「経営組織論における機能的権威概念について」『Altes Liberales』（岩手大学）No.27, 一九八〇年。
三戸　公・榎本世彦『フォレット』同文舘、一九八六年。
三戸　公『官僚制』未来社、一九七三年。　三戸　公『現代の学としての経営学』文眞堂版、文眞堂、一九九七年。
三戸　公「M・P・フォレット、管理論史における位置と意味」『経済系』（関東学院大学）第一九四集、一九九八年。
三戸　公「「バーナード・サイモン理論」批判」『立教経済学研究』第四〇巻・第四号、一九八七年。

十一　組織文化論再考

――解釈主義的文化論へ向けて――

四本雅人

一　序

組織文化論の登場から二〇年が経とうとしている。かつての興隆も過去のものとなり、今日においては理論・方法論の本質的な見直しが要請され始めている。考えてみれば、これまでの組織文化論は、組織論としては、伝統的な機械的組織観に対し、人々の価値や信念を取り上げることで人間味のある組織観を提供するものかに思われた。一方で管理論としては、科学的管理法から人間関係論へとつながる延長線上で主に議論されてきた。これは管理のソフト化の系譜である。しかし、今や組織文化論はソフトな管理論でもなければ、人間味ある組織観を提供することもない。それは機能主義に余りにも偏重した理論が主だって論じられてきたためだと考えられる。そこで、本稿はこれまでの（機能主義的）組織文化論を紐解きながら、その有効性と限界・問題を明らかにし、また一方で、オルタナティヴな解釈主義的文化論というものを考えていこうとするものである。

二　組織文化の概念と理論的意義

1　組織文化の概念

経営学において広く知られるように、組織文化・企業文化に関する論議に花が咲いたのは一九八〇年に入ってからである。当時、文化論は一つのムーブメントの如く、経営学というアカデミックな世界のみならず、実務界からも熱烈な支持を得たわけだが、それには時代背景が大きく影響している。まず、それまでの経営学において中心的であった数字偏重の戦略経営が行き詰まりを見せていたことにある。環境のなかの機会や脅威を徹底的に分析し、最適な資源配分を行おうとした様々な戦略手法が分析麻痺症候群と呼ばれる逆機能を招き、組織の環境適応能力を低下させてしまった。まず、こうした戦略経営の見直しへの要請があったのである。そして、当時、アメリカ市場を席巻していたのは日本企業であった。戦略や構造といった組織のハードウェア的要素に関して、世界をリードしてきたアメリカ企業がその優位性を失いつつある事実を受け、日米の企業間の格差の説明変数が求められていた。また、日本企業に限らず、当時、優れた業績をあげていた企業はいずれも独自の思考・行動様式を備えていた。これらを分析し、説明するための枠組みが文化という組織のソフトウェア的概念だったのである。

さて、一般に組織文化論は、組織の文化的様式を基礎づけるものとして、共有された価値・規範・知識・理解・意味・仮定等に本質を求めている。これらが共有されることで文化は組織の凝集剤となって、一つの様式を生み出すというわけである。ここで共有される価値とは、経営者の理念、あるいは組織のリーダーの信念であり、それは組織の全構成員によって信奉されるべきものとされている。この組織価値において盲目的に信奉されている部分は、組織構成員の基本的仮定を構成する。これらは構成員の認知、考え方、感じ方といったものの絶対的な基盤であり、組織の様々な規範や慣行を導き出すものとなる。それは組織の統合された様式として体現され、総じて、組織の文化と呼ばれているのである。

2　組織文化論の理論的意義／貢献

それでは、文化概念が組織論や経営学の理論的側面において、どのような意義と位置づけをもつものであるのか。それを明らかにしていこう。

まず、組織論の研究領域を拡大し、深めていくことになったと言えるだろう。それまでの組織研究では、構造や制度などの側面が中心に分析されてきた。それはある意味において、ウェーバー的官僚制との論争を繰り返すなかで、その呪縛から解き放たれようとするかのような展開をみせてきた。そうしたなか、組織文化論の登場は、信念や価値、規範といった構成員の内面的な側面を射程に捉えることを可能にしたのである。もちろん、こうした構成員のメンタル部分に関する言及がこれまでの経営学に全くなかったわけではない。組織文化論の前身とも考えられる人間関係論は、半世紀以上も前にこうした側面を論じていた。ただ、人間関係論の議論は、主に現場レベルの集団価値から得られたものであり、組織文化論が取り上げる全体レベルでの組織の価値とは次元が異なる。また、人間関係論が組織にとってややネガティヴな構成員のメンタル性を発見したのに対し、組織文化論は公式／非公式の区別なく、ポジティヴなメンタル的側面を取り上げている。その意味で、人間関係論を拡張していったものと言えるだろう。

さらに、組織文化論は組織そのものを文化現象として捉えていこうとする。従来の組織研究の多くは、手段的事象を主に扱ってきた。だが、文化研究は組織の表象的事象、例えば、建築物やオブジェ、物語や仲間言葉、儀礼や儀式といったものまでもをその対象とする。組織文化論は組織研究の枠を大幅に拡げるものなのである。

また、組織文化論が措定する共有された価値、仮定は、組織の内的統合を可能にする。これは公式な諸制度に頼らなくても、構成員の創発的な統制が可能であることを示し、言うなれば、管理のソフト化をもたらすものである。ウェーバーの官僚制は「鉄の檻」を将来に予言するものであり、科学的管理論は機械的な人間観を示すものであった。しかし、文化的な管理・統制は公式な構造や制度を必要とせずとも、組織全体における価値や仮定によって、情緒的な有機的連帯を可能とするものなのである。それ故、文化論における管理とは、構成員のコミットメントへ関心がおかれることになる。組織において信奉されるべき価値を内在化している文化的構成員は、何が組織にとって望ましい行為なのかを知っており、それを自発的に行おうとする存在なのである。このように、組織文化論はソフトな管理と統制のあり方を提供することができるものとして考えられるものであると言えよう。

三　機能主義的パースペクティヴ

組織論と同様に、これまでの組織文化論は機能主義に則った理論がその主流を占め、今日までの展開に至っている。しかし、こうした機能主義的なアプローチへのオブジェクションが増えつつある。組織論においては、ポストモダン的なワイクの研究が注目を浴び、また、支配的パラダイムへのコンセンサスを説くフェッファーに対して大きな論争が起きた。[1]そして、組織文化論へもその波が押し寄せようとしている。だが、そうしたことに言及する前に、主流を占める機能主義的組織文化論が何を説明することができ、また、どういった限界や問題があるのかを明らかにしていく必要があるだろう。

1　機能主義の有効性

機能主義的なパースペクティヴは、文化のマクロ的認識を射程範域に収めようとするものである。全体主義と合理性のもとに深められ、そこにシステム論を採り入れることで、組織の基本的問題（組織存続）を扱ってきた。

その際、着目されるのが文化のもつ機能性である。組織文化の機能は、組織の外的適応、内的統合を促進させるものであり、また、構成員の様々な不安を削減し、モチベーションや帰属意識を高めるものである。なかでも、シャインによって定式化された内的統合と外的適応に関する機能は、組織存続に関する問題を解決するものとして、組織学習のなかでその機能をより高めていくことになるとされている[2]。

また、機能主義的パースペクティヴは、文化を変数化し、決定論的・法則定立的・実証的にアプローチすることを可能にする。これまでに、機能主義的文化論は成功している企業から文化的とされるデータを収集、検証し、法則と思しきものを発見すると、理想的な文化像を描き出してきた。そうした文化モデルの想定は、それに向けた組織と文化の変革への道を切り開くことになる。マネジメントにとって、文化は操作可能なものであり、パフォーマンス向上へつながる新たな組織作りの次元が提供されたことになるのである。

2　機能主義の限界、及び問題

だが一方で、機能主義的文化論が不可避的に抱える限界・問題というのも当然のごとく指摘されよう。

まず、システム論的・決定論的図式への偏重が挙げられる。それは内部の個別の行為主体を適切に扱うことができず、多くを捨象してしまう。組織構成員を極めて人間的に扱うはずだった文化論は、彼らを単なるファンクションの集合としてしか扱えなくなるわけである。文化は組織を機械や有機体として分析していたときと同様の手法をもって、研究の対象として取り上げられ、マネジメントの道具的手段性ばかりが強調されている。その結果、文化は管理的統制を高めるためのメカニズムと化してしまっている。最近は、こうした文化論のあり方に対する異議申し立ても増えている[3]。文化を管理するということは、人々の精神世界を管理することにもなり、人間の倫理的問題を孕むというわけである。

また、機能主義的な文化論が提示するメカニズムは有機体的ホメオスタシスのアナロジーに由来するものであるが、それ故に、組織内部のコンフリクトやパワー・利害の衝突等といったものを隠蔽してしまうことになってしまう。ここに現実の組織において、文化は一元的な理論だけで説明できるものなのかという疑問を残してしまうのである。サブカルチャーや文化の差異性、分断性の問題といったことが十分に説明できないのである。

機能主義的文化論では、文化の操作を目的とする様々なモデルや理論がこれまでに提示されてきたわけだが、そこに普遍性や精緻さを高めようとすればするほど、現実からの乖離が大きくなっているように思われる。同時に、文化概念の生来の豊かさは損なわれ、翻って、最も文化的な様々な現象が捨象されることになっている。つまり、文化という概念を用いる意味性が非常に制約されてしまっているのである。文化は組織の目的達成のための単なる機能的・合理的手段、変数に過ぎないものなのだろうか。

3　機能主義的文化理解から、文化現象としての組織理解へ

社会学や人類学では、文化という概念は、特定の地域、あるいはコミュニティの様々な生活様式を説明するために用いられてきた。他ならぬ、組織もこうしたコミュニティの一つであって、独自の物理的人工物、慣習、儀礼、儀式、セレモニー、物語、神話、武勇伝、民話、言語、言説等々によって組織生活が形成され、パターン化された様式として表現されている。これらの組織の文化的営みは、合理的な目的達成を志向して組織を公式構造・制度とみる伝統的な組織論はもちろんのこと、価値や仮定が文化の中核であるとして、文化の人工的所産を単なる表層的なものにすぎないとしてきた多くの組織文化論においても看過・軽視されてきたものである。組織は目的達成の手段であり、組織文化もそれに準ずる形で、その機能合理性ばかりが強調されてきたのである。

だが、これは組織の、そして文化の一面的な理解にすぎない。組織はそこで生活する人々の社会的空間でもあり、先の文化的営みの数々はその証左なのである。組織は合理性に支配された機能的存在であるだけでなく、そこに所属する人々の社会的生活の場でもあるのだ。構成員は組織生活の全てにおいて、組織の目的達成のためだ

けに従事しているわけではない。また、彼らにおける組織の意味も単なる道具的手段ではない。こうした認識は文化概念導入の意義に関する新たな／本来的な答えを示すだろう。すなわち、組織の社会的生活を説明するために文化という概念が用意されるということである。文化とは組織構成員達の社会的営みの発現であり、同時に組織生活の背後にある深長な意味体系でもある。それ故、組織生活を説明・理解するためには、それを解きほぐしていかなければならない。そのためには、文化はどのように機能しているかということよりも、文化はどのように構成されているのかという問いから始めなければならないのである。

四　解釈主義的パースペクティヴ

文化を組織構成員達の社会的営みの発現とみる視点、それは文化がマネジメントによって創出・管理されると仮定する機能主義的なそれとは明らかに異なるものである。組織には決して機能的でも合理的でもない事象が多々あり、むしろそうしたものこそ文化的と言えるのだが、機能主義ではそれが説明できない。そうしたものがなぜ起こりうるのか、そうしたことを含め、組織世界そのものを理解していこうとするのが解釈主義である。人類学者のギアーツが、文化を意味の網として捉え、文化研究はそれを探求する解釈学的なものだと述べているように[4]、それは法則性を探求する機能主義とは異なり、文化を意味論的に解釈、説明していくパースペクティヴである。

1　社会的に構成された現実[5]

解釈主義的パースペクティヴによる文化研究は、文化の存立基盤を明らかにすることから始められる。その際、着目すべきは、文化を組織構成員達によって社会的に構成された現実としてみることである。

組織において経験される世界とは、特定個人の私的なものではない。それは構成員達の間で共有された世界であり、他者が自分と同じ主観として存在し、また、その人が自分と同じく同一世界の存在に関して理解し合っているという確信（間主観性）を経験させるものだ。それを可能にしているものは組織の文化的な規範や慣行といった社会的制度である。それは、組織の時間的な連続性のなかで妥当なものとして継承され、組織の人々を同じ構成員という統制のなかに組み込んでいく。構成員達にとって、こうした社会的制度は自然世界の現実に似た、組織の客観的現実として自明さのなかに経験されているものなのである。

一方で、組織の社会的現実は、客観的現実として存在するとともに主観的現実としても存在する。なぜなら、現実がいかなる事実性をもって存在しようと、最終的には組織の諸個人に主観的に意味あるものとして理解、解釈されなければならないものだからである。そうした内在化を行うことで、人は世界を有意味な社会的現実として認識することが可能になるのである。また、主観的な現実として意味付与を行うことで、諸個人は自己を組織の社会的世界のなかに現認することができるようになる。もちろん、この主観的な意味付与は、制度的世界の妥当性においてなされているものである。

こうして、組織の社会的世界が客観的現実と主観的現実によって調和的に構成されるとき、それは組織の文化として現前する。現前した文化は、組織の生活経験のなかで諸個人が相互に主体として承認しつつ、共有している間主観的な世界なのである。

2　組織シンボリズム――シンボリックな世界としての組織文化――

組織文化が組織の社会的制度としての客観的現実と、組織の構成員達によって照合されながら意味づけられ、解釈される主観的現実との双方から構成されるということから、組織文化とは意味の体系（網）だということが導かれる。ここで、意味の網としての文化はシンボルにおいて組織化されている。すなわち、客観的現実が事実として、そして自明のものとして提示する知識、意味は常に明文化されているわけではない。むしろ、意味は背後に隠されているものであって、個々人はそれを現実のなかの様々な表象（シンボル）から読みとらなければならないのである。そして、この過程において、意味付与と解釈がなされ、組織の社会的現実は主観的な現実ともなるのである。

これ故に、意味体系としての文化はシンボリックな世界としての性格を帯びることになる。人々が組織生活の社会的に構成された現実に従事することが可能なのは、彼らがシンボルを作り、使用し、解釈し、意味づけをするためである。シンボルを介して、組織の構成員達は彼らの文化をシンボリックな世界として、生産・再生産し、維持しているのである。

3　解釈主義の理論的特性

このように解釈主義的パースペクティヴにおいて、研究の糸口になるのは組織シンボリズムに関する分析である。(6)組織には様々なシンボルが散在する。シンボルは、構成員によって意味を付与され、解釈され、また、他の構成員とのコミュニケーションのために使用されるときに、組織の文化的なシンボルとなる。こうしたシンボルは、組織の外部者から直接観察されるものも含まれるが、その背後にある深長な意味体系は、組織の内部者、すなわち、文化的構成員にしか理解できないものである。それ故、解釈主義的な研究に際して、研究者はシンボルという文化的表象を客観的視点からではなく、構成員達の主観的視点から捉えようとしなければならないのである。

こうした解釈主義的パースペクティヴは、文化を各組織構成員によって生産・再生産されるものとみることによって、主体的な人間像を浮き彫りにさせる。また、仮説―演繹―検証という実証主義的見地から捨象されてきた、組織生活の様々な現象を対象に含むものである。そして、ここには自明視された世界としての組織生活の本質的構造を原理的に説明する可能性が含まれている。それは、諸個人がいかに経験を意味づけし、世界を構成し、また維持するのか、そしてそれはいかにして確実なものとして現れてくるのかという、組織生活のリアリティへの論及となるものである。

五　結　語

本稿は組織文化論を鑑みるなかで、一大パラダイム化した機能主義の検討を行い、一方で、そのオルタナティヴとしての解釈主義を提示してきた。

確かに、機能主義的パースペクティヴは、アカデミックな世界はもとより、実務世界においても様々なインプリケーションを提供してきた。だが、その行き着いたところは文化マネジメントであり、文化は組織有効性を高めるための道具的手段となってしまっている。文化の創造と変革は一概にマネジメントに委ねられ、組織の構成員達は受動的存在として描かれることになっている。組織社会と呼ばれる現代において、こうした事態は憂うべきことではないだろうか。文化マネジメントとは、ややもすれば人々に組織への絶対的な忠誠を求めることにもなりかねない。すなわち、文化は管理の「鉄の檻」に入れていることすら人々に気付かせないような、強力な統制の手段となり得るものでもあるのだ。形は変われど、これではウェーバーが予見した将来を実現させてしまうようなものに思われるのである。むろん、文化マネジメントが組織の維持・運営に際して不可欠なものであるのは事実である。だが、その過剰な実践が諸個人の自律性や創造性を損なわせ、さらには人々の組織生活をときとして蝕むものであると指摘しておくことも重要だろう。

対して、解釈主義的パースペクティヴは、機能主義の抱えるこれらの問題を一挙に解決できるものではない。むしろ、オルタナティヴな視点を提供することで、組織の新たな理解を導こうとするものである。また、現代を生きる人々がその生活の大半を組織のなかで過ごし、そうしたことを含めて現代が組織社会と呼ばれるならば、その主要な領域としての組織生活のリアリティを明らかにしていく解釈主義的パースペクティヴは、まさに時代に適ったものともなろう。むろん、このパースペクティヴもまた、組織の一側面を言及するものに過ぎないことは明らかである。いずれは機能主義と解釈主義を接合するような理論が望まれることになるだろう。だが、それには解釈主義的な組織文化研究はまだまだ歴史が浅く、実績も少ない。それ故に、今後、さらなる理論的・方法論的展開を行っていく必要があるだろう。

注

（1）J. Pfeffer, “Barriers to The Advance of Organizational Science: Paradigm Development as a Dependent Variable,” *Academy of Management Review*, No.18, 1993, pp.599-620.
大月博司稿「組織研究におけるパラダイム・コンセンサスをめぐる論争について」『北海学園大学経済論集』第四五巻第二号、一九九七年、一—一八頁。

（2）E. H. Schein, *Organizational Culture and Leadership*, Jossey-Bass, 1985.（清水紀彦・浜田幸雄訳『組織文化とリーダーシップ』ダイアモンド社、一九八九年。）
E. H. Schein, *Organizational Culture and Leadership*, 2nd Edition, Jossey-Bass, 1992.

（3）文化マネジメントに対する批判は次に詳しい。
M. Alvesson and P. O. Berg, *Corporate Culture and Organizational Symbolism: An Overview*, Walter de Gruyter, 1992.
Y. Gabriel, “The Unmanaged Organization: Stories Fantasies and Subjectivity,” *Organization Studies*, Vol.16, No.3, 1995, pp.477-501.
B. A. Turner, “Sociological Aspect of Organizational Symbolism,” *Organization Studies*, Vol.7, No.2, 1986, pp.101-115.
山田真茂留稿「価値統合モデルを超えて—組織統合の社会学的メカニズム」『組織科学』第二九巻第四号、一九九六年、二〇—二九頁。

（4）C. Geertz, *The Interpretation of Cultures*, Basic Book, Inc., 1973, p.5.（吉田禎吾・柳川啓一・中牧弘允・板橋作美訳『文化の解釈学Ⅰ』岩波書店、一九八七年、五頁。）

（5）本項において展開される議論は現象学的社会学に大きく依存している。基本的な考え方は以下のものによる。
A. Schutz, *Collected PapersI : The Probrem of Social Reality* (M. Natanson edited), The Hague, Martinus Nijhoff, 1962.（渡部光・那須壽・西原和光訳『社会的現実の問題』マルジュ社、一九八五年。）

A. Schutz, *On Phenomenology and Social Relations*, University of Chicago Press, 1970.（森川真規雄・浜日出夫訳『現象学的社会学』紀伊国屋書店、一九八〇年。）

P. Berger and T. Luckmann, *The Social Construction of Reality*, Chandler, 1967.（山口敏郎訳『日常世界の構成』新曜社、一九七七年。）

また、組織論、組織文化論への現象学的アプローチとして次を参照した。

D. Silverman, *The Theory of Organizations: A Sociological Framework*, London, Heinemann, 1970.

田中政光稿「組織における制度的機能の考察—その成立および崩壊過程」『組織科学』第一七巻第二号、一九八三年、六一—六八頁。

田中政光稿「企業文化—活性化への現象学的アプローチ」『東北学院大学論集』第九六巻、一九八四年、一二三—一四六頁。

（6）組織シンボリズムに関する研究は以下を参照されたい。

T. C. Dandridge, L. Mitroff and W. F. Joyce, "Organizational Symbolism: A Topic to Expand Organizational Analysis," *Academy of Management Review*, Vol.5, No.1, 1980, pp.77-82.

E. M. Eisenberg and P. Riley, "Organizational Symbols and Sense-Making," G. M. Goldhaber and G. A. Barnett, eds., *Handbook of Organizational Communication*, Norwood, NJ: Ablex, 1988, pp.131-150.

P. Gagliardi, ed., *Symbols and Artifacts : Views of The Corporate Landscape*, Walter de Gryter, 1990.

L. Pondy, P. Frost, G. Morgan and T. Dandridge, eds., *Organizatonal Symbolism*, Greenwich, CT: JAI Press, 1983.

高橋正泰著『組織シンボリズム—メタファーの組織論』同文舘、一九九八年。

B. A. Turner, ed., *Organizational Symbolim*, Walter de Gruyter, 1990.

M. J. Hatch, *Organization Theory : Modern, Symbolic, and Postmodern Perspective*, Oxford University Press, 1997.

M. Schultz, *On Studying Organizational Cultures : Diagnosis and Understanding*, Berlin, Walter de Gruyter, 1995.

十二　アメリカ企業社会とスピリチュアリティー

村山元理

一　宗教とビジネス

知識、情報、サービスなどより目に見えないものが価値を生む方向に時代が向かっている。ビジネスという最も即物的な領域でも精神的な価値からビジネスそのものを見直そうという動きが世紀の転換点において見受けられる。(1)

従来、宗教と経済活動の関連からはウェーバーの『プロ倫』の議論に見られるものが古典として見なされたきた。しかし、今ここで語ろうとするスピリチュアリティーとは、グローバル社会にむけて、プロテスタント倫理に限定されるものではない宗教性を意味する。

本稿では、スピリチュアリティーとは何かを簡単にまず説明し、ビジネスウィーク誌で宗教を職場に取込んで成功している事例を紹介する。次に実証的な研究からスピリチュアリティー経営のモデルを構築したミットロフ教授の説を紹介し、スピリチュアリティー経営とはいかにあるべきかを模索したい。

二　人間の根源的欲求

スピリチュアリティー（spirituality）とは、日本語で「霊性」と訳されているようで、鈴木大拙著『日本的霊性』などの著述でも利用されているが、日本ではあまり馴染みのない表現であろう。宗教学の中や、宗教者の間ではよく使われているが、あまり流布されていないようである。卑近な言葉使いをすれば、宗教性とか精神性と言ってもよかろう。本稿では、霊性という表現を使わずに、あえて原語のままでカタカナでスピリチュアリティーと表現することにした。

スピリチュアリティーは必ずしも宗教と同義ではないが、それは歴史的にはさまざまな宗教の儀礼や教義の中において実践されてきたものである。ここで語るスピリチュアリティーとは、特定の宗教や教派にコミットすることを必ずしも意味しない。ただ、より高次な力、実在と人間との交わりを含意としてもつ。普遍的で時間を超越している。唯一の定義があるわけでない。

すなわち、スピリチュアリティーとは、人間がより高次な実在とのつながりを感じながら、自己の存在を根源的に確認するということである。この大前提のもとに全体性、相互結合的感覚をもち、生き生きとし、安心して生きるという感情が意義づけされる。全体性の感覚は、全体への奉仕の感覚をもち、優しさとか失敗を乗り越える楽観主義といった根本的信念ともつながる。日常生活を含めて、すべてを神聖にみる。信念や意志の力となり、それ自体がよいことである。(2)

これはアメリカ人の考えだが、文化背景も異なる我々日本人にはどう映るであろうか？　ただ、ここでは、一神教と多神教という文化的次元を超えて、日本人も同じ人間として根源的に、スピリチュアリティー願望があるという前提で私は議論を進めたい。日本の宗教的伝統について、ここでふれる時間はないが、以下のことにふれるだけで十分であろう。

教授とも面会して直接お話を伺ったが、日本の庭園に見られる哲学、無には意味が充満していること、弓道の師範がドイツ人に語った有名な説話、浄瑠璃など、きわめて日本の文化表象はスピリチュアルそのものでないかと語っている[3]。まさにその通りであろう。

この方面での権威に近いケン・ウィルバー（Ken Wilber）によれば、スピリチュアリティーは、以下の表のように個人・共同体の横軸と内面・外面の縦軸によって、四区分できる。

	内　面	外　面
個　人	⑴	⑶
共同体	⑵	⑷

すべてのひとが、（1）をスピリチュアリティーとみなす。（2）は、特定の文化の中での社会存続の信念となる。（3）は人の行為で、外面的に表現される行為である。神秘性はない。（4）は、構造、組織である。貧者や弱者への救済行為。芸術、社会表象である。

アメリカでは、大半の人が職場におけるスピリチュアリティーを望んでいるが、上司も部下もそれをおもてに出すことを恐れている。

スピリチュアリティーは、観念の産物であるという批判もあるが、ここではその働きに関心がある。スピリチュアリティーは逆に言えば、信じなければ、その存在は信じられない。無批判にスピリチュアリティーを肯定しているわけではない。

スピリチュアリティーと倫理とは密接につながるが、世俗的道徳では人間は十分満足できないとみなす人間観がある。なぜなら、人間が目に見えない力との結びつきに深い精神的満足感を感じるとみなすからである。

三 スピリチュアリティーを取込んで成功するアメリカ企業

以下は、ビジネスウィーク誌に紹介されている事例と背景の説明である(4)。

・経営コンサルのリチャード・ホイットリーはハーバードビジネススクール出身でベストセラー作家だが、若手重役へローマの豪華ホテルでスピリチュアルセミナーを行う。

・ゼロックスで幹部・部下三〇〇名が、スピリチュアルなヴィジョン・クエストに参加し、新製品開発(四億ドルのプロジェクト)に成功・・・フォード、ナイキ、ハレーダビッドソンがゼロックスのあるロチェスターに参詣。

・会社の要請で牧師の派遣(社員の悩み、自殺に、結婚式、葬式にも)例:タコベル、ピザハット、ウォルマートなど。一〇年前の会社における宗教のタブーがなくなるともいう。

・全米の主要企業の重役たちが、祈りの朝食会やスピリュチュアルな会議に参加。

・ミネアポリスでは、一五〇人の重役たちが昼食に聖書によるビジネス解決の講演会に毎月参加している。

・祈祷グループやニューヨークの法律事務所ではタルムード勉強会。

・シリコンバレーのヒンズー教徒のハイテク関連のＣＥＯたちは、スピリチュアリティーと技術との関連づけの動きにある。

・大学での研究センターの設置、関係する本の出版が急増。ダライラマ著『ニューミレニアムへの倫理』がビジネス書のベストセラーになる。
・ハーバード神学院のビジネス倫理学者で、『ビジネスにおける信仰者たち』の著者であるローラ・ナッシュ教授は「職場におけるスピリチュアリティーは急増している」と証言。
・スピリチュアリティーを職場にもたらす際には、会社のキリスト教化という恐れも一方ではあり、ハーバード大では「ビジネスと宗教」レクチャーへの企業基金を二年前に拒絶した。
スピリチュアリティー経営が単なる経営の流行現象なのだろかと記者も懐疑的である。従業員を特定の宗派に改宗させる危険も伴い、いまだ全般的にはスピリチュアリティーを取込むことを会社が恐れているのが現状であろう。ただ一〇年前と比較すれば、そのタブーが破られ始めたのは確かな事実のようである。

四　ミットロフの五類型モデル

ミットロフ教授らは、スピリチュアリティーを取込んだ経営を経営者に教示したいとの考えから、実際にスピリチュアリティー（以下スピリチュアルもＳｐと略す）を取込んで成功を収めている実例を公平に五つ紹介する。その中から読者に各タイプで何が弱点で、何が長所かを説明する。そして、あるべきベストモデルを構築する。以下の５類型は現実の実例である。１だけ極端な実例であるが、段階的に１から５へと進化するという意味は無い。６番目は架空の理想モデルである。

1. ある宗教に基づく組織　　例：キリストのための組織
2. 進化的組織　　特定の宗教に基づくが、次第によりエキュメニカルな方向に進化。
3. 回復の組織　　ＡＡ（断酒会）の原則に基づく。

4．社会的責任の組織　社会への奉仕をより重視。

5．価値に基づく組織　宗教・Ｓｐによらない哲学に基づくが、Ｓｐが内在化している。

6．ベストモデル

これを以下簡単に説明する。

1．ある宗教に基づく組織　例：キリストのための組織

極端な事例で、功罪両面ある。少ない統合された明確な原則による。ハンツマン・ケミカル社はモルモン教に基づく経営。社長は牧師で、会社は教会である。神が最大のステイクホルダー（同僚と家族というように少ない）。すべての人に受容されているわけにはゆかない。

2．進化的組織　特定の宗教に基づくが、次第によりエキュメニカルな方向に進化。

ＹＭＣＡとトムズ・オブ・メイン社。1よりも原則は不鮮明で数は少ない。ＹＭＣＡは特定教派的でなく、社会に受け入れられるＳｐを意図的に入れる。繰り返す根本的危機を何度も乗り越える（リーダーが原則そのものを何度も再考吟味する）。Ｓｐのオープンさの原則がある。哲学書をテキストにする。未来世代が根本的なステイクホルダー。究極的目標は発展、成長でなく（一五〇―二〇〇人が妥当なサイズ）。Ｓｐな聞きとりが絶対必須。ビジネスの希望と究極的目的がある。深い情緒への寛容と表現がある。付随する原則と従業員との関係がある。

Ｓｐな自律性の原則（五〇％の株取得）

3．回復の組織　断酒会（ＡＡ）の原則に基づく。　ＡＡの12のステップ。

Ｓｐの原則について、最もよく語れる。ＡＡには全国組織がない。治療とか最終的回復という用語はない。すべてが回復のプロセスとみなす。全体的倫理経営システム。欲望と権力を除去しようとする。それらは神の存在を否定する。神の存在・非存在は人間には証明できない。全能でない神観念、優しい神観念も支持されるように

なった。倫理的に生きていくためにどうしても必要な神観念である。

4．社会的責任の組織　社会への奉仕をより重視。

ベン・アンド・ジェリー社（アイスクリームの会社）1と同じように明確な原則を持つ。言説は、価値に関わるが、5と違い、Ｓｐにふれることを厭わない。諸部門がＳｐを内在化していることが、5との大きな違い。よいことは魂と相互的連携性のＳｐから生まれる。顧客とのつながり。伝統的ビジネスに代替するものすごい可能性をもっている。欠点は社内訓練をせず、社長のコーエンは独裁的。

5．価値に基づく組織　宗教・Ｓｐによらない哲学に基づくが、Ｓｐが内在化している。

言説は中立的で、Ｓｐに関わらない。キングストン・テクノロジー社。会社は家族という哲学。分配経路から経営原則まで、この哲学で現実的に貫かれている。創業者の理念で。模範となる大人、父の影響。宗教的でない美徳による。多くの種本がある。黄金律があるとする。愛がもっとも根底的な美徳。信頼や忠誠を重視。しかし、高い倫理を保つために価値論だけで十分か？　人々はより深いものを求めている。

6．最高の実践モデル（The Best Model）

第5から始めるのがよい。最も保守的で、反論もすくなく、押しつけも少ない。その中立的な表現をまずは借用する。

第1からは「宗教的熱望」（William Jamesの表現）を借りる。希望と楽観主義も借りる。組織の魂の保持と発展をのぞむ、ということも借りる。神（高度な力）との連携。

第3からはこの「より高い力」を。人間的価値からは最終的な救済は見つからないので。第3のＡＡでもそうだが、個人的責任を放棄しているのではない。神の力（自分以上の力）を借りることによって、個人的責任を強化しているのである。ＡＡでは道徳監査もある。宗教的カルトにならないように、自己管理する。

第2・第3から聞き取りのサークル（circles for listening）の重要性を学ぶ。組織の構成員の参加が真剣に受け取られていることの確認。第2から、哲学書、非教派的講師の招聘。全員が会社とつながっているというワークショップを頻繁に行う。日々に優しい行為（acts of kindness）を植え込む。

第3から学べることは、Ｓｐも宗教も回復のプロセスもそれ自体に中毒的になる傾向をはらんでいることを常に意識する。第4から、倫理の実行に関して、小さい実践目標からスタートすべき。はじめから敷居を高くしないこと。

第3から学べる別な実践原則は、組織の責任はあらゆるステイクホルダーに拡大されるべきこと。第4の事例とは反対に、特に内部者が犠牲にならないようにする。外部者のために内部者が犠牲になるとＳｐの意味に矛盾する。第5から、人間を一個の全体（whole persons）としてみる。人はその魂を分離したり、交換できるバラバラな存在ではない。

指導者は継続的な一連の行為で、理想を強調したり植え込むことをすべきである。そして自分の欠点は素直に認めること。それは、理想が何で、何が足りないかを明確にさせるためである。これは壮大な実験（experiments）であることを全員が意識することが大切。

Ｓｐな組織になるには、その目的のために今まで達成したどんなことよりもたくさんのエネルギーを注ぐべきである。どちらかといえば、ＴＱＣやリエンジニアリングよりも高いレベルのコミットが必要である。成功と同様に、失敗や後退も多い。希望の原則とは、失敗から多く学び、楽天的に失敗にくじけないことである。

五　結　語

本稿では十分紹介できなかったが、ミットロフ教授はＳｐを経営に取込むことに関して、初の実証的な研究をしている。彼の本の後半の半分はその調査に使った質問用紙の内容とそのアンケート結果の集計なのである。

これは宗教性を取込んだ経営という新しい現象への本格的な実証研究であり、本人も告白しているように経営学の一種のマーベリックな研究である。また佐々木恒男教授もこの種の研究は聞いたことがないと告白されている。しかし本書は、学術誌などで高く評価されていることがわかっている。(5)

紙幅の都合で十分伝えられなかったが、第6のベストモデルは、実践的な提言となっている。彼が強調していることは、人々がまだ恐れていることである。言いたいことを言い出せない状況なのである。学者としてこうしたことを提言することは勇気のあることであるが、私には人間の真理に根ざした洞察に基づいた研究だと評価したい。

では、果たして、日本ではいかに受け止められるべきであろうか。彼も述べているように第5のモデルがもっとも受け入れやすく、一般にも流布している価値前提の経営である。日本で成功している企業もこれに相当するのではなかろうか。

日本の経営者の中にも宗教的信念を背景に経営実践を行っている人も歴史的に数々見受けられると思う。宗教を語らずとも、宗教性をもった価値志向の経営者も多い。過去、現在の日本のそうした実例を集めながら、日本におけるスピリチュアリティー志向の経営を今後は明きからにしていきたいと思う。

最後になるが、佐々木教授が指摘されたように、学問的に宗教とビジネスの関連に関して文献学的に探査し整理する必要がある。これも本研究を体系化する上でさらに重要な課題である。

注

(1) 谷口照三教授からご紹介いただいた、トム・モリス『アリストテレスがGMを経営したら―新しいビジネス・マインドの探究―』ダイヤモンド社、一九九八年が参考となる。本書ではビジネスには魂の次元があるとし、「深み」と「つながり」が魂の要素であるとしている。

(2) Ian I. Mitroff and Elizabeth A. Denton, "A Spiritual Audit of Corporate America ; A Hard Look at Sprituality, Religion, and Values in the Workplace," Jossey-Bass Publishers, San Francisco, 1999.

(3) ミットロフ教授（南カリフォルニア大学マーシャルビジネススクール）との面談は二〇〇〇年二月二三日、南カリフォルニア大学にて。

(4) Michelle Conlin, "Religion in the Workplace ; The growing presence of sprituality in Corporate America," *Business Week*, Nov. 8, 1999, pp.81-86.

(5) William C. Fredrick, Rev. of "A Spiritual Audit of Corporate America ; A Hard Look at Spirituality, Religion, and Values in the Workplace," by Ian I. Mitroff and Elizabeth A. Denton. *Business and Society*, Sage Publications, Chicago, Mar. 2001 : 118-124.

十三　自由競争を前提にした市場経済原理にもとづく経営学の功罪
――経営資源所有の視点から――

海老澤　栄一

一　問題の所在

十八世紀後半に興ったイギリスの産業革命でそれまでの手工業に代わって生活の場から完全に独立した機械工業が登場した。次第に工場を中心とした経営の専門化が確立するに至った。アメリカでは二十世紀初頭のフォードシステムやテイラーの科学的管理法は、経営管理論のルーツとして定着している。これらの行動前提には作業工程の標準化、効率化、合理化を前提とした機械制合理主義が根底にある。大量に生産された製品は市場を潤し、経済の活性化を促し、住民の豊かな生活をかなりの部分で実現した。従業員にとってたとえそれが未熟練労働であっても所定の所得を確保することができた。労働は生活の場から次第に分離し独立した経済価値を生み出す力として作用するようになった。

このような作業の細分化は、経営実践の分野のみならず社会一般にまで広まった。現実に目を向けても先進諸国一般にみられる現象として、自分と相手との仕事を分離し相互の間はモデムやコンセント、通信網、パイプラインなどでつなげば広い空間とのやり取りが可能になる、いわば部分同士の結合が社会全体の構造を形成するようになった。それも自己完結した要素同士ではなく部分的に特化した要素同士の結合という図式である。

個別経済主体としての企業が合理性や効率、能率を基盤とした部分最適を追求すればするほど広域空間との間で摩擦を引き起こし、結局は環境の側との間で非合理性を作り出す。わがまま、利己的、私利私欲などの言葉を並べただけでその病理現象の深さが読み取れる。

民主資本主義の行き過ぎた経済合理性にもとづく自由競争は、緑の惑星である地球そのものの健全な存続すら危うくしている。本報告では大きな歴史のうねりの中でわれわれがおかれている立場を確認し問題の構造を洗い出したうえで、地球資源という視点から経営のありかたを見つめ直してみたい。経営の所有対象となる資源の枠を見直し、社会さらには地球資源という視点から分析し再設計する際の基準となる考え方を提示することが本稿の目的である。主として人間の思考や行動前提となる世界観または宇宙観が経営理論や実践とどのようなかかわりをもってきたかが議論される。

二　文明の流れからみた世界観の概観

産業革命では機械や技術文明の発展を契機にそれまでの手工業生産から工場生産による生産効率の飛躍的発展を実現した。先進国と言われた西欧の国々では生活と生産の場を切り離し、生産の場を主として都会に移した。先進国は時に先進工業国と言われた。工業国では大量の天然資源を必要とし、その調達先をアジアやアフリカのような非工業国や発展途上国に求めた。これらの国では自然に恵まれ自然と共生する自然共生型文明が存在していた。しかし都市型工業国の天然資源調達行動によって、天然資源や原料の供給基地になってしまった。つまり自然共生型の自然観が先進都市型の機械文明中心の経済価値に基軸をおいた機械論的世界観の支配下におかれてしまったのである。(1) ここでいう世界観とは、われわれ人間がものを見るときの考え方や行動を方向づける基本的な思考の原点のことと理解しておきたい。

天然資源輸出国と工業製品輸出国との棲みわけは、現在では南北問題として議論されることが多い。先進国の経済至上主義がグローバルスタンダードとして定着すると、経済価値を生まない天然資源は無視または限りなく軽視され、無価値なものとして処理される。生態学的なコストは、非効率的で無駄が多く、非生産的であるという理由で社会の仕組みの中から除外されることが多くなる。先進国に典型的にみられる一つの価値の押しつけ行動は、モノカルチャを強要し生命多様性を無視する。結果的にそれ自体の持続可能性を不可能にするメカニズムに組み込まれることになる。(2)

機械論的世界観は、自然と人間、経済価値と非経済価値、物質と精神とを切り離すことになった。いわゆるプラトン、デカルト、カントらにみられる二元論の主張である。(3) 二元論では、先進と後進、支配と被支配、都市と農耕、物資と精神、科学技術と自然システム、環境保護と破壊との対立関係などの分類を前提として議論が展開される。強者が弱者を支配し、その勝者の論理や価値尺度で一方的に評価される。多元的なアウトプットは排除され、一元的なアウトプットの増量のみが測定の対象となる。機械論的世界観は、経済価値至上主義への道を必然的に拓くことになる。(4)

三　経営学の発展に貢献した二人の研究者の論理にみる要素還元性

一　H・A・サイモン

Simon は、管理過程学派がかかえる管理原則間の矛盾を指摘し、意思決定の考えを経営学に導入した。管理人(administrative man)という人間仮説をわれわれに提示してくれた。その理論的基盤は、一九四五年に出版されたAdministrative Behavior に始まる。全知全能を前提とした経済人仮説から人間を開放し、限られた範囲でのみ合理的である制約された合理性、すなわち満足解を人間行動の基盤においた。彼が示す意思決定の根源的原理の出発点は、論理実証主義(logical positivism)という哲学の一学派におかれる。(5)

この論理実証主義は、意思決定における命題を事実と価値とに分けることの重要性を強調する。決定には事実的内容と共に倫理的内容を保有しており、倫理的言葉は事実的言葉に完全に変えうるものではないことを基本的前提とする。決定が正しいかそうでないかは、「そうあるべきである」「好ましい」「望ましい」などの当為を主張する倫理的命題とは異なるとする。倫理的命題は直接事実と比較することはできないし、事実的命題を引き出すこともできないのである。さらに倫理的命題には、決定に価値評価を含んでいるので正誤を客観的に記述することもできないとする。(6)

サイモンの拠ってたつ理論的基盤は論理実証主義にあるといわれている。論理実証主義はウイーンを中心に第一次世界大戦後確立した科学哲学である。その一派はウィーン学団とも呼ばれており、科学理論を観察命題に還元することを試みた。具体的には、直接観察できないような理論的概念を原子化、単位化、記号化することによって観察可能な単位に分解する方法をとった。そこでは論理性、実証性、検証可能性が重視される。サイモンは決定前提を事実前提と価値前提の二つに分け、分析科学の対象を正誤の事実においた。勘と経験を主流とする管理諸原則の論理矛盾を指摘するために、善悪を中心とした価値では解明できないという立場にたったのである。既述したように価値前提は客観的に記述できないので、科学的手段によっては評価できないという主張である。論理の厳密性は分析科学にとっての生命線である。価値前提を分析科学の対象から排除したサイモンの理論には、要素還元性の性格が見え隠れする。

理論は前提条件の見直し、現実の観察、比較、反駁などによって進化するという立場をとれば、サイモンの意思決定論もやがて批判の対象となる。Mintzberg によって反論が展開された(7)。彼の著書の中で、七十年代後半にサイモンとの間でやり取りされた書簡の文面が掲載されている。経営管理の現実の煩雑さ、非論理的な決定や行動、勘に頼る意思決定、右脳を中心とした本能の役割、矛盾に富んだ管理者行動などに対するサイモンへの問いかけである。多少の誤解を恐れずに色付けすると、サイモンはコンピュータサイエンスを意識した左脳中心の論理展開であるのに対して、ミンツバーグは経営管理者の右脳すなわち直観や本能をも彼の組織科学に組み込もうとするところに大きな違いがある。

二　M・ポーター

経営戦略論の分野で目覚ましい活躍をしている理論的リーダーの一人である Porter は、企業の競争相手に対する競争優位性は、諸資源または諸インプット（労働、資本、原材料、購入品）を最大利潤が得られるように変換することであると述べている(8)。また最大利潤を獲得するためには、諸インプットを財やサービスに変換するコストをできるだけ引き下げるか、またはより高い価値が得られるような差別化と高価格を実現することが必要であるとも述べている(9)。彼の価値連鎖もこの競争優位を実現するための方法論である。

多少の誤解を恐れずに言えば、費用最小、利益最大という単純明快な経営指針が彼の戦略論のルーツだとも言えよう。地球と共に活きる、社会的使命を帯びた企業はどこへ行ってしまったのだろうか。環境との関係はどのような理解をしているのだろうか。少なくともコストの内部化というような環境共生の論理は見当たらない。ゴシャール、バートレットは、ポーターの経営戦略論を健全な自由競争を制限し一人勝ちの状況を作り、より少ない費用支出で最大価値を実現することにある、と指摘する。ゼロサムゲームやウインルーズゲムで表現される、まさしく要素還元主義で表される機械論的世界観に浸っていると言っては言い過ぎであろうか。ゴーシャールらは、ポーターの戦略論は経済的なパイの大きさが所与であり、そのために分捕り合戦に熱心になり、社会的犠牲についての配慮がないと批判する。パイの大きさがあらかじめ決まっているという意味では、静的世界観に依拠しているとも言う[10]。Mintzbergが企業には経済目標の他に社会目標が必要であると述べていることの深い意味を問いかけてみたい[11]。

現実の世界では依然として、部分最適行動が主流である。マーシャルはニュートン学説を例にとり、個別の部分の理解が全体の理解を可能にし、分析が綜合につながると信じ、さまざまな仕組みが構築されてきたという[12]。多様な事象をあたかも機械のように規則正しく直線的にとらえることが科学的方法であると理解してきたことは否定しえない事実であろう。彼は事象を機械のように規則正しく一直線的にとらえる世界観からの離別を提唱している。

サイモンもポーターも共に要素還元論の範疇にあり、副作用の果す役割を認識していないと言えよう。天然資源を扱い人間を研究対象とする経営学で、要素や機械に還元するような研究方法論に本質的な問題が内在しているという問いかけは許されるのではないだろうか。三戸公がいみじくも言うように目的的結果以外に求めざる結果すなわち随伴的結果をも加味した複眼的管理の重要性を強調したい[13]。排除の論理ではなく包摂の論理であり、orの論理ではなくandの論理、すなわち相補性の原理の登場が待たれる。

四　相補性の原理にもとづく世界観――複雑な要素の包含、異なった事象の両立――

相補性は、量子と原子の動作の矛盾、つまり光や物質が量子論では波として扱われ、一方原子論ではエネルギーと一定の運動量を伴う粒子として振る舞うという矛盾を、ボーアが自然の記述様式で同時に実現する現象として理解したことに端を発する。(14) その後、生命や意識の分野でも一般化が試みられた。われわれは「異なった複数の要素が相互に付与し合うことによって、新しい全体を作ること」と規定しておくことにする。

ブリックス、ピートによれば、ニュートンは自然界を機械的な部分から構成されたものであるという前提をおき、自然界の運動法則を導いたという。すなわちその法則によれば自然は科学の力によって分解可能であり、その仕組みの解明も可能だとするようなことが定着したのである。機械的世界観では、動きを事前に予測し制御することで自然への支配力を高め、そして社会全体を動かそうとしているとも言える。本来、自然は複雑な要素の関係から成り立っていて、人間が克服できない難題は、バロウが主張するように無限にあるとみておいたほうが良いようである。(15) 自然界には混沌とした現象が臨界点に達するとある種の平衡状態になることが知られている。その意味で不断の変化が秩序形成の源なのである。これをバロウは自然選択という言葉で表している。進化の方向はあらかじめ決められているのではなく、直面する環境変化とそのつど連携をとりながら、前進している。自然界には時計仕掛けのような機構は存在しない。

相補性では、複雑な要素を排除することはしない。二十世紀前半の混乱した時代を思想の面でも私生活の面でも想像を絶するような体験を実際にしたメルロ＝ポンティは、歴史過程を完全に正しく認識できると主張するマルクス主義を神のような上空飛行的思考とみなし、理性を前提とした観念論、人間を見下ろした普遍的概念化の試みであるとして批判する。[16] 歴史への徹底した内属性を強調する。彼の歴史観は歴史のあいまいさを不完全な形で認識し、微妙な波動を徐々にとらえようとするところにある。言い換えれば精神と物質の二元論を超えた歴史のあいまいな過程の中で、両義的な現象に新しい意味を付与することを心がける。いわば歴史に遭遇するその時々の相対的妥当性を哲学の理念としてもつ。本人は使用していないものの、相補性の原理が作用しているとみてよいであろう。

時代を一九八〇年代に戻すと、自己の専門分野と地球や環境とのかかわりを意識した研究が頭角を表すようになる。その一つに環境開発論がある。経営資源開発もこの範疇に入る。McNeill は現在と将来、安寧と自然保護、貧困と富裕、ローカルとグローバルという四つの葛藤がアクター間で展開されるという。[17] その葛藤は明確な二分法によって分割されるのではなく、相手を相互に含む分裂の複数ライン (lines of fissions) という概念によって分析可能になると言う。自分にない相手とのかかわりで関係性を考え、そこを基点に持続可能な発展を最優先で考える、という論理展開である。最近のライバル企業同士の提携行動もこの分裂の複数ラインで説明可能かもしれない。国際政治経済専門のレッドクリフトフも持続可能な発展は、環境保護と開発の両立に強く依存すると述べている。[18]

生産や消費活動をマクロの視点から分析する経済学 (*eco-nomics*)、さらにその源流の生態学 (*eco-logy*) からも相補性のメッセージが届く。生態学者の東は、競争状態にある種同士では競争によって数が増大した種は、選択的に捕食される機会が増え、競争種が共存できるようになるというスイッチングのメカニズムを説く。[19] わが国ではここ十年ほどの間にベンチャーやバーチャル企業が大手企業と製造や販売で対等な提携関係を結ぶケースが現れている。光の残像現象を応用した技術でわが国の先端を歩むアビックスや携帯用の音響機器や電話機の大半に内蔵されている世界一小さなモーターを開発しているシコー技研などは、大手企業との間で緊張感を維持しながら経営資源の選択の自由を享受している代表的な企業である。強者が弱者を食い尽すのではなく、選択的な共存すなわち相補のメカニズムが作用している。まさしくスイッチング効果の現出である。そこでは経営資源の占有化ではなく、共用化、社会化の動きがみられる。

五　経営資源共有を前提とした相補性の原理にもとづく経営の試み

機械論的要素還元主義を行動の前提においた、部分最適を最優先する一人よがりな経営に代わる原理として、相補性の原理を提案する。なぜならば、異なった要素同士が相互に助け合い作用し合うことによって新しい全体を構築するという意味が相補性にあるからである。厳密性と曖昧性、合理性と非合理性、秩序と無秩序などは相互作用しながらお互いに相手を理解し、新しい意味を創出するために必要なメカニズムなのである。排除の論理ではなく包握（prehension）の論理または合成（concrescence）の論理なのである。[20]

相互作用から導かれる全体を意識した有機体としての行動原理、すなわち関係性の原理の立場にたてば、人間の利己的な論理でバージン資源や天然資源を枯渇に追いやる行動は許されるはずもない。伝統的経営資源の一つとして位置づけられてきたモノは物質という性格をもっており、あまりにも包括的な概念である。天然資源や空気、水、土壌なども経営資源に加えその扱いに細心の注意を払うべきであろう。以下で幾つかの候補を提案してみたい。

一　自己循環型システムへの期待

個別企業のみを研究対象にした経営学ではなく、地域性や社会性を意識した経営学の枠組みを設計し直す。ゼロエミッションやターニングポイント、持続可能性、産業の束構想などのキーワードを得意技とする隣接諸科学、すなわち生命科学や生態学、資源物理学、生命有機体論、社会システム論、生命循環論などとの連携を深め、複合科学を前提とした新しい概念構築に着手する。

二　経営の分析対象枠の見直し

個別企業の影響範囲を分析する指標の一つに利害関係者がある。伝統的には、株主、債権者、顧客、従業員、仕入先などの直接影響のある主体が分析対象になっていた。しかしそのような機械論的要素還元主義が無謀な企業行動を許してきたともいえる。消費されたあとの品物の行き先や製品がどのような製造過程をたどって生産されているかは、どちらかといえば、ブラックボックスの中で処理されてきたのである。

しかし科学技術の進歩発展はそのような限定された利害関係者の枠組みを非現実的なものにしてしまう。利害関係者は行政、一般生活者、社会、本来無関係であるはずの未来に生きる人々、生物全般にまでその範囲を拡大しつつある。

三　経営資源の社会資源化

地球にはバージン資源が無尽蔵に存在し、製品を大量に投棄し焼却しても常に自浄作用が働くという、非現実的な暗黙の条件がおかれていた。さらにいえば、企業本来が管理すべきコストの内部化が従来は外部化することでその大半が管理対象外になっていた。このような無謀で身勝手な行動は、もはやいかなる企業でも許されるはずはない。

自分で自分を管理する自己制御のメカニズムを構築することが緊急かつ重大な課題である。経営資源も社会資源の一部なのである。過剰資源はできるだけ共有化の道を探ることが望まれる。ヒト、モノ、カネに代表される伝統的な経営資源に加えて技術や文化、情報、価値などの新しい経営資源もできるところから管理対象にすることが望まれる。相互補完できる経営資源を社会資源として共有の対象にするような発想の転換が必要なのである。戦略提携行動は、囲い込み行動とは異なったしなやかで弾力的な関係を前提にしており、経営資源の社会化を促進する行動として期待される。

四　生命有機体を意識した自然との共生

自然を破壊し自然に君臨する企業行動をできるだけ回避し、自然と共に生きる企業すなわち共生の経営哲学をもった企業がこれから望まれる。そのためには、短期的な利益追求を最優先する企業ではなく、長期的な存続を前提とした企業行動が望まれる。幾つか条件を列挙してみよう。

・過剰設備・生産・流通・在庫・販売・投棄・焼却をやめる。
・見込み生産ではなくできるだけ受注生産方式をとり、資源消費の節約に努める。
・地域や社会全体のなかでの固有の役割を認識し、必要に応じて自己組織化の道を探る。
・企業サイズは自分で制御できる程度の範囲に押さえ、できうる限り固有の価値を創造する。そのことにより均質化、画一化、同質化、一様化、マンネリ化を回避する。
・特定企業や行政組織への過度の依存はやめ、小さな単位すなわちビット単位での連携や提携などを積極的に進める。

六　おわりに

経済学も経営学も地球資源とのかかわりについては、これまでどちらかと言うと無関心であった。分析対象から地球資源を意図的に排除してきた面を完全に否定することはできないであろう。天然資源に恵まれた発展途上国から、天然資源に比較的恵まれない経済価値最優先の都市文化を擁する先進国への一方的な資源移動は、自由競争という美名のもとで展開されてきた。多様性を無視した一様価値の押し付けやバージン資源枯渇、地球環境汚染、南北問題などを結果として必然的にもたらした。副作用、反作用を管理対象にしなかったつけがまわってきたのである。経済価値最優先の機械論的世界観ではなく、有機体全体の命のあり方にも配慮した、生命価値を高めることに力点をおいた理論構築が待たれている。

要素還元主義にもとづく部分最適指向や企業の無制限な拡大・成長を暗黙に認める経営理論との決別をすませ、異なった要素や多様な要素の相互作用を一つの枠の中で新たに吟味することが緊急課題であろう。恐らくその時の規範となる指導視点は、経済価値に特化した経営学ではなく、多様な価値を創造し認知し共有する生態経営学あるいは生命経営学、地球経営学のような概念になるのではないだろうか。

自由競争の追求は長期的な不自由競争を、短期的な合理性追求は長期的な非合理性を、部分最適行動は全体不満足行動を、資源浪費は資源枯渇を形成していることを忘れてはならない。モノ中心からココロ中心へのパラダイムシフトが新しい経営学構築の鍵になるかもしれない。

注

（1）内藤正明「六　持続可能な社会システムの構築」内藤正明・加藤三郎編『持続可能な社会システム』岩波書店、一九九八年、一八五―二二三頁。J・ブリックス、F・ピート、高安美佐子訳『バタフライパワー――カオスは創造性の源だ――』ダイヤモンド社、二一二―二一三頁。

（2）V・シヴァ、高橋由紀・戸田清訳『生物多様性の危機』三一書房、一九九七年、六八―六九頁。

（3）田中美知太郎・藤沢令夫編『プラトン全集』全十五巻、岩波書店、一九七四―一九七八年。デカルト、落合太郎訳『方法論序説』岩波書店、一九五九年。高峯一愚『カント純粋理性批判』論創社、一九七九年。

（4）V・シヴァ、前掲書、五七―七一頁。

（5）H. Simon, *Administrative Behavior*, Free Press, 1945, p. 45.

（6） *Ibid.*, pp. 223-224.
（7） H. Mintzberg, *Mintzberg on Management: inside our strange world of organizations,* The Free Press, 1989, pp. 56-78.（北野利信『人間感覚のマネジメント―行き過ぎた合理主義への抗議―』ダイヤモンド社、一九九一年。）
（8） M. Porter, *Competitive Advantage,* The Free Press, 1985, pp. 4-7.
（9） *Ibid.*, p. 37.
（10） S・ゴシャール、C・バートレット、グロービス・マネジメント・インスティテュート訳『個を活かす企業――自己変革を続ける組織の条件――』ダイヤモンド社、一九九九年、二五八―二五九頁。（C. Bartlett, S. Ghoshal, *Individualized Corporation,* Harper Collins Publishers, 1997.）
（11） Mintzberg, *op. cit.*, p. 64.
（12） S・マーシャル「二十一世紀に向けて持続的な学習共同体を創造する」F・ヘッセルバイン他編、小坂恵理訳『企業の未来像――成功する組織の条件――』トッパンプレンティスホール、一九九八年。
（13） 三戸公『随伴的結果――管理の革命』文眞堂、一九九四年。
（14） N・ボーア、井上健訳『原子理論と自然選択』みすず書房、一九九〇年。
（15） J・バロウ、松浦俊輔訳『科学にはわからないことがある理由』青土社、二〇〇〇年、五六、一二〇、一二六、一二八、一二九頁。
（16） 村上隆夫『メルロ＝ポンティ』清水書院、一九九二年、三二頁。
（17） D. McNeill, "The Concept of Sustainable Development," in K. Lee, et al. (eds.) *Global Sustainable Development in the 21th Century,* Edinburgh University, 2000, pp. 9-29.
（18） M・レッドクリスト、中村尚司・古沢広祐監訳『永続的発展』学陽書房、一九九二年、二六〇―二六八頁。
（19） 東正彦「第九章　多様な生物の共存機構を探る」大串隆之編『さまざまな共生』平凡社、一九九二年、一八七―一九〇頁。
（20） A・ホワイトヘッド、平林泰之訳『過程と実在２』みすず書房、一九八三年、二五、二六、六一頁。

十四　組織研究のあり方
――機能主義的分析と解釈主義的分析――

大月博司

一　問題の背景

組織研究は、経営学的視点、社会学的視点、心理学的視点などから多様になされ、近年、研究パラダイムの多元化傾向が顕著である。それは、組織の制度論、取引コスト論、エコロジー論、シンボリズム論、パワー・ポリティクス論といった新興パラダイムの登場と発展において見ることができる。しかも、組織研究の多元化傾向にともなって、個々のパラダイムが百家争鳴の状況と化して、組織研究は、いわゆるパラダイム・ロストの様相（大月、一九九九年）を呈している感がある。

こうした中で起こった組織研究のパラダイム・コンセンサスをめぐるPfefferdigm論争[1]は、組織研究のあり方を問うものとして、多くの組織研究者を巻き込んだ論争に発展した。その理由は、情報化やグローバル化の進展を背景に、伝統的なハイアラーキーな組織像とは異なる組織あり方が問われているにもかかわらず、それを探求する組織研究のあり方が不透明で、しかも研究者間のコンセンサスが希薄だという事情からである。

組織環境の変化により、合理性の基準で編成されてきた伝統的な組織は、創造性の問題に直面して、新たな転換が求められている。ＩＴ革命を基軸とする新しい時代の到来において、組織のあり方をどのように理解すべきなのか。

組織研究は、環境変化を背景に組織現象が複雑化したことを起因に発展してきたが、それを振り返ると、近年、組織の機能主義的分析に対する解釈主義的分析の隆盛が目につく。本稿は、組織研究におけるこうした動向を踏まえ、伝統的な機能主義的分析に対する新たな解釈主義的分析の関係とそのあり方を方法論的に探ろうとするものである。

二　組織の機能主義的分析パラダイム

組織の機能主義的分析は、自然科学の分析手法をシステム論的に適用して、組織の構造や行動について秩序ないし均衡の観点から要素還元的に行おうとするものである。この分析手法によると、組織理論の構築にとって事実データや経験則の蓄積が重要となる。またこれは、客観志向、決定論志向であり、組織が目的を有する事業体であるという仮定が組み込まれている。したがって、組織の機能主義的分析では、機械としての組織や有機体としての組織というメタファーが採用されることが多く、オープン・システム観に基づき機能的統一、整合性、適応性が求められる。組織のコンティンジェンシー理論は、機能主義的分析パラダイムの代表的なものであり、組織のあらゆるレベルで行われる経験的研究を統合するための理論枠組みといえる。

機能主義的分析の組織研究は、組織のミクロレベルでもマクロレベルでも可能である。そのため、分析レベルに応じて、研究パラダイムの多元化が進展した。フェファー（Pfeffer, 1993）によれば、組織研究のパラダイムが多様化して、多くの研究者間でコンセンサスがない現状は、組織研究の発展にとって非常に危険であるという。彼の主張するのは、組織研究者間でコンセンサスの得られる機能主義的パラダイムから研究することの必要性である。またドナルドソン（Donaldson, 1995）が主張するのは、他のモデルに対する機能主義的な構造コンティンジェンシー理論の優位性であり、その支配的パラダイムとしての確立である。

機能主義的分析パラダイムを構成する諸理論は、コンティンジェンシー理論や資源依存論に見られるように多様化してきたが、それらが組織研究の発展とその実践的適用に貢献してきた点は否定できない。たとえば、それは以下のような点で明らかである。

・マネジメント・コントロールの確立
・評価基準の設定
・組織の適応力を増大させる組織デザイン
・伝達可能で信頼できる知識の創出
・因果関係図式の提示

三　組織の解釈主義的分析パラダイム

一方、組織研究の解釈主義的分析は、近年、伝統的な機能主義的分析の代替的な分析パラダイムとして注目を集めている。たとえば、ワイク（Weick, 1979, 1995）による組織化を中心としたユニークな一連の研究や組織のシンボリズム論、コンフィギュレーション論はその一例である。

解釈主義的分析が登場してきた背景は、基本的に、自然科学の方法を社会的現実の研究に適用するのは不適切だという観点からである。なぜなら、人間が構成する社会的現実や組織は、自然科学が検証しようとしてきた物的現実とは根本的に異なっているからである。物的現実と異なり、人間は自己を取り巻く社会的現実について主観的に意味を形成しそれに意味を付与することができる。客観的には同じ物、同じ制度、あるいは同じ人間行為であっても、その意味はそれを捉える者によって異なる。解釈主義的な組織分析は、組織の現実について、その意味が観察する人によって異なるのは解釈次第だからだということに着目するのである。

主観的に形成された意味は、自然科学の物的現実に対する客観的な意味形成とは異なる。そのため、社会科学は自然科学とは異なる方法が必要なのである。社会学の世界を見ると、近年、解釈主義的分析パラダイムが発展してきているのが分かる。たとえば、エスノメソドロジー、シンボリック相互作用論、現象学的社会学などである。

社会的現実は、多様な人間が構成するという観点から、本質的に相対的なものであり、研究対象の活動に直接関与している個人の視点からのみ理解することができる。したがって、社会的現実としての組織現象の解明は、観察者の立場からでは不十分であり、行為参加者の準拠枠を用いることによってのみ可能である。エスノメソドロジー、行為の準拠枠といった解釈主義的分析パラダイムはそうした行為参加者の視点に立つものである。

組織の解釈主義的分析はまだ歴史が浅く、機能主義的分析ほど研究実績はないが、それでも組織研究の発展に貢献してきたのは事実である、たとえば、それは以下のような観点の指摘で明らかである。

・組織における神話とイデオロギーの影響
・多様なメタファーの意義
・文化現象としての組織
・組織の実践はイナクトメントの継続的なプロセス

・組織のコンテクストはイナクトされたドメインである

四　分析パラダイム間の関係

周知のように、パラダイムとは、メタ理論レベルのコンセプトであり、現実についての暗黙的なあるいは明示的な見方を示すものである。その意味で、研究者がどのパラダイムを支持するかはその世界観に依存する。また、各パラダイムを構成する理論は、パラダイムとして共有している現実観や世界観に対して、異なるアプローチを展開している。したがって、組織研究のパラダイムは、組織の本質について研究者が有する基本的な信念と仮説を反映する見方ないし思考方法といえる。

組織研究のパラダイムが多元化している状況をメタ理論的な観点からみると、パラダイム間の共約不可能性、統合性、横断性という三つの論点が指摘できる（Schultz & Hatch, 1996）。

パラダイム間の共約不可能性を前提とする論者にとって、問題となるのは、各パラダイム間の境界設定と説明力の程度であり、共約不可能性に固執すれば、パラダイム戦争が起る。バレルとモーガン（Burrell & Morgan, 1979）の主張によれば、各パラダイムを構成する存在論、認識論、方法論、人間の本質についての仮説をみるとそれぞれの差異が大きく、パラダイム間にはそれを克服できない境界ができるという。

一方、パラダイム間の統合性は、各パラダイム間で統合が可能かどうかという論点である。統合を主張する論者にとって、競合するパラダイム間の仮定の差異は基本的に無視され、パラダイム多元主義の発想が拒否される。フェファー（Pfeffer, 1993）は、社会科学における組織研究の影響力を増すためには、パラダイム多元主義でなく、主導権の取れるパラダイムのコンセンサスが必要だとの観点から、機能主義的分析パラダイムによる統合を主張する。統合論者は、異なるパラダイムの各仮説を、それらの相互関係を考慮することなく結合するという全体論的な枠組みを強調する傾向がある。

パラダイム間の横断性は、パラダイムの枠を越えて問題解決を図ろうとする発想であり、メタパラダイム・レベルで問題解決が可能かどうかという論点である。この場合、共約不可能論者のようにパラダイム対立を容認するというより、また統合論者のようにパラダイム多元主義を無視するというより、むしろパラダイムの多元性を認識しその対応を探る可能性が期待される。

パラダイム間の横断性について詳細に検討してみると、そこには、多元的パラダイムの扱い方にいくつかのまったく異なる戦略があり得ることが分かる。この点に関していろいろと議論が展開されてきたが、基本的には、逐次的、パラレル、橋渡し、相互作用という四つの視角に分類できる（Schultz & Hatch, 1996）。

逐次的な視角は、パラダイム間が補完関係にあると見なすものである。たとえば、解釈主義的分析の後に機能主義的分析が必要といった見解（Lee, 1991）はこの逐次的な視角の一例である。この場合、解釈主義的分析から得た洞察が機能主義的分析のインプットとして役立つと見なされる。しかし逐次的な視角は、パラダイム間がリニアな一方向的にのみ働くと想定されているため、双方向の関係は排除される。はたしてそうした見方でいいかどうかは問題である。

パラレル的な視角は、各パラダイムを同じ土俵で適用することができるというものである。ハサード（Hassard, 1991）は、英国の消防活動の事例分析によって、機能主義的分析と解釈主義的分析の両方が適用できることを例証している。ただし、パラレル的な視角は、研究者がパラダイムを比較するのを可能にする一方で、パラダイム間の差異や対立には目をつぶることになるという問題点がある。

橋渡し的な視角は、逐次的やパラレル的な視角がパラダイム間の境界に触れないのに対して、その境界は共約不可能論者が認める以上に相互に重複する部分があるということを前提としている。ジオイアとピトル（Gioia & Pitre, 1990）はパラダイム間の転換ゾーン（transition zones）という発想を提唱し、橋渡し役となる二次的コンセプトを用いればパラダイム間の横断が可能なことを主張している。二次的コンセプトは、特定の現象を理解できる次元を記述するのに必要な説明上構築されたものであり、具体例としては、ギデンズによる「構造化（structuration）」といったコンセプトである。構造化は転換ゾーンを創り出すばかりでなく、機能主義と解釈主義の橋渡しに役立つものである（Weaver & Gioia, 1994）。

相互作用的視角は、パラダイム間のコントラストとコネクションの両方を同時に認識するものである。換言すれば、これは、パラレル的視角と橋渡し的視角が強調するパラダイム間の差異と類似の両方を同時に認識しようとするものである。そうだとすれば、相互作用的視角にとって必要なのは、分析パラダイム間の対比とコネクションにおける緊張の維持である。シュルツとハッチ（Schultz & Hatch, 1996）によれば、パラダイムの横断性についてはは相互作用の視角がもっとも有効であり、この視角からのみ、機能主義的分析と解釈主義的分析のドッキングが可能である。

パラダイム相互作用の発想は、パラダイム間の差異が大きい場合に有用である。現実に多様な分析パラダイムの存在を前提とすると、組織現象をよりよく解明するために相互作用的な視角が必要であり、機能主義的分析と解釈主義的分析の関係を相互作用的な視角で捉えることが可能である。この両者の関係を相互作用の視角から検討してみると、一般性／コンテクスト性、明瞭性／曖昧性、安定性／不安定性の次元が注目される。実際はこうした次元の相互依存性によって、両分析パラダイム間の対比とコネクションの緊張関係が維持されることになる。パラダイム相互作用の視角は、パラダイム多元主義が前提となっているが、パラダイム間の緊張を利用する手段を提供し、そして組織現象について新しい理解の可能性を引き出すものである。ただし、相互作用の程度をどのように捉えるかは問題である。機能主義的分析と解釈主義的分析がどのように相互作用させるかは分からないのである。

五　分析パラダイム間の境界を越えて

機能主義的分析パラダイムと解釈主義的分析パラダイムの関係は、パラダイム境界問題を含んでおり、その解明にはパラダイム転換ゾーンに着目することが有効と思われる。パラダイム転換ゾーンは、既に触れたように、パラダイム間の境界問題をどのように捉えるかについてある方向性を示唆するコンセプトである。それゆえ、機能主義的分析と解釈主義的分析の関係をどのように捉えるかについて、この転換ゾーンの扱いが問題となるわけである。

基本的に機能主義的分析が客観性重視の発想をベースとしたものなのに対し、解釈主義的分析は主観性重視という特徴を有している。となると、客観性と主観性の関係の捉え方によって両者の位置づけが異なることになる。バレルとモーガン（1979）は客観性と主観性を同一次元で捉えて境界区分が曖昧なものとしているが、それは、二者択一的な捉え方といえる。これに対して、近代社会の発想の基盤となってきた二元論的な観点からいえば、客観性と主観性は異なる次元である（Astley & Van de Ven, 1983）。この場合両者の関係は、程度の差はあれ、相対的に並存するという捉え方にならざるを得ない。

客観性の次元と主観性の次元の転換ゾーンは、いかに考えられるのか。明確なものになり得るのか、それとも曖昧なままか。いずれにせよ、分析次元に設定される境界は、その程度如何によって様相が異なるのである。したがって、それがパラダイム間の転換ゾーンの場合、パラダイム・レベルの議論を続けている限り見通しをつけることが容易でなく、メタパラダイム・レベルの議論が必要となる。

メタパラダイム・レベルで考えれば、パラダイム間が相対的に捉えられ、その転換ゾーンの問題解明もある程度可能となる。それは、パラダイム間の統合というより総合であり、パラダイム多元主義を前提とした発想である。パラダイム多元主義による理論構築は、ある特定のパラダイムに基づく理論構築とは様相が異なる。一般的に、特定のパラダイムをベースとする理論構築は、仮説設定からデータの収集・分析・検証に至る一連のプロセスで行われる。これに対して、いろいろなパラダイムを利用するパラダイム多元主義による理論構築は、問題設定に用いるパラダイムをメタレベルで選別してから、入手データの分析をいろいろなパラダイムによって行い、そして各種のデータ解釈が説明できるようにする一連のプロセスである。

しかし実際には、パラダイム多元主義に基づく理論構築は、既存パラダイムの扱いが面倒であり、しかも容易に定式化できるようなものでない。そこで考えられるのは、メタ三角測量(metatriangulation)という手法である。これは、パラダイム・レベルの三角測量をパラダイム多元主義が前提とされるメタパラダイム・レベルに応用しようとした理論構築プロセスである(Lewis & Grimes, 1999)。メタ三角測量は、単一パラダイムによる理論構築のための考え方でなく、むしろ、それぞれが明らかに異なっている理論的視点および認識論的視点から複雑な現象を探求する際に使う手法である。

機能主義的分析と解釈主義的分析は、相互に相容れないというより、メタパラダイムの観点に立てば、両者の分析力をうまく取り込める可能性がでてくる。もしそうできれば、組織現象の解明に新たな展望が開けてくるのである。チャイルド(Child, 1997)によれば、戦略的選択論は、機能主義的分析と解釈主義的分析の統合の可能性を示唆したものである。

機能主義的分析の限界は、要素還元主義や操作化可能性といった特性において指摘できる。すなわち、要素還元的になればなるほど、全体状況の把握が困難になり、そして操作化可能性を追及すればするほど、現実とは乖離した操作化が恣意的になされる危険が高まるのである。また機能主義的分析は、客観性を重視するあまり、組織の主体性といった操作化が困難な領域については適用可能性が低く、そのため、組織現象の一定部分しか解明できない。これに対して、解釈主義的分析は、要素還元性や操作化可能性といった面で制約がなく、組織現象の解明の糸口を与えてくれるように思われる。しかも、機能主義的分析では対応できない現象に対して、解明する可能性がある。ワイク（1979）のイナクトメントというコンセプトは、動態的な組織現象を記述する際に、機能主義的分析で用いられてきた組織の構造やプロセスに関するコンセプトより説明力が高い。ところが解釈主義的分析の実態は、研究者によって同一現象の解釈が異なるという問題点がある。解釈主義的分析の結果は、研究者間で共有し伝達可能な部分が少ないのが事実である。

ポストモダニズムの観点からいえば、機能主義的分析も解釈主義的分析もモダニズムの発想に過ぎないという指摘（Schultz & Hatch, 1996）がある。それは換言すれば、両者は違いがあるもののモダニズムの産物という点で共通しているということである。ポストモダニズムの発想によって着目されるのは、各分析パラダイムの方法論的仮説の差異ではなく、それらの間の類似性や関連性である。そこで、分析パラダイム間の関係を一定のパターン、エッセンス、安定性といった次元で検討すると、機能主義的分析と解釈主義的分析にそれぞれの次元で関連性のあることが判明する。

さまざまなパラダイムの特徴を利用して理論化すれば、社会的世界をいろいろな方法で構成することができ、しかも、組織の本質をいろいろな観点から見て理解することができるようになる。機能主義的分析と解釈主義的分析の相互作用やメタ三角測量の発想を生み出すパラダイム多元主義を前提とすれば、組織現象について何か新しい示唆を得ることが可能であり、そして、組織研究の新たな展望が開かれてくるのである

注

（1）　九〇年代前半に、組織論者の地位向上を図るために客観性を重視する組織研究のパラダイム・コンセンサスを求めるフェファー（スタンフォード大）と、主意主義の立場から組織研究のパラダイムはまだ発展途上でコンセンサスを求める段階でないとするヴァン・マーネン（ＭＩＴ）の間で行われた論争をきっかけに、両陣営に分かれて論陣が張られたもの。詳しくは大月（一九九七年）を参照されたい。

参考文献

Astley, W. G., & Van de Ven, A. H. "Central perspectives and debates in organization theory," *Administrative Science Quarterly,* Vol. 28, 1983, pp.245-273.

Burrell, G., & Morgan, G. *Sociological Paradigm and Organizational Analysis,* London: Heinemann, 1979.（鎌田伸一・金井一頼・野中郁次郎訳『組織論のパラダイム―機能主義の分析枠組み―』千倉書房、一九八六年。）

Child, J., "Strategic choice in the analysis action, structure, organizations and environment: Retrospect and prospect," *Organization Studies,* Vol.18, 1997, pp.43-76.

Donaldson, L., *American Anti-management Theories of Organization: A Critique of Paradigm Proliferation,* Cambridge, Cambridge University Press, 1995.

Gioia, D. A. & Pitre, E., "Multiparadigm perspectives on theory building," *Academy of Management Review,* Vol.15, 1990, pp.584-602.

Gioia, D., Donellon, A. & Sims, H., "Communication and cognition in appraisal: A tale of two paradigms," *Organization Studies,* Vol.10, 1989, pp.503-529.

Hassard, J., "Multiple paradigm and organizational analysis: A case study," *Organization Studies,* Vol.12, 1991, pp.275-299.

Lee, A., "Integrating positivist and interpretive approaches to organizational research," *Organization Science,* Vol.2, 1991, pp.342-365.

Lewis, M. W. & Grimes, A. J., "Metatriangulaton: Building theory from multiple paradigms," *Academy of Management Review,* Vol.24, 1999, pp.672-690.

大月博司「組織研究におけるパラダイム・コンセンサスをめぐる論争について」『北海学園大学経済論集』第四五巻第二号、一九九七年、一一一八頁。

大月博司「組織研究のパラダイム・ロストを超えて」『北海学園大学経済論集』第四六巻第四号、一九九九年、九五―一〇七頁。

Pfeffer, J., "Barriers to the advance of organizational science: Paradigm development as a dependent variable," *Academy of Management Review,* Vol.18, 1993, pp.599-620.

Schultz, M. & Hatch, M. J., "Living with multiple paradigm: The case of paradigm interplay in organizational culture studies," *Academy of Management Review,* Vol.21, 1996, pp.529-557.

Van Maanen, J., "The fact of fiction in organizational ethnography," *Administrative Science Qyarterly,* Vol.24, 1979, pp.539-550.

Weaver, G. & Gioia, D. A., "Paradigm lost: Incommensurability vs. structurationist inquiry," *Organization Studies,* Vol.15, 1994, pp.565-590.

Weick, K., *The Social Psychology of Organizing,* 2nd ed. MA, Addison-Wesley, 1979.（遠田雄志訳『組織化の心理学〔第2版〕』文眞堂、一九七七年。）

Weick, K., *Sensemaking in Organizations,* CA, Sage, 1995.

十五　ドイツの戦略的管理論研究の特徴と意義

加治敏雄

一　はじめに

ドイツにおける戦略的管理論研究の特徴はどこにあるのか。またアメリカの研究が主流をなす戦略的管理論において、ドイツ的研究はどんな意義をもつのか。この二つの問題を検討することが、この論文の課題である。第一の問題の検討にあたっては、まずアメリカの学界システムとの比較においてドイツの戦略的管理論研究の制度上の特徴を明らかにする。ついで国民文化に着目するホフステード（Hofstede. G.）の見解に依拠して、アメリカの管理論研究の内容上の特徴を解明する。そしてそれとの比較においてドイツの戦略的管理論研究の特徴を浮き彫りにする。第二の問題の検討に際しては、理論形成の相対主義の立場にたつクニップハウゼン－アウスゼス（Knyphausen-Aufsess, D. z.）の見解にもとづいてドイツ的研究の存在理由を明らかにしたい。

二　ドイツの戦略的管理論研究の特徴

1　戦略的管理論の研究は、アメリカを中心にしておこなわれている。アメリカの研究は独自の理論伝統に源を発し、アメリカの経済的環境との特別な関係をもつ。もちろんアメリカの研究は外部からも影響をうけており、まったくの「純粋種」ではないけれども、戦略的管理論の主要な研究の大多数はアメリカで生み出され、したがってアメリカの学界システムの特徴によって影響されている。他国出身の研究者は、アメリカで認められようとすれば、アメリカの学界システムの慣習に適応しなければならない。まず第一に、少なくとも英語で発表しなければならない。小国（オランダ、スウェーデンなど）出身の研究者にとってはこのことは自明のことであろう。これらの国では十分に大きな自国語の科学市場がないからである。しかしドイツ、フランス、イタリアのような比較的大きな国では、たとえば生み出された研究の大部分を吸収する雑誌があり、英語の科学市場にも進出しようとする動機はあまりない。実際、戦略的管理の領域で研究しているドイツの研究者は、いくつかの例外を除いて、アメリカの雑誌であまり発表していない。また国際会議への出席者も相対的に少ない。こうした意味でドイツの戦略的管理論は多少孤立状態にある（Knyphausen-Aufsess 1995：48, 235–237）。

第二に、米国では戦略的管理論の分野の議論はほとんどもっぱら論文の発表においておこなわれている。本の出版は、論文集を除いて、たいてい教科書である（Schendel/Cool 1988：22）。しかし論文の発表では、はじめから包括的な研究をおこなうことはできない。実際、この分野のさまざまな理論的・経験的研究への体系的な取り組みはほとんどない(1)。それに対してドイツでは、たとえば教授資格論文（Habilitationsschriften）の作成によってあたえられるような研究活動のより長期的な時間地平の可能性がある（Knyphausen-Aufsess 1995：43–44, 277）。

こうした制度を利用して、さまざまな既存の研究をサーベイしながら戦略的管理論の全体構想を提示しようとする研究がいくつかあらわれている（たとえばSchreyögg 1984, Scholz 1987）。言い換えれば、雑誌への発表が大きな重要性をもつアメリカでは「発表かさもなくば破滅」（publish or perish）といわれるように短期的な成果が要求されるのに対して、ドイツあるいはヨーロッパではより熟考的で長期的な研究が奨励される（McGee／Thomas 1986 : 320）。

第三に、アメリカの大学院では戦略的管理論を学ぶ博士課程の学生に対して経験的研究のために利用できる統計的方法の教育がおこなわれる。そしてレフェリーつきの雑誌の増大は、そのような統計的方法をもちいて経験的研究をおこなう論文の選抜を高めている（Knyphausen-Aufsess 1995 : 207, Schendel／Cool 1988 : 29）。代表的な六つの雑誌[2]を対象とするシュウェンクとダルトン（Schwenk／Dalton 1991）の調査によると、一九八六、八七年にこれらの雑誌に掲載された戦略的管理に関する経験的研究のうち、統計資料やアンケート調査をもとにして、相関、分散分析、多重回帰などの統計的分析手法をもちいる経験的研究は七二％をこえている。それに対してイギリスの博士課程教育はアメリカほど多くの統計的方法の要素を含んでおらず、むしろ事例研究への傾向をもつ。ドイツではそもそも経験的研究はあまり多くなく、むしろ理論的・構想的研究が中心をなす（Knyphausen-Aufsess 1995 : 236, 266）。

2　ホフステードは、文化に拘束されない普遍的な管理理論はないという基本的立場にたって、アメリカの管理理論の特徴として相互に関連する三つの要素をあげる。すなわち、個人の強調、市場の強調および経営者の視点の優先。個人の強調は、アメリカ文化にみられる強い個人主義と関係する。それは特に経済理論にあらわれる。そこでは市場過程の諸結果は、意思決定単位としての個人にその原因が帰せられる。マーチ（March, J.）、サイモン（Simon, H.）流の行動科学的組織論も個人主義的基本前提にたつ。ただそこで問題とされるのは、個人の意思決定がどのように実現されるのかということである。その際、最も重要な認識は心理学からえられる。アメリカでは経営の分野では社会学よりも心理学が重視される。マクレランド（McClelland, D. C.)、マズロー（Maslow, A. H.）あるいはハーズバーグ（Hertzberg, F.）の動機づけ理論もアメリカに典型的な強い個人主義的文化の反映であり、そこでは個人は社会あるいは組織において目標を設定し、これをあくまでも達成しようとする者とみなされる。逆にたとえばフロイトの「超自我」の理論に表現されるように、社会もまた精神を形成するという側面には十分に光があたらない（Hofstede 1993 : 92, 1980 : 50–53, 55, Knyphausen-Aufsess 1995 : 259–260.)。

行為調整の基本的組織形態としての市場の強調も、経済理論の支配的地位と密接に関連する。たしかに取引費用理論やエージェンシー理論では代替的な組織形態も考慮される。しかしこれらの理論は、市場があくまでも基盤をなすのであって特定の条件のもとでのみそこから逸脱することを示しているにすぎない。たとえばウィリアムソン（Williamson, O.）は、すべての取引が自由な市場でおこなわれる場合よりも階層制における方が、経済的取引の費用が少ない場合に、個人は組織を形成すると考える。ここでは市場が出発点をなすのであって、組織は市場の失敗から説明される。しかもここでイメージされる組織は、ドイツにおいて考えられているような構造的な組織ではなくて、その内部で個人間の競争がおこなわれる市場類似的組織である。こうした市場の重視は、個人主義的に方向づけられるばかりでなく、低い「権力格差」をしめし、個人が行為不確実性を強く回避しようとはしないアメリカ社会によく適合する（Hofstede 1993 : 91, Knyphausen-Aufsess 1955 : 260.)。

最後の経営者の視点の優先はつぎの点にあらわれる。世界的にみると、作業組織の中核要素は作業をする人々であり、そのほかの人々は上部構造にすぎない。それに対して作業組織に関するアメリカの文献では中核要素とみなされるのは、明示的ではないとしても、経営者である。これは極端な個人主義とかなり強い「男性らしさ」との結合の結果であるだろう。そこでは経営者はほとんど神話的な文化ヒーローになっている。実際、彼女ではなくて彼がいつも決定することになっている（Hofstede 1993 : 92）。こうした見方は、戦略的管理論においても中心的な役割を演ずる。その典型的な例はハーバード学派である。そこでは組織の成功はトップ・マネジメントの双肩にかかっているという信念があり、こうした「命令・統制」メンタリティ（"command-and-control" mentality）はすべての重要な決定をトップ・マネジメントにゆだねる。そしてトップ・マネジメントはみずからくだした決定の実行を組織に課し、計画・予算・統制システムを介してそれを監視する（Mintzberg 1990 : 176, Hayes 1985 : 117）。

3　一九七〇年末から九〇年初頭にかけてあらわれたドイツの戦略的管理論の研究（Zahn 1979, Schreyögg 1984, Malik 1984, Scholz 1987, Kirsch 1990 など）は、つぎのような特徴をもつ。第一に構想的ないし基礎志向的であり、経験志向性は少ない。第二に社会科学的認識、特に最近のシステム理論やハーバーマス（Habermas, J.）の社会理論に広範に依拠する。そして第三に「進化的管理論」ということばで特徴づけられる見方を発展させるアメリカの研究に対するドイツ的研究の明確な相違をしめす。第一の特徴はすでに1で言及した。第二の特徴は、心理学を基礎とするアメリカの研究に対するドイツ的研究の明確な相違をしめす。ドイツ的研究における社会学的あるいは社会科学的関心は、アメリカと比較して弱いドイツの個人主義的志向性を反映する。しかし心理学への関心がなくなってしまったわけではなく、また主旋律が行動理論から行為理論に移行しているという事実は、個人主義的基本態度がこの種の研究においても依然として痕跡をとどめていることをしめす。第三の特徴は、アメリカの研究における経営者の「マッチョ的」要求を相対化する。これは「男性らしさ」と「不確実性の回避」が米国よりも強いドイツの国民文化を考慮すると、奇異にうつる。しかし八十年代以降ドイツ的経営においては権威主義的管理スタイルよりも、よりパートナーシャフト的、長期目標志向的要素が確認されるようになった（Lane 1989 : 110-114）。こうした傾向が進化的な理論視点に反映されているようにおもわれる。しかしドイツ的研究が放射する「進化的穏やかさ」(evolutionäre Gelassenheit) は「純粋種」ではない。それは依然として進化的管理が問題となるという事情によって制約をうけている。

さてホフステードが指摘したアメリカの管理論の三つの特徴のうち、市場の強調に対応するドイツの戦略的管理論の特徴は見いだされるだろうか。ドイツを含む大陸ヨーロッパの産業組織論研究では、そうした特徴が見いだされる (de Jong 1986 ; 69-72)。すなわち、そこでは共通の糸として動態的市場発展のパラダイムが見られる。所与の市場構造の背後に、ヨーロッパの経済学者たちは、組織的な市場形態をつくりだし、改革し、そして破壊する推進力としての企業者 (entrepreneur) を発見した。さらにヨーロッパのアプローチは、産業組織の問題を国際的次元を考慮して取り扱う。ヨーロッパが比較的小さな多数の国内市場からなることが、その背景にある。また国家は市場プロセスに対して修正的な影響をおよぼす外生的要素ではなくて、さまざまな市場参加者の一人、つまり内生的要素とみなされる。こうした意味でヨーロッパの産業組織論の学者はつねに政策志向的である。戦略的管理論研究においても、アメリカの研究者と比較してヨーロッパの研究者が戦略的管理の国際的次元をよりたやすく取り扱い、企業と政府との関係の戦略的意味をより強く意識している点が指摘される (Snow 1986 : 315)。したがってアメリカの市場視点に対応したヨーロッパ的アプローチがあるとすれば、それは市場視点を完全に乗り越えるわけではないが、しかし国家の影響をより強く意識し、市場プロセスのダイナミックな局面をより強く強調するだろう。しかしドイツの戦略的管理論研究においては、たとえばシュンペーター (Schumpeter, J.) という名前はこれまで際立った役割を演じておらず、そうした視点は確認できない。それゆえドイツの戦略的管理論はこの点でヨーロッパの伝統を活かしきれていないといわざるをえない (Knyphausen-Aufsess 1995 : 263-264)。

三　ドイツの戦略的管理理論研究の意義

右のような特徴をもつドイツ的研究は、アメリカ的研究が主流をなす戦略的管理論においてどのような意義をもつであろうか。この問題を、理論形成の相対主義の立場にたって考察することにしよう。

戦略的管理あるいはそのほかの研究分野についてのアメリカの研究においてひろく受け入れられた科学理論によれば、理論とは法則のような一般化を含む、体系的に関連づけられた一連の言明であり、経験的にテスト可能なものである（Zeht / Zinkhan 1991 : 75）。ここではデータは理論に左右されない現実の描写とみなされ、理論は普遍的妥当性をもつ言明の集合とみなされる。それに対して理論形成の対象領域の相違を指摘するばかりでなく、それに伴って生ずる理論形成の方法の相違をも主張する理論視点においては、理論的分析の対象と方法は相互に影響をおよぼすので、普遍的妥当性の要求は提起されない。それは相対主義である。コンテクストを取りかえることができる。それに応じて世界もまったく異なってみえる（Knyphausen-Aufsess 1995 : 267）。こうした立場は、ラディカル構成主義にもとづいてつぎのようにいうことができる。世界はわれわれに客観的にあたえられているものではない。われわれ自身もこの世界の構成要素であるかぎり、客観的にあたえられてはいない。われわれは世界をわれわれの感覚器官と脳によってのみ知覚あるいは観察することができるにすぎない。その際われわれの知覚・観察は、われわれがそれ以前に知覚・観察したものに依存する。そのかぎりであらゆる世界の知覚・観察はきわめて個人的な要素をもつ。もちろん同時にまた多数の個人がその歴史のなかで広範に類似的な世界の知覚・観察を発展させることは排除されていない。こうした関連でたとえば「共通のコンテクスト」とか「共通のパラダイム」といわれる。そうした視角からは世界はまったく客観的な性格をもつ。それは（認知的）現実としてあらわれる。ふだん見ることのできないものを見るためには、人はまず外部の視点を受け入れなければならない（ebeda : 4）。

さてこうした、すべての理論アプローチのコンテクスト拘束性にもとづき絶対的妥当性の要求を提起しない立場にたつと、ほかの視点もありうるという意識をもつことが重要である。ほかの視点はそれぞれ正当性をもっており、単にひとつのあるいはわずかな観察者の見地を信頼する場合に生ずる「盲点」の回避に役立つことができる（ebeda : 441）。すべての理論アプローチは、それがそもそもなにかを見ようとするならば、必然的に「盲点」をもたざるをえない。これは悪いことではない。すべての概念はなにかを排除する。もしそうでなければ、人はまったく観察することができないだろう。「盲点」の問題は「ネットワーク化された多数の観察者」、つまりさまざまな視点を開くいくつものアプローチが存在することによってのみ回避することができる（ebeda : 40, 347）。こうした意味で戦略的管理についてのドイツ的研究は、アメリカ的研究の盲点を意識化し、その不完全性を明らかにするとともに、それを補完するために寄与することができる。

アメリカにおいては戦略的管理の理論についての見渡すことのできない大量の科学的研究がある。これらはすべて大きな関心を引くものであり、注目に値する。アメリカ流の西洋合理主義が理論的・経験的研究の増殖に著しく促進的であることは明白である。世界は分析可能な単位に分割できるということがその前提になっている。個人主義的志向性によって特徴づけられるアメリカの文化においては、この前提はもちろんみたされている。その代価は、ビジョンや全体的なものの見方が十分には考慮されないということである。主眼は管理過程、科学的にも掌握可能なものにおかれる。それに対して日本では、状況はほとんど正反対であるようにおもわれる。ここでは少なくとも企業実践においては、ビジョン的・全体的視点を広範によりどころにしている。しかしこうした視点への独自の科学的取り組みはみられない。集団主義的志向性や全体論的構想は言語で合理的にあらわすことがむずかしい。こうした状況においてドイツ的アプローチは一種の「仲介業務」をおこなうことができる。それは一方では十分に個人主義的に方向づけられており、西洋合理主義の規準を身につけているので、実り豊かな科学を推進することができる。他方で集団主義的要素も含む文化に組み込まれているので、日本的思考の「翻訳」をより容易におこなうことができる（ebenda : 272-273）。

そうした試みの一例を、キルシュの戦略的マネジメント論（Kirsch 1990）にみることができる。かれは戦略的マネジメントを「進化の管理」としてとらえるとともに、その進化を指導する理念として進歩モデルを提唱する。これは企業の原理を、企業活動によって直接あるいは間接に影響をうける関係者の欲求や利益の充足における進歩の達成にもとめるものである。そうした意味で企業は「進歩能力のある組織」をめざさなければならない。つまり、ここではアメリカの戦略論にみられるような株主価値の極大化が問題となるのではなく、より広い利害関係者が考慮の対象になる。しかも企業の進歩能力は、ヴェーバー（Weber, M.）やハーバーマスなどの見解に依拠して、今日の企業管理を支配している合理性概念の基礎にある西洋合理主義の批判的吟味とそれにともなう合理性概念の拡大をへて導出される。すなわち、西洋合理主義はユダヤ・キリスト教の「世界支配」の態度が客観化をおこなうギリシャの形而上学の世界観照と結びついて成立したが、それが今日動揺をきたしている。そこで宇宙中心的な世界像によって特徴づけられる東洋の「世界適応」の態度を取り入れて、西洋合理主義を修正しなければならない。こうして成立するのが「世界との能動的共進化」という基本的態度である。こうした態度にもとづいて西洋の合理性理解（認知的―道具的合理性）は修正されなければならない。つまり、合理性概念は認知的―道具的合理性ばかりでなく、道徳的―実践的合理性および審美的―自己表示的合理性をも包括しなければならない。こうして進歩能力において、キルシュは認知的―道具的、道徳的および審美的能力を理解する。こうした論述のなかに「仲介業務」をみることができよう（加治 1999 : 199-217）。

四　むすび

管理論についてのアメリカの研究は、個人・市場・経営者の視点を強調する。それに対してドイツの戦略的管理論研究は、社会と社会（科）学的認識を基礎にし、また「進化的管理」という見方を発展させることによって経営者の「命令と統制」のメンタリティを相対化する。しかし国家の影響力や市場プロセスのダイナミックな局面を考慮するというヨーロッパの産業組織論にみられる伝統は、ドイツの戦略的管理論ではまだ活かされていない。こうした特徴をもつドイツ的研究は、すべての理論アプローチには盲点があるという「盲点のテーゼ」によって戦略的管理についてのアメリカ的研究を補完することができ、より具体的にはアメリカの西洋合理主義と日本の集団主義的・全体論的見方の間の一種の「仲介業務」をおこなうことができる。

注

（1）もちろんどこにでも例外はある。そのよい例はミンツバーグ（Mintzberg, H.）である。かれは多数の刊行物によって長期的な研究計画をはたそうとしている。もっともかれはカナダ人ではあるが。

（2）*Academy of Management Journal, Academy of Management Review, Administrative Science Quorterly, Management Science, Strtegic Management Journal* および *Journal of Management.*

参考文献

加治敏雄『戦略的企業管理論の構想—ドイツ学説の研究—』中央大学出版部、一九九九年。

Hayes, R., "Strategic Planning—Forward in Reverse ?," *Harvard Business Review,* Vol.63, 1985, pp.111-119.

Hofstede, G. "Cultural Constraints in Management Theories," *Academy of Management Theories,* Vol.7 No.1, pp.81-94.

Hofstede, G., "Motivation, Leadership and Organization:Do American Theories Apply Abroad?", *Organizational Dynamics,* Vol.9.1980, Summer, pp.42-63.

Jong, H. de, "European Industrial Organization:Entrepreneurial Economics in an Organizational Setting," Jong, H.de / Shepherd, W. (eds.), *Mainstreams in Industrial Organization,* Book 1 ,Dordrecht et al. 1986, pp.69-112.

Kirsch, W., *Unternehmenspolitik und strategische Unternehmensführung,* München 1990.

Knyphausen-Aufsess, D. z., *Theorie der strategischen Unternehmensführung : State of the Art und neue Perspektiven,* Wiesbaden 1995.

Lane, C., *Management and Labour in Europe:The Industrial Enterprise in Germany,Britain and France,* Hants and Bookfield (Vermont) 1989.

Malik, F., *Strategie des Managements komplexer Systeme:Ein Beitrag zur Management-Kybernetik evolutionärer Systeme,* Bern / Stuttgart 1984.

McGee, J. / Thomas, H., "Concluding Comments," McGee,J. / Thomas, H. (ed.), *Strategic Management Research:A European Perspective,* Chichester et al. 1986,pp.319-320.

Mintzberg, H., "The Design School:Reconsidering the Basic Premises of Strategic Management," *Strategic Management Journal* Vol.11, 1990, pp.171-195.

Schendel, D. / Cool, K.., "Development of the Strategic Management Field : Some Accomplishments and Challenges," Grant, J. (ed.) *Strategic Management Frontiers,* Greenwich (Conn) 1988, pp.17-31.

Scholz, C., *Strategisches Management:Ein Integrativer Ansatz,* Berlin / New York 1987.

Schreyögg, G., *Unternehmenstrategie:Grundfragen einer Theorie strategischer Unternehmensführung,* Berlin / New York 1984.

Schwenk, C. / Dalton, D., "The Changing Shape of Strategic Management Research," *Advances in Strategic Management,* Vol.7.1991, pp.277-300.

Seht, A. / Zinkhan, G., "Strategy and the Research Process:A Comment," *Strategic Management Journal,* Vol.12, 1991, pp.75-82.

Snow, C., "Reflections on European Strategic Management Research," McGee, J. / Thomas, H. (eds.) 1986, pp.307-318.

Zahn, E., *Strategische Planung zur Steuerung der langfristigen Unternehmensentwicklung: Grundlagen einer Theorie der Unternehmensplanung,* Berlin 1979.

十六　企業に対する社会的要請の変化

――社会的責任論の変遷を手がかりにして――

小山嚴也

一　はじめに

今日、企業と社会は極めて密接な関係にある。企業活動は我々の生活の様々な面に影響を及ぼしているし、結果として、それは社会の価値観が変化することの誘因となっている場合もある。逆に企業活動も社会から様々な影響を受け、企業活動自体が長い歴史の中で多くの変化を経験してきている。

本稿では、主に一九五〇年代以降、アメリカにおいて現実に生じた社会の変化、企業の対応、さらにその両者の関係を理論化してきた企業の社会的責任論の成果を検討する。そしてそこから、①企業に対する社会的要請はどういうプロセスを経て変化してきたか、②そういった企業に対する社会的要請はどのようにして「企業の社会的責任」として認知されるようになってきたか、ということを明らかにしていくことにしたい。

二　社会の変化と企業の対応

アメリカでは、権利意識の強化を目指す社会運動が盛り上がりを見せたのが一九六〇年代であった。そして一九七〇年代までには消費者運動や環境保護運動が高まりを見せ、企業に直接関わるものとしては、特に労働生活の質の問題が議論の焦点となった[1]。さらに一九八〇年代にかけては、企業フィランソロピーが注目を集めるようになる。

消費者運動を象徴する代表的事例には、ラルフ・ネイダーらによる「キャンペーンGM」がある。そしてこの運動を一つのきっかけとして、消費者運動が活発化することとなる[2]。

これらの動きに対する企業の対応として、いくつかの行動をあげることが出来る[3]。その第一は、消費者問題担当部署の設置である。第二は、第三者によって消費者と企業との間の紛争を調停することを目的とした調停委員会（arbitration panel）の設置である。第三は、BBB（Better Business Bureaus）およびCAPs（Consumer Action Panels）の運営である。第四は、企業による製品のリコールである。

環境保護運動を語る上で忘れてはならない書物は、一九六二年に出版されたレイチェル・カーソンの『沈黙の春』であろう。同書はアメリカ中に大きなショックを与え、人々の環境への関心を高めた。その結果、環境保護運動が高まりを見せるとともに、それに関する数多くの圧力団体が形成された[4]。

このような動きに対して、企業も様々な公害防止対策を実施している。たとえば、一九七六年のデータによると、総設備投資額に対する公害防止投資額の比率（公害防止投資比率）が一〇%を越える産業も多数あることがわかる[5]。

労働者の問題に関して、アッカーマン＝バウアーは労使交渉の場での中心的議題が賃金や年金などの問題から、次第に「労働生活の質」の問題へと変化してきたということを述べている。(6) こうした動向の中で、アメリカでも、「労働の人間化」のための諸施策は、一九七〇年代までに広く社会的な関心を集めるに至った。(7) このことに関連して、いくつかの産業の労組では契約書に安全と健康に関する項目を組み込むことに成功している。(8) また、多くの企業で労働者の安全と健康を守るための各種プログラムが開発されている。(9)

いわゆる企業フィランソロピーについては、第一次世界大戦中に考案された「赤十字配当金」をはじめ、様々な動きが見られる。また、企業寄付の活発化にともない、一九五三年の「A・P・スミス裁判」では、A・P・スミス社のプリンストン大学に対する寄付を合法な行為とする判決が出ている。この判決は連邦裁判所においても支持され、以後、企業によるフィランソロピーへの関与に正当性が付与されることとなる。さらに、一九八〇年代に入ると、いわゆるレーガノミクス政策の影響から企業寄付が大幅に増加している。(10)

これらから明らかになることは、社会が発展すると、社会の価値観もまた変化するということである。そしてそのような価値観の変化にともなって、これまで社会的に許容されていた行為が、次第に許容されなくなってきたり、認識されていなかった事項が問題化ないし顕在化し、それへの対応が求められるようになったり、さらには全く新しい行為が求められるようになってきたりするのである。また、企業活動の規模や範囲が拡大すれば、それまで環境に対して物理的に微少な影響しか及ぼさなかった事象が、環境に対して深刻な影響を及ぼすということが明らかになる場合もあるだろう。

このような社会と企業の変化、そしてそれにともなう価値観の変化が企業に対する新たな社会的要請を生み出し、企業活動自体の変質をもたらすことになるといえるのである。

三　社会的責任概念の発展

前述のような企業に対する社会的要請の変化とそれに対する企業の対応をうけ、企業の社会的責任を概念化し、理論化してきたのがいわゆる企業の社会的責任論である。この企業の社会的責任論の現代的なそれは、一九五三年に出版されたボーエンの著書『企業人の社会的責任』をその嚆矢とする。そしてそれ以降、ある種の概念上の混乱を引き起こしつつも、社会的責任理論の展開が見られる。[11]

デイビスは、一九六〇年の論文の中で、企業の社会的責任概念の意味内容を直接的な経済的利益を超えるものとしてとらえている。[12]一方、ミルトン・フリードマンは一九六三年の著書において、いわゆる社会的責任を強調する見解は自由経済体制にとって根本的に破壊的な考え方であるとしている。[13]マクガイアは一九六三年の著書の中で、企業には経済的、法的義務だけでなく、それらの義務を超えた社会に対するある種の責任があるということを述べている。[14]

このような状況をふまえつつエプスタインは、一九六五年から一九七五年までの期間に学界及び経営者たちの中で企業の社会的責任概念に関するある種の合意が形成されたとし、その合意の具体的な内容として経済開発委員会（ＣＥＤ）の一九七一年発行の報告書に論及している。[15]

ＣＥＤはその報告書の中で社会的責任の「三つの同心円」を提示している。それによれば、内側にある円は、経済的機能の効率的遂行に対する明確で基本的な責任であり、中間の円は、社会的価値及び優先事項の変化に対して敏感な意識をもって経済的機能を遂行する責任を示している。最後に、外側にある円は、社会環境の改善に対して積極的かつ広範にかかわるという責任を示している。[16]このようなアプローチは、以後多くの論者に採用されている。

これらの研究上の大きな潮流をふまえ、キャロルは一九七九年にその一つの完成型として社会的責任の「四パート・モデル」を提唱する。(17) すなわち、社会的責任を経済的責任、法的責任、倫理的責任、フィランソロピック（philanthropic）な責任という4つのパートからなるピラミッド型の構造として捉えるというものである。

キャロルは、まず第一に経済的責任をあげている。つまり、企業には社会の求める財・サービスを適切な価格で提供する責任があるということである。

第二に、彼は法的責任をあげている。社会は法律や規制といったルールを制定し、そのルールの範囲内で企業が業務を遂行することを期待する。その意味で、法に従うということは、社会に対する企業の責任ということになる。

第三に、彼は倫理的責任をあげている。倫理的責任とは、企業が、成文化されてはいないが社会のメンバーによって期待されている活動を行ったり、あるいは逆に禁止されている活動を行わないようにするという責任である。

最後に、彼はフィランソロピックな責任をあげ、具体的には企業によるフィランソロピーをその内容として提示している。そして、フィランソロピックな責任は、そのことに対する社会的な期待は存在するにしても、それに応えるかどうかは企業の裁量に依存しているという点が特徴だとするのである。

このように「四パート・モデル」について説明した後、キャロルは、企業の社会的責任とは、ある時点での、社会によって企業にかけられた経済的・法的・倫理的・自由裁量的期待を包摂するものであるとし、企業に対してそうした責任を同時に達成することを求めるのである。

以上の概念の変遷についての議論を整理すると以下のようになろう。

第一に、企業の社会的責任概念の発展は現実に生じた社会と企業の変化と密接に関連しているということである。第二に、一方で、一般に企業の社会的責任の理論はどちらかといえば規範的側面が強いものであり、したがって企業の社会的責任概念の意味内容が現実の「変化」や「合意」よりも先行する場合が多いということである。第三に、いわゆる「企業の社会的責任」、すなわちキャロルの定義における経済的責任および法的責任を超える部分に企業が応えることの是非をめぐる論議は、一九七〇年代半ばまでに、一応の決着を見たといってよいということである。最後に、企業の社会的責任概念の意味内容は、キャロルの「四パート・モデル」をもって「完成」したと見なせるということである。

四　企業に対する社会的要請の変化のプロセスと企業の社会的責任

先にキャロルによって提出された「四パート・モデル」は、現在、社会が企業に対してどのような活動を要請しているのかということを示しているものとしてもとらえることが出来よう。では、一体どういうプロセスをへて企業に対する社会的要請はそのように変化してきたのであろうか。さらには、そういった企業に対する社会的要請はどのようにして「企業の社会的責任」として認知されるようになってきたのであろうか。

アッカーマン＝バウアーによれば、多くの社会的な問題は、初期の段階では考慮されていなかったり、無視されていたりする。あるいは、そのことが「争点」（issue）となっていない場合もある。しかし、そのことに対する関心が高まり、その関心が持続するならば、問題は広く認識されるようになり、然るべき活動が求められ、究極的には立法への要求が高まる場合もある。そのようなプロセスを通じ、その問題に対応することは「新しい標準」（standards）となり、その社会的問題はその時点で「争点」ではなくなる。[18]

このことをふまえると、企業に対するある種の要請は、はじめ、社会のある部分で比較的弱いものとして発生することが考えられる。そして、そのことに対する関心が持続されれば、その要請はやがて社会の一部分から社会全体に広がり、同時にそのような要請が強まることによって、一部の企業だけではなく多くの企業がこれに応える必要が生じるようになる。

ここで、社会の中において企業に対するある特定の要請が存在している範囲を「要請の存在範囲」、その要請の強度が一部の企業のみが応答する程度のものなのか、すべての企業が応答せざるを得ない程の強さなのかということを表すスケールを「要請の強度」とよぶことにしよう。そして、この二軸をもとに検討を進めると以下のように考えることができる。

通常、社会のある部分で生じた企業に対する要請は、ある程度その強度を強めながら社会全体に存在範囲を拡大していくことになる。仮に、社会の一部分に存在する要請が一部の企業の応答を引き出すことになれば、そのことは「要請の存在範囲」の拡大を促すとともに、さらなる企業の応答を引き出すという意味で「要請の強度」の強化につながるのである。この時、マスコミによる世論の喚起は「要請の存在範囲」の拡大と「要請の強度」の強化を促進する役割を担っているといえよう。

このようなプロセスを経て、企業に対するある特定の要請が社会全体にその存在範囲を拡大したとき、その要請は「社会的要請」になったということができる。同時に、そのことをもってして、企業に対する社会的要請が変化したとみなすことができるのである。したがって、企業に対するある特定の要請が社会的要請になる、もしくは企業に対する社会的要請が変化するということは、基本的には「要請の存在範囲」の軸に関わる問題ということになろう。

一方で、企業に対するある特定の要請が社会的要請になったとしても、それがすぐさま「企業の社会的責任」

図1　社会的要請と社会的責任

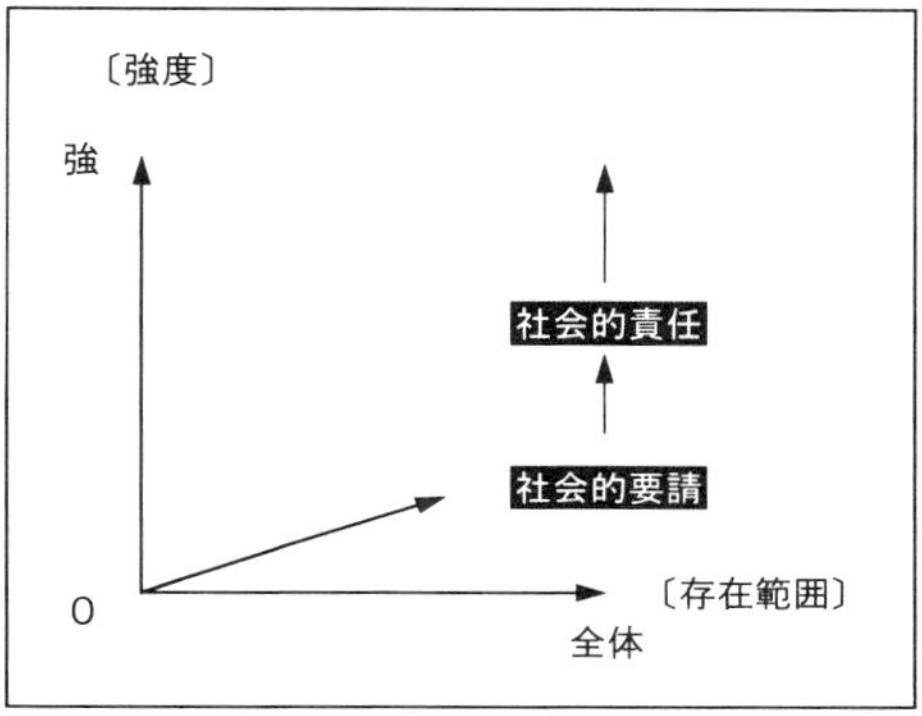

として認知されるというわけではない。先に述べた消費者運動や公害防止運動の事例にもあるように、そのような社会的要請が「企業の社会的責任」とみなされるようになるか否かは、どの程度の、あるいはどういった種類の企業がそのような社会的要請に対して応答するのかに依っているのである。その際、必ずしもすべての企業がそのような社会的要請に応えることが「社会的責任」とみなされるようになることの条件となるわけではない。

すなわち、ある程度の数の企業が、もしくは業界の代表的・指導的企業がそういった社会的要請に応答するようになり、そのような企業行動が顕著になる、もしくは顕在化するようになれば、その時点でそのような社会的要請は「企業の社会的責任」として認められるようになってくるのである。したがって、「要請の強度」がほんの一部の企業の対応しか引き出さない程度のものである限りにおいては、そのような社会的要請は「企業の社会的責任」とみなされることはない。逆に、「要請の強度」が、ある程度無視し得ない数の企業や業界を代表する企業の対応を引き出す程の強さになれば、そのような社会的要請は「企業の社会的責任」とみなされることになる。それゆえ、企業に対する社会的要請が「企業の社会的責任」になるということは、基本的には「要請の強度」の軸に関わる問題ということになろう（図1）。

ここで、これまでの議論を整理してみることにしよう。

一般に、企業活動は社会に対して「プラスの影響」、「マイナスの影響」、「認知されていない影響」をおよぼしている。そしてそのような影響は、社会の変化、発展を促進する重要な要因となる。さらに、社会の変化、発展

図２　社会的要請の形成プロセスと社会的責任概念の合意形成

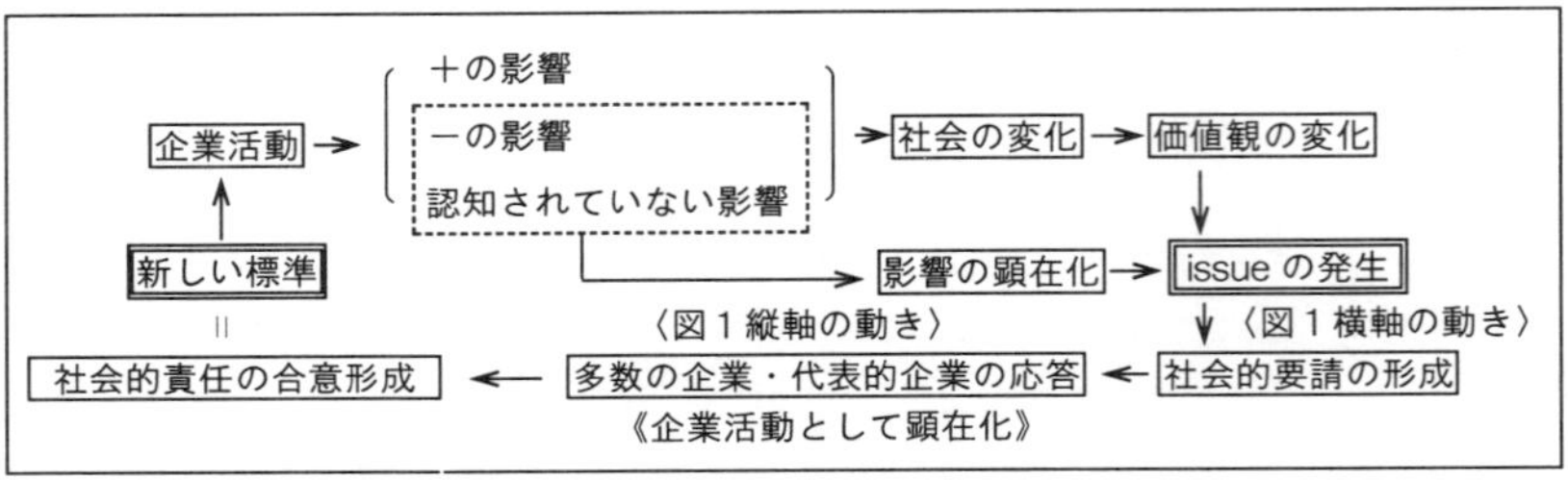

にともない、その社会に住む人々の持つ価値観もまた変化するようになる。

価値観の変化が生じれば、当然、企業活動の影響をどのように把握するのかということも変化してこよう。すなわち、これまで「プラスの影響」だと解釈されていたことが「マイナスの影響」と解釈されるようになったり、「認知されていない影響」が認知されるようになったりするということである。この結果、前述したプロセスを経て最終的には企業に対する社会的要請が変化することとなり、そのような要請に無視できない数の企業や代表的な企業が応答するようになると「企業の社会的責任」もまた変化し、企業活動における「新しい標準」が誕生することとなる（図２）。

以上、本稿では、現実に生じた社会の変化、企業の対応そしてその両者の関係を理論化した企業の社会的責任論の成果を検討してきた。そしてそこから、企業に対する社会的要請はどういうプロセスを経て変化してきたか、さらには、そういった企業に対する社会的要請はどのようにして「企業の社会的責任」として認知されるようになってきたか、ということを明らかにしてきた。不十分な点などについては、先学諸兄のご教示を期待する次第である。

注

（1）Ackerman, Robert W., Raymond A. Bauer, *Corporate Social Responsiveness: The Modern Dilemma*, Reston, 1976, p.10.

（2）出見世信之『企業統治問題の経営学的研究』文眞堂、一九九七年、八六―八八頁。

（3）Frederick, W. C., J. E. Post, K.Davis, *Business and Society*, McGraw-Hill, 1992, pp.354-357.
林田　学『ＰＬ法新時代』中央公論社、一九九五年、六一―八〇頁。

（4） Wood, D. J., *Business and Society*, Scott, Foresman, 1990, pp.65-67.
（5） Frederick, W. C., J. E. Post, K. Davis, *Business and Society*, McGraw-Hill, 1988, p.426.
（6） Ackerman, Bauer, *op. cit.*, p.21.
（7） 奥林康司『労働の人間化・その世界的動向』有斐閣、一九八一年、一四九―一五〇頁。
（8） Ackerman, Bauer, *op. cit.*, p.21.
（9） Frederick, W. C., J. E. Post, K.Davis, *Business and Society*, McGraw-Hill, 1992, p.322.
（10） 拙稿「戦略的フィランソロピーと企業の社会的応答性の構想」『山梨学院大学商学論集』第二四号、一九九九年、一〇六―一一三頁。
（11） Carroll, A. B., "A Three-Dimensional Conceptual Model of Corporate Performance," *Academy of Management Review*, Vol.4, No.4, 1979, p.497.
（12） Davis, Keith, "Can Business Afford To Ignore Social Responsibilities?," *California Management Review*, Vol.2, No.3, 1960.
（13） Carroll, *op. cit.*, p.497.
Friedman, M., *Capitalism and Freedom*, University of Chicago Press, 1962, pp.133-136.
（14） McGuire, J. W., *Business and Society*, Random House, 1975, pp.144-149.
（15） Epstein, E. M., "Business Ethics, Corporate Good Citizenship, and the Corporate Social Policy Process: A View from the United States," *Journal of Business Ethics*, Vol.8, No.8, 1989, p.585.
中村瑞穂「経営社会関係論の形成」『明大商学論叢』第七七巻第三・四号、一九九五年。
（16） ＣＥＤ著・経済同友会編訳『企業の社会的責任』、鹿島出版会、一九七二年、一六―一八頁。
（17） Carroll, *op. cit.*, pp.499-501.
Carroll, *Business & Society*, 1993, pp.32-37.
（18） *Ibid.*, p.37.

十七　E・デュルケイムと現代経営学

齋藤貞之

一　はじめに

経営学の歴史は、およそ一世紀前に始まる。経営経済学として出発したドイツ経営学、経営管理学として出発したアメリカ経営学を嚆矢とし、その後、経営学は多様な発展をとげてきた。現在では、経営学の主流はアメリカ経営学で占められており、現代経営学はマネジメントの学として社会科学の一翼を担う科学となるにいたった。

マネジメントの科学として発展してきた経営学の対象は、一定の目的を達成するために成立する人間の協働体系ないし組織である。したがって、経営学は一方では組織目的をより有効的かつ能率的に達成するための技術論として理論的に精緻化されてきたとともに、他方では協働体系としての人間的側面に焦点をあてた社会論として発展してきた。この二つの理論的系譜の中で、現在の経営学の潮流は、前者の技術論的アプローチが大勢を占めている。組織とは目的達成が課題であり、目的達成こそが組織の存在理由であることからして当然であろう。しかし、後者の社会論的アプローチの意義が決して失われたわけではない。専門化が徹底的に進められた現在、現代人は他の人々との協働なくして生活ができないだけでなく、協働をとおしてはじめて社会的地位と機能を得ることができる社会に生きている。現代社会にあって協働体系ないし組織とは、目的達成の手段体系としてだけでなく、一つの社会体系としてとらえる必要がある。

経営学の社会論的アプローチの代表は、E・メイヨー、P・F・ドラッカーである。彼らは、現代組織を一つの社会体系ないし社会制度としてとらえ、現代社会のかかえる社会問題ないし病理現象を現代の協働体系ないし組織をとおして鋭く問題提起していく。学説史的にとらえると、彼らの提起し解決しようとした現代組織の社会問題、病理現象の根底には、社会学の領域で提起された内容を含んでいる。彼らの理論の特徴は、社会学で提起された産業化にともなう社会問題を、組織社会化という現代の社会構造の中でとらえ直し、経営学の中で現実に即した解決策を探ろうとしたところにある。

本報告は、社会学をとおして経営学における社会論アプローチを改めてとらえなおすことを課題とする。本報告でとり上げる社会学は、産業化にともなう社会病理現象をはじめて明らかにしたエミール・デュルケイムの理論である。デュルケイム社会学は、メイヨー理論に直接的に影響をあたえており、ドラッカーの社会制度理論も明確にはうたってはいないもののデュルケイム社会学の影響を受けている。デュルケイム社会学、とりわけ彼の代表的著作である『社会分業論』をとおしてメイヨー理論、ドラッカー理論をとらえなおすことにより、彼らの提起した現代経営がかかえる社会問題の広がりと深みを明らかにし、彼らの提起した課題がなぜ、今日まで解決にいたらないのかを明らかにすることが、本報告の目的である。

二　分業と人間協働——A・スミスとE・デュルケイム——

経営学が対象とする協働体系は、それを構成するメンバーの分業ないし専門化によって成り立つ。分業ないし専門化は、協働目的をより有効的かつ能率的に達成するために不可欠のものである。しかし、分業ないし専門化は目的を達成するための手段ではあるが、分業、専門化によって形成される協働体系は一つの社会体系でもある。

それでは、分業によって形成される社会、専門化によって形成される協働体系とはどのような特質をそなえた社会体系であるのか。経済学の礎を築いたアダム・スミスと社会学の礎を築いたエミール・デュルケイムは、その代表的著作において両者とも分業論から出発して社会科学を展開している。しかし、同じく分業から出発しながらも、スミスとデュルケイムとでは分業をとらえる視点はまったく異なる。この違いは、経済学と社会学との違いでもある。

まず、そもそも分業とはどのような機能ないし役割をはたすのか。スミスは、分業の機能を、そこからもたらされる効果effectからとらえる。彼は『国富論』において、まず、製造業（ピンつくり）における分業がいかに驚異的な生産性を高めているかを例証したのち、分業の効果につき次のように結論づける。

生産力における最大の改良 improvement や労働の技倆、手際、判断力の飛躍的な向上をもたらした要素の大部分は、分業の効果であり、分業が導入されうる限り、あらゆる技術artにおいて、労働の生産諸力の、これに対応した増大をひき起こす。そして、社会のなかで様々な職業tradesが分離し、組織内での業務employmentsが相互に分離するのは、分業の利益 advantage の結果として生じてきたものである(1)。

スミスは、このように分業そのものの効果は、生産力および労働者の技倆の飛躍的向上をもたらすことにあるとする。こうした分業の果たす機能ないし役割にたいする理解は、現在にあっても経済学、経営学では当然の前提として受け入れられている。

では、分業はなぜ生じるのか。スミスは、分業をひきおこす原理を、人間の本性human natureの中にある一定の性向 propensity に求める。その性向とは、他の動物には見られない人間特有の性向であり、それは「取引し

truck、交易し barter、交換 exchange する」という性向である。では、なぜ取引、交換するという人間の本性が分業を生み出すのか。人間は他の動物と異なり、孤立しては生きていけず、とりわけ文明社会にあってはなおさら他の多くの人たちの協同 cooperation や援助 assistance を必要とするからである。その際、人間は、他の人々からの協同や援助を彼らの慈悲心 benevolence や人類愛 humanity にいつも期待して生きていけるかといえば、必ずしもそうではない。ここに人間特有の取引、交換が発生する。相手の慈悲心や人類愛にうったえかけるのではなく、かれらの「自己愛self-love」にうったえかけるのが取引、交換である。取引、交換とは、相手の自己愛つまり彼らの関心のある利害interest、利益advantageにうったえかけることによって、相手の必要とするものを提供し、その見返りに、みずからの必要をするものを獲得する人間行為である。ここに契約 contract という人間独自の行為が発生する。

スミスは、分業とは、このような人間特有の本性のひとつである取引、交換から生じたものであると結論づける。そして、文明社会において、それぞれが異なった職業をいとなみ、異なった業務を遂行するといった専門化が進展するのは、こうした取引、交換するという人間独自の本性から発生したものであるとする。人間の天性や能力、職業が同じであれば、そこには取引、交換は成立しない。人間の天性 genius が類似しているからではなく、「類似していない dissimilar」からこそ、それぞれの職業、業務の取引、交換が成立するのであり、それぞれの職業、業務が有用となるのである。この人間相互の非類似性、つまり類似しない能力や天性によって生み出されたものが、人間独自の本性である取引、交換という営みをとおして社会のいわば「共有財産 common stock」となり、富を増大させていく。文明社会とはこのような社会であると、スミスはとらえる。

以上がスミスによる分業論である。これにたいしてデュルケイムの分業論は、スミスとはきわめて対照的である。スミスの分業論は、経済学の地平を切り開くものであり、市場社会のよってたつ社会原理を解き明かすものである。これにたいし、デュルケイムの分業論は、社会学の地平を切り開くと同時に、現代の組織社会のよってたつ社会原理をも解き明かすものである。この意味で、デュルケイム分業論は、スミス分業論よりも経営学、とりわけ組織論、制度論に深くかかわっている。

デュルケイムはスミスと同じく、分業論を展開するにあたり、その機能 fonction ないし役割 rôle の分析から出発する。スミスの強調した分業の機能ないし効果とは、生産力および労働者の技倆の飛躍的向上にあった。分業の効果の経済的側面にたいする強調である。この理解は経済学だけでなく、経営学においても同様であり、分業ないし専門化は目的の効率的かつ能率的達成のためには不可欠な要素としてとらえられている。しかし、デュルケイムの把握はこれとは異なる。デュルケイムの分業論は、こうした分業の経済的効果のみを強調するスミス以来の一面的なとらえ方にたいする次のような痛烈な批判からはじまる。

「分業は生産力と労働者の熟練とを同時に増大させるから、分業は社会の知的および物質的発展の必要条件である。つまり分業は文明の源泉である。だが、まさにその反面において、人はいとも簡単に文明をもちだせば絶対だとしているので、これとは別の機能を分業に求めようとは考えてもしない[2]。」

それでは、経済的効率のみではとらえきれない分業の他の機能とはなにか。それは分業が固有にもつ社会を秩序づけ、統合する道徳的機能である。デュルケイムは、分業は純粋に経済的な利害の範囲をはるかにこえた道徳的特質 caractere moral をそなえており、この機能が等閑視されてきたために文明社会に新たな秩序が形成されず、病理現象が生じているととらえる。

デュルケイムは分業の中に諸個人を相互に結びつける新たな社会的連帯 solidarité sociale の原理を見出す。現代社会は、分業によってこそ諸個人は相互に結びあっているのであって、それがなければ孤立するだけである。分業にもとづく社会では、諸個人は個性を伸ばし、独自の能力を身につけていく。彼らの機能は専門化され、特化されていくために単独では意味をなさず、これらの機能が、持ち寄られ、統合されてはじめて意味をなす。ここに分業による新たな連帯の原理をデュルケイムは見出す。すなわち、人間が相互に紐帯を形成する社会的連帯には二つの原因がある。一つは、相互に似ていること ressemblance、つまり類似性が互いに惹きあう原因となることもあり、他方では似ていないこと dissemblance、非類似性も互いに惹きあう原因となりうる。(3) 前者は伝統的社会にみられる機械的連帯 solidarité mecanique を形成し、後者は分業による有機的連帯 solidarité organique を形成する。機械的連帯は相互の類似性によって形成されるのでまるで機械のように同じ連帯を作りだしていく。この人間結合は癒着によって形成される連帯でもある。これに対して有機的連帯は、一つの有機的な生命体に似た連帯を形成する。生命体の胃や心臓などのそれぞれの器官が非類似的な独自の機能をもつとともに、それらの機能が単独では意味をなさず、生命体の維持という全体に貢献することによって意味をなすのが有機的生命体である。したがって、有機的連帯にあっては、相互の非類似性、相違は、あい対立し、排斥しあうのではなく、たがいに補いあう非類似性が重要な要素となる。デュルケイムは、分業のもっとも注目すべき効果は、分割された諸機能の効率を高めることではなくて、これらの機能を連帯的にすることにあり、分業の役割とは、諸機能の連帯がなければ存在しえない社会を可能ならしめることであるとする。

スミスは分業によって形成される人間相互の異質性、非類似性が交換、取引を生み出し、そこには人間の本性である自己愛が重要な役割を果たしているととらえた。これに対し、デュルケイムは、分業による相互の非類似性は、新たな連帯を生み出す契機となりうるものであって、伝統的社会よりなおいっそう人間相互の紐帯が不可欠となる新たな社会を形成する機能をもっているととらえている。経済学と経営学との分岐点はここにある。

確かに協働体系は目的遂行のために作られたものである。しかし、分業を前提とする社会となり、専門化を前提とする社会では、諸機能の連帯なくして存在しえない協働体系を生み出し、組織社会を形成していく。デュルケイムは、文明社会がこうした組織社会になったにもかかわらず、いまだこの社会を秩序づける新たな統合原理が見出せないところに、現代社会のかかえる病理の根があるととらえる。

三　E・メイヨーとデュルケイム社会学——適応的社会の病理——

経営理論の中で、デュルケイム社会学から最も強い影響を受けているのは、エルトン・メイヨーである。メイヨーは、デュルケイムの提起した文明社会のかかえる課題を彼独自の経営理論のなかで解決しようと試みる。

メイヨーは、ホーソン工場での実験結果から導きだされた人間問題すなわち個人的無用感、脅迫観念的思考を産業組織内部の問題としてのみではとらえきれないとし、近代化過程から生み出された社会変化との相互関係の中から産業文明としての人間問題をとらえなおす。つまり、協働体系の中にあって、自発的協働 spontaneous cor-poration が生み出されないのはなぜかを、産業文明批判として展開している。

彼の展開する既成社会 established society と適応社会 adaptive society との比較をとおした近代文明批判は、デュルケイムの環節的社会から組織的社会への移行論に対応する。メイヨーは、適応社会の病理現象をとらえ、その克服策として社会的技能 social skill の発展の不可欠性を主張する。(4)(5)(この内容については紙数の都合もあり、割愛する)

メイヨーは、デュルケイムの社会理論より指摘された社会病理は伝統的社会への復帰によるより他に解決の道はないととらえる。しかし、デュルケイムの社会論はそうではない。デュルケイムは、近代は伝統社会にみられる機械的連帯を中心とした社会から、分業、専門化による有機的連帯を中心とした社会へと社会構造が転換したのであり、こうした新たな社会構造にはそれに適合した新たな社会の統合原理が不可欠であると主張するのである。デュルケイムは、経済至上主義が横行する近代社会そのものの病理現象を批判しているのであり、新たな社会特有の統合原理がいまだ確立されていないところに文明社会のひずみがあるととらえている。彼の主張はメイヨーの指摘する伝統社会への復帰では毛頭ない。新たな社会統合原理の不可欠性を主張するのがデュルケイム分業論であり、組織社会論である。

四　P・F・ドラッカーとデュルケイム社会学——機能する社会の実現——

分業ないしは専門化という概念を単に経済効率という視点からではなく、社会的原理としてとらえ現代経営の社会問題ないし疎外論を展開していったのは、P・F・ドラッカーである[(6)]。

ドラッカーは、企業は社会を写し出す鏡でもあるととらえる。社会編成原理としての「専門化と統合化の原理」として分業をとらえ、その経済的機能だけでなく、むしろその社会的機能を重視した現代社会論、組織社会論を展開するのがドラッカーである。

デュルケイムが有機的連帯による社会形成の不可欠性を主張したのに対応して、ドラッカーは組織内部での連帯形成の不可欠性を主張する。ドラッカーはそれを工場共同体 plant community の形成と経営者的態度 managerial attitude に求めていく。

徹底した専門化が進展する現代社会にあって、個人は組織を離れて存在意義はなくなり、組織そのものに共同体を求めていく。そこに社会的地位と機能をえられるか否かが現代社会が秩序ある社会として形成されていくか否かを決定する要素であるとする。専門化は、個人をかつての共同体から根こそぎ切り離し、孤立化させていくとともに、個人の社会的統合は組織をとおしてのみ意味をもつ社会が形成された。かつての共同体に代わるあらたな共同体として職場社会ないし工場共同体が形成されるのである。

このドラッカーの主張にたいし、タラントは次のように指摘する。「工場共同体という着想は、当時確かに、いい着想のようにみえたし、いまもそうみえる。だが、結局のところ、実現せずじまいだった。このように実を結ばずに終わったのは、単なる偶然ではない。工場共同体は、調和のとれた産業社会というドラッカーの哲学の中核をなすものだ。けれどもそれが実現しなかったからといって、産業人が台頭し、企業が社会で優位を占めるだろうというドラッカーの予測が間違っていたわけではない。[7]」

ドラッカーが、工場共同体の形成をある意味で、デュルケイムが指摘する従来の伝統的社会に形成された機械的連帯への復帰に近い要素でとらえたのに対し、他方では、組織の中での有機的連帯形成の必要をも主張する。それが彼の言う「経営者的態度」である。組織の最下層の労働者であろうと、みずからの業務が全体目標といかに統合されているかを認識することが重要である。この主張は、デュルケイムの集合意識の形成に対応している。ある意味で組織社会、有機的連帯による紐帯を形成するより他にない社会にあって経営者的態度の形成は積極的な意味をもつ。専門化すればするほど、みずからの分割された業務と社会の全体像を統合的に認識できる精神的態度の育成、これがドラッカーの主張する経営者的態度である。

五　むすび

デュルケイム分業論をとおして、現代経営学をとらえなおしてみた。マネジメントの学は、目的達成のための効率化を追及する学として発展してきた。しかし、そのことから生み出される疎外論ないし社会体系の病理現象をもとらえ、その解決策をも見据えた社会科学として発展しないかぎり、マネジメントの学は単なる技術論に堕してしまう。現代社会に生きる個人は、組織を離れて存在意義はなくなっている。組織それ自体が一つの社会体系になっている。このことを前提条件として現代の社会体系が形成されているのであれば、マネジメントの学は社会科学のなかでこの問題を解き明かし、その解決策を求めていくことは重要な課題となる。デュルケイムこそ、専門化による協働体系、分業による社会体系の現代的意味をとらえ、新たな社会形成の紐帯、有機的連帯の形成こそが不可欠とといた最初の社会科学者である。現代経営学は、改めてデュルケイム社会学の組織疎外論的視座からとらえなおすことが必要である。

この稿を終えるにあたって、学会報告の際、コメンテータとして数多くの貴重かつ示唆に富むコメントをいただいた厚東偉介教授に心より感謝したい。教授の指摘されるように、デュルケイムを通して「産業化にともなう社会病理」を導きだすのであれば、デュルケイムの「アノミー」論との関係を明確化すべきであろう。デュルケイム社会学には、一方で伝統的社会（環節的社会）から組織社会（有機的社会）へいたる社会進化論としての社会肯定論があるとともに、他方では『自殺論』にみられるように近代社会の新たな統合原理の欠如によりもたらされる「アノミー」論としての社会疎外論がある。厚東教授が指摘されるように「社会病理」としての現代組織社会論を展開するには、社会規範の欠如からもたらされるアノミー論からのアプローチの強調が必要であろう。さらに、教授はヨーロッパ大陸に根強い「サンディカリズム」が、デュルケイム社会学の形成に影響を与えており、さらにメイヨーやドラッカーの工場共同体論にもサンディカリズムの影響がみられると指摘されている。デュルケイムの中間集団論、自立的な職業集団論等、まさにサンディカリズムを念頭において展開されており、ドラッカーの企業制度論（自律的制度としての企業）、多元的社会論はデュルケイム社会学を通して理解するとその広がりが明確となる。この点の研究は今後の課題としたい。

また、報告後に三戸公教授から、分業論を展開するにあたってはスミスも重要ではあるが、マルクスの分業論の展開がないのはなぜかという示唆に富むご指摘があった。マルクスの分業論は、経済学的合理性の分析であるとともに労働疎外論分析でもある。今後、改めて、デュルケイムとマルクスの分業論の比較研究を行うこととしたい。

注

（1）Adam Smith, *An Inquiry Into The Nature And Causes Of The Wealth Of Nations,* Vol.1 in 2Vols., pp.4-6.（水田　洋訳『国富論（上）』河出書房、一九六五年。）

（2）Emile Durkheim, De La Division Du Travail Social, Press Universitaires de France, 10e edition: 4e trimestre 1978, p.12.（田原音和訳『社会分業論：現代社会学大系　第2巻』青木書店、一九七一年。）

（3）*Ibid.,* p.18.

（4）Elton Mayor, *The Social Problems Of An Industrial Civilization,* Division of Research, Graduate School for Business Administration, Harvard University, Boston, 1945.

（5）Elton Mayor, *The Human Problems Of An Industrial Civilization,* The Macmillan company, 1933.（村本栄一訳『新訳　産業文明における人間問題』日本能率協会、一九六七年。）

（6）P. F. Drucker, *The New Society: The Anatomy Of The Industrial Order,* Harper & Row, Publishers, 1949.（現代経営研究会訳『新しい社会と新しい経営』ダイヤモンド社、一九五七年。）

（7）John J. Tarrant, *Drucker: The Man Who Invented The Corporate Society,* Cahners Books Inc., 1976.（風間禎三郎訳『ドラッカー：企業社会を発明した思想家』ダイヤモンド社、一九九七年。）

Ⅲ 文 献

ここに掲載の文献一覧は、第I部の統一論題論文執筆者が各自のテーマの基本文献としてリストアップしたものを、年報編集委員会の責任において集約したものである。

一　経営学の類別——経験と科学をキーワードとして——

洋書

1 Taylor, F. W., *The Principles of Scientific Management*, Harper, 1911.（上野陽一訳編『科学的管理法』産業能率短大出版部、一九六九年、新版、産能大出版部、一九八〇年、所収）

2 Mayo, E., *The Human Problems of an Industrial Civilization*, Macmillan, 1933.（村本栄一訳『産業文明における人間問題』日本能率協会、一九五一年）

3 Barnard, C. I., *The Functions of the Executive*, Harvard Univ. Press, 1938.（山本安次郎・田杉　競・飯野春樹訳『新訳・経営者の役割』ダイヤモンド社、一九六八年、田杉・矢野・降旗・飯野（旧訳）、一九五六年）

4 Simon, H. A., *Administrative Behavior*, Macmillan, 1947.（松田武彦・高柳　暁・二村敏子訳『経営行動』ダイヤモンド社、一九六五年）

5 Simon, H. A., *Reason in Human Affairs*, Stanford Univ. Press, 1983.（佐々木恒男・吉原正彦訳『意思決定と合理性』文眞堂、一九八七年）

6 March, J. G. and H. A. Simon, *Organizations*, Wiley, 1958.（土屋守章訳『オーガニゼーションズ』ダイヤモンド社、一九七七年）

7 Boulding, K. E., *The Skills of the Economist*, Howard Allen, 1958.（桜井欣一郎・桜井美智子訳『経済学——その領域と方法——』東洋経済新報社、一九六四年）

8 Popper, K. R., *The Logic of Scientific Discovery*, Hutchinson, 1959.（大内義一・森　博訳『科学的発見の論理上・下』恒星社厚生閣、一九七一年）

9 Popper, K. R., *Objective Knowledge: An Evolutional Approach*, Clarendon, 1972.（森　博訳『客観的知識』木鐸社、一九七四年）

10 Hospers, J., *An Introduction to Philosophical Analysis*, Prentice-Hall, 1967.（速川治郎・遠藤　弘・中田　勉訳

『分析哲学入門・3　科学哲学』法政大学出版部、一九七一年）

11 Harrod, R., *Sociology, Moral and Mystery*, Macmillan, 1971.（清水幾太郎訳『社会科学とは何か』岩波新書、一九七五年）

12 Arrow, K. J., *The Limits of Organizations*, W. W. Norton, 1974.（村上泰亮訳『組織の限界』岩波書店、一九七六年）

13 Lakatos, I., *The Methodology of Scientific Research Programes*, Cambridge Univ. Press, 1978.（村上陽一郎・井山弘幸・小林傳司・横山輝雄訳『方法の擁護』新曜社、一九八六年）

和書

1 丘　浅次郎『進化と人生』（上・下）講談社学術文庫、一九七六年。

2 北野利信『経営組織の設計』森山書店、一九八一年。

3 山下重一『スペンサーと日本近代』御茶の水書房、一九八三年。

4 三戸　公「科学的管理の世界―現代社会を根抵的に問う―」『中京経営研究』第九巻第一号、一九九九年九月。

二　管理論・組織論

洋書

1 Weber, M., *Gesammelte Aufsatze zur Religionssoziologie*, 1920.

2 Weber, M., *Wirdshaft und Gesellshaft*, Grundriss der verstehenden Soziologie, 1922.

3 Taylor, F. W., *Shop Management*, 1903.（上野陽一訳『科学的管理法』産業能率短大出版部、一九六九年、新版、産能大出版部、一九八〇年、所収）

4 Barnard, C. I., *The Functions of the Executive*, Harvard University Press, 1938.（山本・田杉・飯野訳『新訳経営者の役割』ダイヤモンド社、一九六八年、田杉・矢野・降旗・飯野（旧訳）、一九五六年）

5 Simon, H. A., *Administrative Behavior*, The Free Press, 1947.（松田武彦・高柳　暁・二村敏子訳『経営行動』ダイヤモンド社、一九六五年）

6 March, J. G. and Simon, H. A., *Organisations*, John Wiley & Sons, Inc., 1958.（土屋守章訳『オーガニゼーションズ』ダイヤモンド社、一九七七年）

7 Merton, R. K., *Social Theory and Social Structure: Toward the Codification of Theory and Research*, enlarged ed., The Free Press, 1968.（森　東吾・森　好夫・金沢　実・中島竜太郎訳『社会理論と社会構造』みすず書房、一九六一年）

8 Lowitt, K., *Karl Marx und Max Weber*, Archiv fur Sozialwissenshaft und Sozialpolitik, Bd 67, 1932.（柴田治三郎・脇　圭平・安藤英治訳『ウェーバーとマルクス』未来社、一九六六年）

9 Gouldner, A. W., *Patterns of Industrial Bureaucracy*, The Free Press, 1954.（岡本秀昭・塩原　勉『産業における官僚制——組織過程と緊張の研究——』ダイヤモンド社、一九六三年）

10 Perrow, C., *Complex Organizations: A Critical Essay*, Scott Foreman and Company, Glenview, 1972.（佐藤慶幸監訳『現代組織論批判』早稲田大学出版部、一九七八年）

11 Thompson, J. D., *Organizations in Action*, New York, McGraw-Hill, 1967.（高宮　晋訳『オーガニゼーション・イン・アクション』同文舘、一九八七年）

12 Wren, D. A., *The Evolution of Management Thought*, John Wiley & Sons, Inc., 1979.（車戸　実監訳『現代経営管理思想』マグロウヒル好学社、一九八二年）

13 Mintzberg, H. A., *Mintzberg on Management : Inside Our Strange World of Organizations*, New York, The Free Press, 1989.（北野利信訳『人間感覚のマネジメント——行き過ぎた合理主義への抗議——』ダイヤモンド社、一九九一年）

和書

1 野中郁次郎・加護野忠男・小松陽一・奥村昭博・坂下昭宣『組織現象の理論と測定』千倉書房、一九七八年。

2 加護野忠男『組織認識論——企業における創造と革新の研究——』千倉書房、一九八八年。

3 野中郁次郎『知識創造の経営』日本経済新聞社、一九九〇年。
4 佐藤慶幸『生活世界と対話の理論』文眞堂、一九九一年。
5 稲村 毅・仲田正機編著『転換期の経営学』中央経済社、一九九二年。
6 三戸 公『随伴的結果』文眞堂、一九九四年。
7 三戸 公『現代の学としての経営学』文眞堂、一九九七年。
8 三戸 公『科学的管理の未来』未来社、二〇〇〇年。

三 アメリカ経営学の方法――プラグマティズムと論理実証主義――

洋書

1 Barnard, C. I., *The Functions of the Executive*, Harvard Univ. Press, 1938.（山本安次郎・田杉 競・飯野春樹訳『新訳 経営者の役割』ダイヤモンド社、一九六八年、田杉・矢野・降旗・飯野（旧訳）、一九五六年）
2 Mayo, E., *The Social Problems of an Industrial Civilization*, Routledge & Kegan Paul, 1949.
3 Popper, Karl R., *The Poverty of Historicism*, 2nd ed., Routledge & Kegan Paul, 1960.（久野 収・市井三郎訳『歴史主義の貧困――社会科学の方法と実践――』中央公論社、一九六一年）
4 Kraft, Victor von, *Der Wiener Kreis : der Ursprung des Neopositivismus, ein Kapitel der Jungsten*, Springer-Verlag, 1968.（寺中平治訳『ウィーン学団――論理実証主義の起源・現代哲学史への一章――』勁草書房、一九九〇年）
5 Kuhn, S. T., *The Structure of Scientific Revolutions*, Univ. of Chicago Press, 1962.（中山 茂訳『科学革命の構造』みすず書房、一九七一年）
6 Simon, H. A., *Administrative Behavior*, 3rd ed., The Free Press, 1976.（松田武彦・高柳 暁・二村敏子訳『経営行動』ダイヤモンド社、一九八九年）
7 Roethlisberger F. J. (Lombard, George F.F. ed.), *The Elusive Phenomena : an Autobiographical Account of*

My Work in the Field of Organizational Behavior at the Harvard Business School, Division of Research, Graduate School of Business Administration, Harvard University, Distributed by Harvard University Press, 1977.

8 James, William, *Pragmatism : a New Name for Some Old Ways of Thinking; The Meaning of Truth : a Sequel to Pragmatism*, Harvard University Press, 1978.（桝田啓三郎訳『プラグマティズム』岩波書店〔岩波文庫〕、一九五七年）

9 Rorty, Richard, *Philosophy and the Mirror of Nature*, Princeton University Press, 1979.（野家啓一監訳・伊藤春樹他訳『哲学と自然の鏡』産業図書、一九九三年）

10 Rorty, R., *Consequences of Pragmatism*, Univ. of Minnesota Press, 1982.（室井　尚訳『哲学の脱構築――プラグマティズムの帰結――』御茶の水書房、一九八五年）

11 March, J. G. and Simon, H. A., *Organizations*, 2nd ed., Blackwell Publishers, 1993.（初版訳：土屋守章訳『オーガニゼーションズ』ダイヤモンド社、一九七七年）

12 Quine, W. V. O., *Pursuit of Truth*, Harvard University Press, 1990.（伊藤春樹・清塚邦彦訳『真理を追って』産業図書、一九九九年）

13 Caldwell, B.J., *Beyond Positivism*, revised edition, Routledge, 1994.（堀田一善・渡部直樹監訳『実証主義を超えて――二十世紀経済科学方法論――』中央経済社、一九八九年）

14 Miner, John B. ed., *Administrative and Management Theory*, Dartmouth, 1995.

15 Saatkamp, Herman J., Jr. ed., *Rorty and Pragmatism : the Philosopher Responds to His Critics*, Vanderbilt University Press, 1995.

16 Smircich, L. and Calas, M. B. eds., *Critical Perspectives on Organization and Management Theory*, Dartmouth, 1995.

17 Smircich, L. and Calas, M.B. eds., *Postmodern Management Theory*, Dartmouth, 1997.

18 Simon, H.A., *Models of My Life*, The MIT Press, 1996.（安西祐一郎・安西徳子訳『ハーバード・A・サイモン学者人生のモデル』岩波書店、一九九八年）

和書

1 飯野春樹『バーナード研究――その組織と管理の理論――』文眞堂、一九七八年。

2 上山春平責任編集『パース、ジェイムズ、デューイ』中央公論社、一九八〇年。

3 飯野春樹編『人間協働――経営学の巨人、バーナードに学ぶ――』文眞堂、一九八八年。

4 野家啓一『科学の解釈学』新曜社、一九九三年。

5 冨田恭彦『クワインと現代アメリカ哲学』世界思想社、一九九四年。

6 新田義弘他編『科学論（岩波講座現代思想10）』岩波書店、一九九四年。

7 内井惣七『科学哲学入門――科学の方法・科学の目的――』世界思想社、一九九五年。

8 高 巖『H・A・サイモン研究――認知科学的意思決定論の構築――』文眞堂、一九九五年。

9 三井 泉「アメリカ経営学史の方法論的考察」経営学史学会編『経営学の巨人』文眞堂、一九九五年、一三九―一四七頁、所収。

10 加藤勝康『C・I・バーナードとL・J・ヘンダーソン』文眞堂、一九九六年。

11 丹治信春『クワイン――ホーリズムの哲学――』講談社、一九九七年。

12 三井 泉「バーナード理論の方法的基盤――〈実践〉と〈科学〉のはざまに見たもの――」『経営学パラダイムの探求（加藤勝康博士喜寿記念論文集）』、文眞堂、二〇〇一年。

四 組織変革とポストモダン

自己組織性とシステム

洋書

1 Yovits, Marshall C., George T. Jacobi, and Gordon D. Goldstein, *Self-Organizing Systems*, Spartan Books, 1962.

2 Ashby, W. Ross, *An Introduction to Cybernetics*, London: Chapman & Hall, 1956.（篠崎 武他訳『サイバネ

ティックス入門』宇野書店、一九六七年）

3 Habermas, Jurgen & Luhmann, Niklas, *Theorie der Gesellschaft oder Sozialtechnologie: Was leistet die Systemforschung?*, Suhrkamp, 1971.（佐藤嘉一・山口節郎・藤沢賢一郎訳『批判理論と社会システム理論』上・下、木鐸社、一九八四―八七年）

4 Haken, Herman, *Synergetics: An Introduction, Non-equilibrium Phase Transitions and Self-Organization in Physics, Chemistry and Biology*, Berlin, Heidelberg: Springer-Verlag, 1976, 2nd ed., 1978.（牧島邦夫・小森尚志訳『協同現象の数理――物理、生物、化学系における自律形成』東海大学出版会、一九八〇年）

5 Nicolis, Gregoire and Ilya Prigogine, *Self-Organization in Nonequilibrium Systems: From Dissipative Structures to Order through Fluctuations*, New York, John Wiley & Sons, 1977.（小畠陽之助・相沢洋二訳『散逸構造――自己秩序形成の物理学的基礎』岩波書店、一九八〇年）

6 Varela, Francisco J., *Principles of Biological Autonomy*, New York, North Holland, 1979.

7 Jantsch, Erich, *TheSelf-Organizing Universe: Scientific and Human Implications of the Emerging Paradigm of Evolution*, London, Pergamon Press, 1980.（芹沢高志・内田美恵訳『自己組織化する宇宙――自然・生命・社会の創発的パラダイム』工作舎、一九八六年）

8 Maturana, Humberto and Francisco J. Varela, *Autopoiesis and Cognition: The Realization of the Living*, Dordrecht, D. Reidel Publishing Co., 1980.（河本英夫訳『オートポイエーシス――生命システムとはなにか』国文社、一九九一年）

9 Prigogine, Ilya, *From Being to Becoming: Time and Complexity in the Physical Sciences*, San Francisco, W. H. Freeman & Co., 1980.（小出昭一郎・我孫子誠也訳『存在から生成へ』みすず書房、一九八四年）

10 Habermas, Jürgen, *Theorie des kommunikativen Handelns*, 2Bde., Frankfurt am Main, Suhrkamp, 1981.（河上倫逸他訳『コミュニケイション的行為の理論』上・中・下、未来社、一九八五―八七年）

11 Luhmann, Niklas, *Soziale Systeme: Grundriß einer allgemeinen Theorie*, Frankfurt am Main, Suhrkamp, 1984.（佐藤　勉監訳『社会システム理論』上・下、恒星社厚生閣、一九九三年）

12 Luhmann, Niklas, *Die Wirtschaft der Gesellschaft*, Suhrkamp, 1988.（春日淳一訳『社会の経済』文眞堂、一九

九一年)

13 Foerster, Heinz von and G. W. Zopf, Jr. eds., *Principles of Self-Organization*, Pergamon Press, 1961.

和書

1 今西錦司『進化とはなにか』講談社学術文庫、一九七六年。

2 武者利光『ゆらぎの世界——自然界の1／fゆらぎの不思議——』講談社、一九八〇年。

3 山口節郎『社会と意味』勁草書房、一九八二年。

4 岩井克人『ヴェニスの商人の資本論』筑摩書房、一九八五年。

5 野中郁次郎『企業進化論——情報創造のマネジメント——』日本経済新聞社、一九八五年。

6 今田高俊『自己組織性——社会理論の復活——』創文社、一九八六年。

7 吉田民人『情報と自己組織性の理論』東京大学出版会、一九九〇年。

8 黒石　晋『システム社会学——大キサの知——』ハーベスト社、一九九一年。

9 佐藤慶幸『生活世界と対話の理論』文眞堂、一九九一年。

10 支援科学基礎論研究会編『支援学——管理社会をこえて——』東方出版、二〇〇〇年。

モダンとポストモダン

洋書

1 Barnard, Chester I., *The Functions of the Executive*, Cambridge, Mass, Harvard University Press, 1938.

2 Baudrillard, Jean, *La société de consommation: ses mythes, ses structures*, Paris, Gallimard, 1970.（今村仁司・塚原　史訳『消費社会の神話と構造』紀伊國屋書店、一九七九年）

3 Derrida, Jacques, *Positions*, Paris, Editions de Minuit, 1972.（高橋允昭訳『ポジション』青土社、一九八一年）

4 Baudrillard, Jean, *L'échange symbolique et la mort*, Paris, Gallimard, 1975.（今村仁司・塚原　史訳『象徴交換と死』ちくま学芸文庫、一九九二年）

5 Bell, Daniel, *The Cultural Contradictions of Capitalism*, New York, Basic Book, 1976.（林雄二郎訳『資本主義

の文化的矛盾』上・中・下、講談社、一九七六―七七年）

6 Giddens, Anthony, *Modernity and Self-Identity: Self and Society in the Late Modern Age,* Stanford, Stanford University Press, 1991.

7 Inglehart, Ronald, *Silent Revolution: Changing Values and Political Styles among Western Publics,* Princeton, Princeton University Press, 1977.（三宅一郎・金丸輝男・富沢　克訳『静かなる革命』東洋経済新報社、一九七八年）

8 Jencks, Charles, *The Language of Post-Modern Architecture,* London, Academy, 1977.（竹山　実訳「ポストモダニズムの建築言語」『建築と都市』臨時増刊号、一九七八年）

9 Lyotard, Jean-Francois, *La condition postmoderne,* Paris, Minuit, 1979.（小林康夫訳『ポスト・モダンの条件――知・社会・言語ゲーム――』風の薔薇、一九八六年）

10 Giddens, Anthony, *The Consequences of Modernity,* Cambridge, Polity Press, 1990.（松尾精文・小幡正敏訳『近代とはいかなる時代か?――モダニティの帰結――』而立書房、一九九三年）

11 Lash, Scott, *Sociology of Postmodernism,* London, Routledge, 1990.（田中義久監訳『ポスト・モダニティの社会学』法政大学出版局、一九九七年）

12 Beck, Ulrich, Anthony Giddens and Scott Lash, *Reflexive Modernization: Politics, Tradition and Aesthetics in the Modern Social Order,* Cambridge, Polity Press, 1994.（松尾精文・小幡正敏・叶堂隆三訳『再帰的近代化――近現代における政治、伝統、美的原理――』而立書房、一九九七年）

13 Lyon, David, *Postmodernity,* Buckingham, Open University Press, 1994.（合庭　惇訳『ポストモダニティ』せりか書房、一九九六年）

14 Kumar, Krishan, *From Post-Industrial to Post-Modern Society: New Theories of the Contemporary World,* Cambridge, Massachusetts, Blackwell Publishers, 1995.

和書

1 今田高俊『モダンの脱構築』中公新書、一九八七年。

2 山崎正和『柔らかい個人主義の誕生——消費社会の美学——』中公文庫、一九八七年。
3 佐伯啓思『産業文明とポストモダン』筑摩書房、一九八九年。
4 三上剛史『ポスト近代の社会学』世界思想社、一九九三年。
5 渡辺聰子『生きがい創造への組織変革』東洋経済新報社、一九九四年。
6 今田高俊編『社会階層のポストモダン』東京大学出版会、二〇〇〇年。

官僚制・ネットワーク・リゾーム

洋書

1 Taylor, F. Winslow, *The Principle of Scientific Management*, New York, Harper & Brothers Publishers, 1911.
2 Weber, Max, *Wirtschaft und Gesellschaft*, Tübingen, J. C. B. Mohr, 1921-22. (*From Max Weber: Essays in Sociology*, translated by Hans H. Gerth and C. Wright Mills, New York, Oxford University Press, 1946.)
3 Mayo, Elton, *The Human Problems of an Industrial Civilization*, New York, Macmillan, 1933.
4 Mayo, Elton, *The Social Problems of an Industrial Civilization*, Boston, Harvard University Press, 1945.
5 Simon, Herbert A., *Administrative Behavior*, 2nd ed., New York, Macmillan, 1957.
6 Maslow, Abraham H., *Motivation and Personality*, 2nd ed., New York, Harper & Row, 1970.（小口忠彦訳『人間性の心理学——モチベーションとパーソナリティ——』産業能率大学出版部、一九八七年）
7 Deleuze, Gilles & Felix Guattari, *Mille plateaux*, Paris, Minuit, 1980.（宇野邦一他訳『千のプラトー』河出書房新社、一九九四年）
8 Lipnack, Jessica & Jeffrey Stamps, *Networking: The First Report and Directory*, 1982.（社会開発統計研究所訳『ネットワーキング——ヨコ型情報社会への潮流——』プレジデント社、一九八四年）
9 Melucci, Alberto, *Nomads of the Present: Social Movements and Individual Needs in Contemporary Society*, London, Hutchinson Radius, 1989.（山之内靖・貴堂嘉之・宮崎かすみ訳『現在に生きる遊牧民——新しい

公共空間の創出に向けて――』岩波書店、一九九七年）

10 Waterman, Robert H. Jr., *What America Does Right: Learning from Companies That Put People First*, W. W. Norton, 1994.（野中郁次郎訳『エクセレントマネージャー』クレスト社、一九九四年）

11 Adams, Robert, *Social Work and Empowerment*, London, Macmillan Press, 1996.

和書

1 今井賢一・金子郁容『ネットワーク組織論』岩波書店、一九八八年。

2 小橋康章『決定を支援する』東京大学出版会、一九八八年。

五　システムと複雑適応系

洋書

1 Ashby, W. R., “Principles of the Self-Organizing System,” in Foerster, H. V. & G. W. Zopf, Jr. (eds.), *Principles of Self-Organization*, Pergamon Press, 1962.

2 Bertalanffy, L. v., *General System Theory: Foundations, Development, Applications*, revised ed., New York, George Braziller, 1968.（長野　敬・太田邦昌訳『一般システム理論』みすず書房、一九七三年）

3 Maturana, H. R. and Varela, F. J., *Autopoiesis and Cognition*, Dordecht, Reidel Publishing Company, 1980.（河本英夫訳『オートポイエーシス』国文社、一九九一年）

4 Beer, S., *Brain of the Firms*, 2nd edition, New York, John Wiley & Sons, 1981.

5 Hodgson, Geoffrey M., *Economics and Institutions*, Polity Press, 1988.

6 Bak, P. and Chen, K., “Self-Organized Criticality,” *Scientific American*, January 1991.

7 Ulrich, H. and Probst, G. J. B., *Anleitung zum Ganzheitlichen Denken und Handeln*, Bern, Verlag Paul Haupt, 1991.（清水敏允・安西幹夫・榊原研互訳『全体的思考と行為の方法』文眞堂、一九九七年）

8 Milgrom, P. and Roberts, J., *Economics, Organization & Management,* Prentice Hall, 1992.（奥野正寛・伊藤秀史・今井晴雄・西村　理・八木　甫訳『組織の経済学』NTT出版、一九九七年）
9 Waldrop, M.M., *Complexity: The Emerging Science at the Edge of Order and Chaos,* New York, Sterling Lord Literistic Inc., 1992.（田中三彦・遠山峻征訳『複雑系』新潮社、一九九六年）
10 Kauffman, S. A., *The Origins of Order : Self-Organization and Selection in Evolution,* Oxford University Press, 1993.
11 Arthur, B., *Increasing Returns and Path Dependence in the Economy,* The University of Michigan Press, 1994.
12 Gell-Mann, M., *The Quark and the Jaguar : Adventures in the Simple and the Complex,* New York, W. H. Freeman & Co., 1994.（野本陽代訳『クォークとジャガー』草思社、一九九七年）
13 Mingers, J., *Self-Producing Systems: Implications and Applications of Autopoiesis,* New York, Plenum Publishing, 1994.
14 Kauffman, S. A., *At Home in the Universe: The Search for Laws of Self-Organization and Complexity,* Oxford University Press, 1995.（米沢富美子監訳『自己組織化と進化の論理――宇宙を貫く複雑系の法則――』日本経済新聞社、一九九九年）
15 Krough, G. von and Roos, J., *Organizational Epistemology,* New York, St. Martin's Press, 1995.
16 Lazear, E. P., *Personnel Economics for Managers,* John Wiley & Sons, Inc., 1998.（樋口美雄・清家　篤訳『人事と組織の経済学』日本経済新聞社、一九九八年）

和書

1 野中郁次郎『企業進化論――情報創造のマネジメント――』日本経済新聞社、一九八五年。
2 浅田　彰「プリゴジーヌ躍動する生成の科学」『現代思想』第一四巻一四号、一九八六年。
3 今田高俊『自己組織性――社会理論の復活――』創文社、一九八六年。
4 柄谷行人『内省と遡行』講談社学術文庫、一九八八年。

5　黒石　晋『システム社会学』ハーベスト社、一九九一年。
6　河本英夫『オートポイエーシス――第三世代システム――』青土社、一九九五年。
7　西山賢一『免疫ネットワークの時代』ＮＨＫ出版、一九九五年。
8　青木昌彦・奥野正寛編著『経済システムの比較制度分析』東京大学出版会、一九九六年。
9　塩沢由典『複雑さの帰結』ＮＴＴ出版、一九九七年。
10　西山賢一『複雑系としての経済』ＮＨＫ出版、一九九七年。
11　森山　茂『自己創成するガイア』学習研究社、一九九七年。
12　河合忠彦『複雑適応系リーダーシップ――変革モデルとケース分析――』有斐閣、一九九九年。

Ⅳ 資　料

経営学史学会第八回大会実行委員長挨拶

佐護　譽

二千年五月十九日（金）から二十一日（日）にかけて、九州産業大学において、経営学史学会第八回大会が開催されました。二十世紀最後の、文字どおり記念すべき大会を開催させていただき、光栄に思っております。昨年の統一論題「経営学百年――鳥瞰と未来展望」を受けて、「経営学百年――組織・管理研究の方法と課題」という統一論題のもとで、研究発表・議論が行われ、まことに世紀最後の学会にふさわしい内容のものとなりました。

九州産業大学が位置する九州・福岡市は、大陸アジアと隣接し、歴史的にみても、この地域と深い係わりを持ってきました。とくに文化・学術交流には顕著なものがありました。このことを思い、今後の日韓学術交流を祈念して、韓国より比較経営研究の第一人者である愼侑根博士（ソウル大学校経営大学教授）を招聘し、特別講演をお願い致しました。先生には懇親会にもご出席いただき、日韓懇親の実もあげることができました。ご多忙のところ、特別講演を快諾して下さった愼侑根教授に厚く御礼を申し上げます。

大会の企画・実行に当たりましては、村田晴夫理事長をはじめ、理事・幹事の諸先生に懇切なご指導をいただきました。心より感謝申し上げます。

大会の運営に際しましては、ゆき届かない点が多々あったことと存じますが、何卒ご海容の程お願い致します。ご協力まことにありがとうございました。

第八回大会をふりかえって

廣瀬幹好

経営学史学会第八回大会は、二〇〇〇年五月十九日（金）、二十日（土）、二十一日（日）に、九州産業大学において開催された。大会実行委員長は、本学会副理事長で経営学部長の佐護譽教授であった。九州産業大学は、福岡都心部の天神やＪＲ博多駅からバス・鉄道で十五分、福岡空港からならばタクシーで二十分ほどの交通至便な福岡の副都心、東区に立地している。キャンパスは広大で美しく、三階まで吹き抜けの広々としたメインホールで連結された一〇階建てのシンボル棟「ツイン93」において、大会は運営された。

本年度は、昨年度の「経営学百年――鳥瞰と未来展望――」における議論を引継ぎ、「経営学百年――組織・管理研究の方法と課題――」という統一論題が設定された。経営学研究の方法論的反省の必要を提起した基調報告、これを受けて経験と科学視点からの経営学の展望、合理性と人間性、プラグマティズムと論理実証主義、組織変革とポストモダン、複雑適応系、システムと複雑系の諸理論について、活発な議論が展開された。同時に、三会場で九名の方々による意欲的な自由論題報告と、ソウル大学の愼侑根教授の特別講演「比較経営研究の方法と課題―東アジア的企業経営システムの構想を中心として―」も行われた。

大会初日の十九日は理事会が開催され、一年間の活動報告、会員の入退会、経営学史事典出版、第九回全国大会開催候補校等の総会報告議案の検討が行なわれた。二十日からの大会は、大会実行委員長の佐護教授のもとで、池内秀己教授、片岡進助教授を中心にして円滑に運営された。今年も昨年同様一週間前には予稿集が会員の手元に届いたことに示される用意周到な大会準備、ならびに当日の運営のご努力に対し、佐護譽大会実行委員長をはじめとする九州産業大学各位に厚く御礼申し上げる。

第八回大会のプログラムは次の通りであった（敬称略）。

第一日目、五月二十日（土）

【自由論題】（報告三五分、コメント五分、質疑一五分）

A会場（一号館一—S二〇七教室）

九：三〇—一〇：二五　吉成亮（横浜国立大学大学院生）「組織の専門化に関する組織論的考察—プロフェッショナルとクライアント—」

チェアパーソン・藤井一弘（甲子園大学）

一〇：三五—一一：三〇　海老澤栄一（神奈川大学）「自由競争を前提にした市場経済原理にもとづく経営学の功罪—経営資源所有の視点から—」

チェアパーソン・鎌田伸一（防衛大学校）

一一：四〇—一二：三五　加治敏雄（中央大学）「ドイツの戦略論的管理論の特徴と意義」

チェアパーソン・風間信隆（明治大学）

B会場（一号館一—N二〇三教室）

九：三〇—一〇：二五　高見精一郎（中京大学大学院生）「オーソリティ論における職能説—高宮晋とM・P・フォレット—」

チェアパーソン・榎本世彦（兵庫大学）

一〇：三五―一一：三〇　村山元理（常磐大学）「アメリカ企業社会とスピリチュアリティー」
チェアパーソン・島田恒（龍谷大学）
一一：四〇―一二：三五　小山嚴也（山梨学院大学）「企業に対する社会的要請の変化―社会的責任論の変遷を手がかりにして―」
チェアパーソン・出見世信之（埼玉大学）

C会場（一号館一―N二〇四教室）
九：三〇―一〇：二五　四本雅人（横浜国立大学大学院生）「組織文化論再考―解釈主義的文化論へ向けて―」
チェアパーソン・角野信夫（神戸学院大学）
一〇：三五―一一：三〇　大月博司（北海学園大学）「組織研究の方法論争―機能主義的分析と解釈主義的分析―」
チェアパーソン・大平浩二（明治学院大学）
一一：四〇―一二：三五　齋藤貞之（北九州大学）「E・デュルケムと現代経営学」
チェアパーソン・厚東偉介（早稲田大学）

【基調報告・統一論題・特別講演】（一号館一―S二〇一教室）
一三：三五―一四：〇五　基調報告：　佐々木恒男（日本大学）
司会・村田晴夫（桃山学院大学）
一四：〇五―一四：五五　統一論題一：　原澤芳太郎（東京理科大学）「経営学の類別と展望―経験と科学をキーワードとして―」
司会・稲葉元吉（成城大学）、討論者・加藤勝康（青森公立大学）
一五：一〇―一六：〇〇　特別講演：　愼侑根（ソウル大学）「比較経営研究の方法と課題―東アジア的企業経

営システムの構想を中心として―」
司会・佐護譽（九州産業大学）、歓迎の辞・村田晴夫（前掲）、通訳・高時天（九州産業大学）

第二日目、五月二十一日（日）

九：三〇―一〇：二〇　統一論題二：　池内秀己（九州産業大学）「組織・管理研究における合理性と人間性」
司会・仲田正機（立命館大学）、討論者・稲村毅（神戸学院大学）

一〇：二〇―一一：一〇　統一論題三：　三井泉（帝塚山大学）「アメリカ経営学における『プラグマティズム』と『論理実証主義』」
司会・鈴木辰治（新潟大学）、討論者・高橋由明（中央大学）

一一：一〇―一二：〇〇　統一論題四：　今田高俊（東京工業大学大学院）「組織変革とポストモダン」
司会・岸田民樹（名古屋大学）、討論者・田中政光（横浜国立大学）

一三：〇〇―一四：二〇　統一論題五：　河合忠彦（筑波大学）「複雑適応系―第三世代システム論―」
統一論題五：　西山賢一（埼玉大学）「システムと複雑性」
司会・村田晴夫（前掲）、討論者・庭本佳和（流通科学大学）

【シンポジウム：経営学百年―組織・管理研究の方法と課題―】（一号館一―Ｓ二〇一教室）
チェアパーソン：　佐々木恒男（前掲）、片岡信之（桃山学院大学）
パネリスト：　統一論題報告者・討論者一一名（前掲）

大会運営上の特徴について、確認の意味で少し述べておきたい。自由論題において、報告内容の論点を明確にし討論をリードするために、第五回大会（一九九七年）以降、司会はチェアパーソンとなった。チェアパーソンには五分のコメント時間が与えられ、それに続く一五分間の質疑をリードする役割が期待されている。セッション参加者にとって一五分という討論時間は決して十分ではないかもしれないが、今大会においても、内容の濃い質疑が行なわれたと思われる。

組織の時代であり経営学発展の時代であった二〇世紀において、経営学は、人間の学としての役割期待に十分応えておらず、未だその学問的威信の確立に至っていない。新世紀にむけて、これら課題の達成のために組織・管理研究の方法と課題を総括しようというのが、今回の統一論題の趣旨であった。各領域を代表する報告者の方々が、以上の課題に立ち向かい、新しい世紀における経営学の発展を展望した方法論的考察を提示され、またシンポジウムでは活発な議論の応酬があった。今回の議論によって、経営学研究の方法を統合する統一理論の概容が見えたと確信し得るわけではないが、多様な研究領域から学びながら歴史研究によって学の分化ではなく統合をめざそうとする本学会の精神が、今大会においても十分に示されていたと思われる。

さて、二〇日の会員総会の後、「ツイン93」の眺望のすばらしい七階大会議室において懇親会が催された。開会に先立ち、加藤勝康本学会前理事長の旧友であられる山﨑良也九州産業大学学長より、心温まる歓迎のご挨拶を頂戴し、会員一同一日の疲れを癒した。大会を通じての参加者は一三八名であった。総会において、第九回大会が札幌大学で開催されることが決定され、本学会理事でもある小山修札幌大学教授より歓迎の挨拶が行なわれた。

執筆者紹介（執筆順）

佐々木《ささき》　恒《つね》　男《お》（日本大学教授）

主著『アンリ・ファヨール――その人と経営戦略、そして経営の理論――』文眞堂、一九八四年

『マネジメントとは何か』文眞堂、一九九二年

愼《しん》　侑《ゆー》　根《くん》（ソウル大学校経営大学教授）

主著『現代の企業と経営』経文社、一九九四年

『人間尊重の経営』茶山出版社、一九九七年

訳者

高《こう》　時《し》　天《ちょん》（九州産業大学教授）

原《はら》　澤《さわ》　芳太郎《よしたろう》（東京理科大学教授）

主要論文「コンフリクトと組織機構の変化」『組織科学』第二巻第一号、丸善、一九六七年三月

「日本的事業部制の成立過程――キャノンの事例に即しつつ――」研究年報『経済学』第四八巻第六号、東北大学経済学会、一九八七年二月

池内《いけのうち》　秀《ひで》　己《き》（九州産業大学教授）

主著『企業論』（共著）有斐閣、一九九九年

『最新経営』（共著）一橋出版、一九九七年

三《みつ》　井《い》　泉《いずみ》（帝塚山大学教授）

主要論文「『組織人間』とマネジメント思想――組織社会の神話――」中牧弘允・日置弘一郎編著『経営人類学ことはじめ――会社とサラリーマン』東方出版、一九

九七年

「アメリカ経営学史の方法論的考察——ネオ・プラグマティズムとマネジメント思想——」『経営学の巨人』経営学史学会年報第二号、文眞堂、一九九五年

今《いま》田《だ》高《たか》俊《とし》（東京工業大学大学院教授）

主著『自己組織性——社会理論の復活——』、創文社、一九八六年

『意味の文明学序説——その先の近代——』東京大学出版会、二〇〇一年

河合《かわい》忠《ただ》彦《ひこ》（筑波大学教授）

主著『戦略的組織革新——シャープ・ソニー・松下電器の比較——』有斐閣、一九九六年

『複雑適応系リーダーシップ——変革モデルとケース分析——』有斐閣、一九九九年

西《にし》山《やま》賢《けん》一《いち》（埼玉大学教授）

主著『免疫ネットワークの時代』NHK出版、一九九五年

『複雑系としての経済』NHK出版、一九九七年

吉《よし》成《なり》亮《あきら》（横浜国立大学大学院国際開発研究科博士後期課程）

主要論文「行動の中から生成する秩序——プロフェッショナルはどのようにして自らの秩序をつくり上げるのか——」『横浜国際開発研究』第四巻第三号、一九九九年九月

高《たか》見《み》精一郎《せいいちろう》（中京大学大学院経営学研究科博士後期課程）

主要論文「サイモンのオーソリティ論について」『中京経営紀要』第一号、二〇〇一年三月

四《よっ》本《もと》雅《まさ》人《と》（横浜国立大学大学院国際開発研究科博士後期課程）

主要論文「組織文化論の二つのパースペクティヴ」『横浜国際社会科学研究』第五巻第三号、二〇〇〇年九月
「組織／企業アイデンティティとイメージ戦略（上）」（共著）『山梨学院大学商学論集』第二六号、二〇〇〇年一二月

村《むら》山《やま》元《もと》理《まさ》（常磐大学専任講師）
主要論文 "The Religious Perspective in Business Ethics," *Proceedings of Pan Pacific Conference XIII*, Chiba, Japan, May, 1996 : 258-260.
"Global Marketplace and Religious Ethics," Paper presented at Association of International Education Administrator（AIEA), Annual Conference, Costa Rica, March 1997.

海《え》老《び》澤《ざわ》栄《えい》一《いち》（神奈川大学教授）
主著『生命力のある組織』中央経済社、一九九八年
『地球村時代の経営管理』文眞堂、二〇〇〇年

大《おお》月《つき》博《ひろ》司《し》（北海学園大学教授）
主著『組織変革とパラドックス』同文舘出版、一九九九年
『戦略組織論の構想』（共著）同文舘出版、一九九九年

加《か》治《じ》敏《とし》雄《お》（中央大学教授）
主著『戦略的企業管理論の構想――ドイツ学説の研究――』中央大学出版部、一九九九年

小《こ》山《やま》嚴《よし》也《なり》（関東学院大学助教授）
主要論文「戦略的管理と企業フィランソロピー」『商学論纂』第四一巻第四号、二〇〇〇年三月

主著『経営学講義』（共著）中央経済社、一九九七年
主要論文「戦略的フィランソロピーと企業の社会的応答性の構想」『山梨学院大学商学論集』第二四号、一九九九年二月

齋《さい》藤《とう》貞《さだ》之《ゆき》（北九州市立大学教授）
主著『変革期の郵政事業』（共著）日本評論社、二〇〇〇年
主要論文「ドラッカー知識社会論について」『環境変化と企業経営　経営学論集68』千倉書房、一九九八年

編集後記

この経営学史学会年報第八輯は、昨年五月十九～二十一日にかけて九州産業大学で開催された経営学史学会第八回大会の諸報告を、編集し収録したものである。編集には、村田晴夫理事長以下七名の年報編集委員会委員が当たったのであった。

今回は一六の報告と一つの特別講演を、内容から見て二部構成にして収録した。第Ⅰ部は「経営学一〇〇年——組織・管理研究の方法と課題——」と題して、統一論題における基調報告と特別講演と六報告（経験と科学、合理性と人間性、プラグマティズムと論理実証主義、モダンとポストモダン、についての各一報告と、システムと複雑性についての二報告）で構成した。第Ⅱ部は「経営学の諸問題」と題して、自由論題における九報告で構成した。特別講演として収録したものはソウル大学教授・愼侑根先生の講演を九州産業大学の高時天先生が翻訳して下さった。先生方のご苦労とご協力に衷心より御礼申し上げる次第である。第Ⅲ部は慣例通り「文献」とし、統一論題報告の六筆者から提出いただいた各分野の基本的文献リストをもとに、編集委員会の依頼した執筆要領に従って表記法を統一した。ただし、文献の配列順は、発行年・発表年の順序にしているが、五十音順かアルファベット順にしてはどうかというご要望も出されておるので、今後とも種々のご提案をいただき、検討の上、より良いものにしていきたいと考えている。

今大会も報告者が多かったことから、一論文あたりの原稿頁数を昨年と同様な執筆要領で依頼した。また、特に自由論題者の三分の一の方々には、せっかくの玉稿を制限頁数まで削減していただくよう願い出ざるをえなかった次第である。自由論題にかかわる「文献」も、今回も同じような理由で、特別枠を設けることができなかった。この点は、各論文の注の中で適切に処理していただくことを期待している。

（河野大機記）

組織・管理研究の百年
経営学史学会年報　第8輯

二〇〇一年五月二十一日　第一版第一刷発行

検印省略

編　者　経営学史学会
発行者　前　野　眞　太　郎
〒162-0041　東京都新宿区早稲田鶴巻町五三三
発行所　株式会社　文　眞　堂
電　話　〇三―三二〇二―八四八〇番
ＦＡＸ　〇三―三二〇三―二六三八番
振　替　〇〇一二〇―二―九六四三七番

組版　オービット
印刷　平河工業社
製本　広瀬製本所

定価はカバー裏に表示してあります
ISBN4-8309-4381-5　C3034

●好評既刊

経営学の位相　第一輯

●主要目次

本体2000円

経営学の巨人　第二輯

●主要目次

本体2800円

日本の経営学を築いた人びと　第三輯

本体2800円

●主要目次

アメリカ経営学の潮流 第四輯

本体2800円

●主要目次

経営学研究のフロンティア　第五輯

本体3000円

●主要目次

経営理論の変遷　第六輯

本体2900円

●主要目次

経営学百年――鳥瞰と未来展望――

第七輯

本体3000円

●主要目次